专业智库研究

王世伟 / 著

上海社会科学院出版社
SHANGHAI ACADEMY OF SOCIAL SCIENCES PRESS

序

在加强中国特色新型智库建设中，上海社会科学院于2015年被列为首批25家高端智库试点单位，进入了重点建设一批具有较大影响力和国际知名度的高端智库的行列。作为一家综合性的地方高端智库，上海社会科学院以战略问题和公共政策为主要研究对象、以服务中央与地方党和政府科学民主依法决策为宗旨，其决策影响力、学术影响力、社会影响力、国际影响力、智库成长能力不断增强。

对于智库或专业智库问题，自己虽然过去在上海图书馆、上海科学技术情报研究所工作和研究期间有所接触和了解，但有了真正的认知还是2010年8月调入上海社会科学院信息研究所从事管理和研究工作之后。从2010年至今的近八年中，我先后结合国家和上海的战略发展与图情公共政策，组织开展了多项国家重大、重点课题研究和国家高端智库课题研究，承担了上海市社会科学创新研究基地、上海市人民政府决策咨询研究基地领军人物工作室的智库研究工作，组织编纂出版了一批研究著作和辞典，撰写了一批研究论文，就国家和地方的战略发展和公共政策提出了一批决策咨询建议，从而对专业智库问题有了一些初步的认识。

2013年5月，我写了《谈谈智库研究的预测、预判和预警功能》的短文（上海社会科学院院报总153期第1版，2013年5月23日）：

> 在我2010年夏调入上海社会科学院工作之前，我买了一本美国情报委员会撰写的《大趋势——2020年的世界》（华东师范大学出版社2010年版，以下简称《大趋势》），阅读之后对如何发挥智库的前瞻性研究作用有了进一步的认识。中国社科研究机构作为智库如何定位和发展，见仁见智。以《大趋势》为例，其前瞻性、战略性、研究多呈预测、预判和预警的“三预”功能。
>
> 所谓预测，就是着眼于长远和客观分析，对未来一系列的可能性和潜

在的非连续性进行预测分析。所谓预判，就是对事物发展的趋势、对相对确定和不确定的关键因素进行研究判断，提出具有前瞻性的战略建议。所谓预警，就是对渐显的危机端倪提前警示，对可能遇到的种种挑战作好准备。《大趋势》中提出的特别议题，包括“中国经济存在的8个主要风险”“亚洲：全球变化的争斗场”“计算机战争”等至今仍是我们需要面对和研究的重要议题；《大趋势》的一些预判和预警，如持续的经济振荡、地缘政治的图景在变化中、恐怖分子行为将更加多样化等，如今都已得到实践的应验。

发挥智库的预测、预判和预警功能需要进行长期研究积累和跟踪研究。这就是我们一直在讨论的智库建设与学科建设双轮驱动所涉及的内容。《大趋势》就是建立在“2010年全球大趋势”“2015年全球大趋势”这两项已经完成的研究成果基础上的，是前期系列研究的继续。没有“脱躁致静”的长期研究和潜心研究、专注研究和跟踪研究，一味进行“短平快”的应景式和泛化型的命题作业，是难以有《大趋势》这样的大手笔和大影响的智库成果的。

如何进行预测、预判和预警，需要做到若即若离。智库要提供丰富的决策智囊，这就需要对决策进行深度全面了解，仅是脱离实践的空洞而滞后的学理分析是难以奏效的。市领导提出上海社科院应该成为具有影响力和竞争力的智库和中国特色社会主义事业发展最强大的智库之一，以理论成果回答现实问题，这就需要主动贴近，这是“即”；但如果仅仅成为决策的解释者、投其所好者或迎合集团利益者，智库的资政作用就难以发挥，这需要“离”，即保持思考的独立性和建言的自由度，对决策路线图进行谋划，对决策错误进行纠正，成为距离决策的决策研究。只有独具前瞻性的研究才能做到名副其实的“智囊”。决策者面临的问题是错综复杂的，只有从全球的广视角多维度的分析才能解释清楚复杂的环境，进而提供决策者“智囊”，以采取合适的政策。智库也称为思想库或脑库。智库最重要的特点是独立性和自由度以及现实性。美国布鲁金斯学会是世界上最有影响力智库之一，其理事会主席约翰-桑顿认为：质量、独立性和影响力是智库必须坚守的核心价值。布鲁金斯学会出版的《成长中的中国中产阶级》《东南亚的能源和安全》等智库产品，既是智库研究成果，也是产生出符合社会发展趋势的新思想、新观点、新理论、新知识的智库成果。

智库研究方法需要与时俱进，如《大趋势》与前期已进行的研究项目比较，有三个方面的创新：一是通过召开一系列的地区性会议向全世界的上千名专家进行咨询以获取一个较为科学的全球性展望；二是更多地依靠预景法来捕捉关键性趋势如何发展的可能性；三是开发了一种可以即时相互交流的网站，以便就全球性议题进行互动对话并提供用户感兴趣的各类数据。随着大数据时代的来临，大数据对信息智库提供了新机遇，因为“在大数据时代，我们不必知道现象背后的原因，我们只要让数据自己发声”(《大数据时代》，维克多-迈尔-舍恩伯格，肯尼斯-库克耶著，浙江人民出版社，2013 年)。这种前所未有的可量化的预测维度对于以往诸多的定性的分析预测和靠直觉进行决策不啻是一种巨大的挑战。如果说下一轮科学发现将由数据驱动的话，那么海量的全本数据可能对智库的未来发展是一种新的方法创新和拓展空间。

在上海社会科学院 60 周年院庆和信息研究所 40 周年所庆之际，我把近八年来关于专业智库的一些研究心得汇于一书。其中“基础理论篇”主要是关于智库的概念、类型、功能等的理论探讨文字，“图情智库篇”主要是关于图书馆和情报事业发展的战略问题和公共政策的研究文字，“决策咨询篇”主要是对国家和上海市发展进行的一些调研和决策建议文字。中国特色新型智库建设尚在初期建设之中，本人对于专业智库的研究还是初步的，敬希业界方家学者和广大读者批评指正。

王世伟

2018 年 6 月 17 日于上海清水湾

目　　录

序 …………………………………………………………………………………… 1

基础理论篇 ……………………………………………………………………………… 1

智库之“智”的多重内涵 …………………………………………………………… 3

试析情报工作在智库中的前端功能 ……………………………………………… 7

智库专报撰写的五大要素 ………………………………………………………… 16

略论国家高端科技智库的十大功能 ……………………………………………… 27

公共图书馆决策咨询工作面临的三大挑战与发展定位 ………………………… 44

图情智库篇 ……………………………………………………………………………… 55

新时代中国特色图情智库新使命述略 …………………………………………… 57

加强中国特色新型网络安全和信息化专业智库建设论略 ……………………… 67

公共图书馆“十三五”规划编制的多维度思考 ………………………………… 83

当代中国公共图书馆建设应从点的突破迈向系统创新 ………………………… 94

论公共图书馆的全域服务 ………………………………………………………… 100

为中国城市图书馆的创新发展导夫先路 ………………………………………… 124

略论中国图书馆事业改革开放新起点的历史方位 ……………………………… 127

图书馆应当弘扬智慧工匠精神 …………………………………………………… 133

论数字阅读 ………………………………………………………………………… 143

科技革命和产业变革下的融合发展趋势及对图情工作的启示 ………………… 153

基于数据信息的公共图书馆发展分析与展望 …………………………………… 168

决策咨询篇 ……………………………………………………………………………… 179

大数据战略是新时代建设网络强国的着力点 …………………………………… 181

以文化的力量构建全球互联网治理的规则体系 ………………………………… 188

从“互联网＋”看信息化战略制高点 …… 193
被互联网挑战的时代 …… 196
让互联网更好地造福人民 …… 201
乌镇启示：如何牵住科技创新“牛鼻子” …… 203
上海应打造全球卓越的数字城市 …… 206
上海应注重制定大数据发展战略的路线图 …… 208
智慧城市再出发的五大管理理念 …… 211
智慧城市——城市治理方式的新理念与新设计 …… 219
上海应把握人体信息化智能养老发展新机遇 …… 225
推动中国旅游业实现高质量发展的建议 …… 230
中国三、四线城市旅游发展亟待理念创新 …… 235

附录　王世伟专业智库研究成果目录(2010—2018) …… 240

基础理论篇

智库之“智”的多重内涵

在中国特色新型智库的建设中，不仅需要学习借鉴国外智库的先进经验，也需要从中国传统语言文化中加深对智库之“智”的多层次和多维度的认知。有学者和媒体认为，“智”字“从日从知，简单的造字法蕴藏着深邃的智库之道”。以上对“智”字的解释显然是望文生义，与汉字造字结构和“智”字的本义不符。

一、“智”字的结构与本义

东汉许慎《说文解字》卷四白（音 zi）部：“智，识词也。从白，从亏，从知。”可见，“智”字在造字之初，是由白、亏（音 yu）、知三个构字部件组成的，并没有“日”的组字部件。现在“智”字的字形，是经过隶变省略之后产生的，其中省略了古文字智字右上方的“亏”，字形下部的“白”也发生了变化，故不能依据隶变后的字形来解释“智”字的本义。从古代汉字造字的六书方法来观察，“智”字属会意兼形声字，由表示气从鼻出的“白”、表示助气的“亏”和表示憭于心疾于口的“知”构成，从知会意，知亦声，本义为明白于内心并敏捷地在口中予以表达的知识和智慧，故《汉语大字典》《汉语大词典》等工具书中在“智”字条目下的第一义项均解释为智慧、聪明。我们可以通过具体分析“智”字的构字部件，来增进我们对其造字结构和本义的理解。

“白”意为语言表达气从鼻出。《说文解字》卷四白部：“白，此亦自字也。省自者，词言之气，从鼻出，与口相助也。”清代学者段玉裁(1735—1815)《说文解字注》解释道：“词者，意内而言外也。言从口出，而气从鼻出，与口相助，故其字上从自省，下从口，而读同自。”

“亏”，是助气词。《说文解字》卷五亏部：“亏，於也。”段玉裁《说文解字注》解释道：“於者，古文烏也。烏下云，孔子曰，烏，亏呼也。取其助气。故以为烏呼。然则以於释亏，亦取其助气。《释诂》《毛传》皆曰，亏，於也。凡《诗》《书》

用亏字，凡《论语》用於字。”“亏”后字形变隶作“于”。可见，“智”字构字部件中的“亏”解释为於，就是我们现在常用的“于”字，表示助气。

“智”的古体字

“知”，表示憭于心并疾于口的智慧。《说文解字》卷五矢部：“知，词也。从口矢。”从口矢表示内心明知而表达敏捷，故出于口者疾如矢也。清代学者朱骏声（1788—1858）《说文通训定声》解部第十一：“知，词也。从口从矢会意。按，识也，憭于心，故疾于口。”智、知二字古时音义皆同，故二字在古代文献中多通用。

综上所述，智库之“智”字体上部是表示智慧的“知”，下部是表示气息的“白”，经隶变字形成“日”，但与每天的“日”在字音字义上没有关系。古文字中这种经隶变而形体变化的文字现象很多，如然、烈、烝、煎、熬、照、热等字，古文字字形下部均为“火”，隶变成四小点，正是这样的例子。考证这些字的造字结构与本义，必须追溯其古文字字形、字音和字义。

二、新型智库眼中的“智”

通过对中国古代传统语言文化的挖掘分析，我们可以从智库的视角深入探讨“智”字所包含的多层次多维度的文化内涵和智慧。

（一）“无所不知也”

汉代刘熙的《释名 · 释言语》中曾对“智”字作了如下的训释：“智，知也，无所不知也。”作为中国特色新型智库而言，应当对改革发展稳定、内政外交国防、治党治国治军、历史现状未来、风险变化预测等，均能有所知晓、有所研究和有所准备；不仅能对日新月异、交叉融合的已知领域不断重新认知，而且能领先一步地从已知领域不断向难以预测和充满不确定性的未知领域发展延伸，以战略问题和公共政策为主要研究对象，以政策研究咨询为主攻方向，开展前瞻性、针对性、储备性政策研究，成为国家决策咨询“无所不知”的活的百科全书，为国家、地方和行业提供高质量的研究成果。

（二）“独见前闻不惑于事，见微知著也”

东汉班固《白虎通 · 情性》曰：“智者，知也。独见前闻不惑于事，见微知著也。”汉代扬雄《法言 · 修身》曰：“智，烛也。”

见微知著，能预测事物的发展方向，就是一种智慧。

2017 年 2 月 6 日，中央召开的全面深化改革领导小组第三十二次会议强调，国家科技决策咨询委员会既要对科技创新发展面临的重点难点问题及时提出意见和建议，又要瞄准世界科技前沿，从全球科技创新视角为国家经济社会发展、保障和改善民生、国防建设等方面重大科技决策提供咨询建议。中国特色新型智库，应在浩如烟海的茫茫信息数据海洋之中，在众说纷纭和跟风如潮的环境之中，在万物互联错综复杂并瞬息万变的发展进程之中，不受表面现象和各类杂音的迷惑，独立地研究而不是做命题作业式的研究，独自分析发现未然而不是仅仅局限于解释已然，在事物发展的萌芽阶段就能敏锐地发现并预测、预告和预警，见微知著，达到《易・乾》中所述"知至"的境界，即能预知事物发展将到某种地步，所谓"愚者暗于成事，知者见于未萌"(《史记・商君列传》)。

（三）"决之断也"

《史记・淮阴侯列传》云："故知者决之断也，疑者事之害也。"《荀子・修身》篇云："是是、非非，谓之智；非是、是非，谓之愚。"《淮南子・道应训》云："知可否者，智也。"作为中国特色新型智库，不能有所疑惑而优柔寡断，需要在诸多可能性和不同意见中予以决断；以是为是，以非为非，实事求是，明辨是非，而不是与之相反；在是非利弊得失的权衡之中提出自己的对策建议，并谋划具体的路线图和时间表，对所建议推行的政策举措是否成功作出令人信服的预测和预判，从而成为党和政府科学民主依法决策的重要支撑，使中国特色新型智库成长为创新引领、国家倚重、社会信任、国际知名、党和政府信得过并用得上的智囊团和思想库。

（四）"知有所合谓之智"

《荀子・正名》篇云："知有所合者谓之智。"就是说，中国特色新型智库所体现的智慧要与外界事物相符合。这里讲的"合"，可以从三个层次加以理解，首先是要合乎中国国情，第二是要顺乎世界大势，第三是要接上时间和空间的地气。以“知有所合”的理念，提出顺应全球发展趋势、符合中国国情、合乎客观规律并具有操作性的国家和地方以及行业的战略、规划、布局和政策，提出专业化、建设性、切实管用的政策建议，从而以科学咨询支撑科学决策，以科学决策引领科学发展。

世界经济论坛创始人兼执行主席克劳斯·施瓦布在2017年初以《时代呼唤应势而为、勇于担当的领导》为题撰文指出：“当今世界动荡不安，正在发生深刻变革。领导者面临的一项艰巨任务就是制定正确决策。为此，领导者需要将敏锐的洞察力视作‘雷达’系统，将价值观和远见视作‘指南针’。没有雷达系统，就无法接收信号；没有指南针，就会失去公信力。”中国特色新型智库就应当发挥这样的雷达和指南针的作用，着力提高智库综合研判和战略谋划能力，运用中国传统语言文化的智慧，推进国家治理体系和治理能力的现代化。

试析情报工作在智库中的前端功能

——以上海社会科学院信息研究所为例

智库也称为智囊团、脑库、思想库，英文为 Think Tank。智库之称起源于20世纪40年代的第二次世界大战讨论军事情报的保密室，至20世纪70年代，智库已成为西方国家较为普遍的战略研究和政策咨询现象。[1]关于智库的概念，中外有许多不同的论述。美国纽约城市大学的政治学副教授安德鲁-里奇认为："智库是独立的、无利益诉求的(non-interest-based)非营利性组织。其产品是专业知识和思想，也主要依靠这些来获取支持并影响政策制定过程。"[2]尽管对智库有不同的定义，但智库的独立自由、非营利性、依据知识和智力从事多学科的公共政策研究等特点是业界所公认的。由于对智库范围的认识有所差异，国内外对智库数量的统计存在很大的不同。有文献显示，目前全球共有5 465家智库，多数位于北美和西欧。也有文献报道，目前中国有各类官方和民间智库研究机构2 500多家，专职研究人员3.5万人，工作人员达到27万人[3]—[4]。在如此众多的智库研究机构中，作为提供智库和社会服务的信息智库如何发挥智库之智库的功能，如何为智库提供信息和智力的支撑，如何体现情报工作在智库的前端作用，是智库研究中的一个重要问题，也是提升智库研究品质的一个重要方面。

一、全球智库中的情报工作特点

发挥情报在智库工作中的前端功能是全球智库发展的普遍规律。综观各国著名智库的发展历史和管理架构，它们的信息情报工作有6个特点[5]。

(一) 建立专门的信息情报服务部门

在全球的各类智库中，信息情报部门成为组织架构中的重要组成部分。英国发展研究院为配合其"将知识应用于发展实践"的理念，专门设立了知识服务信息部，提供各类信息和资源以及咨询服务。该部门包括1966年创办伊始成立的图书馆，名为英国发展研究图书馆，馆藏中有大量发展中国家的研究文献，居欧洲之冠。知识服务信息部还包括各类信息收集、传递、互动和共享平台，如知识合作中心、参与资源中心、学习小组等。英国发展研究院先后建立了网站和信息系统网络，成立知识合作小组，以统筹全院的知识信息的整合与传递。英国皇家国际事务研究所建有图书馆，为研究所个人会员和团体会员提供参考咨询、图书借阅和无线网络服务。德国国际政治与安全研究所成立图书馆与信息服务部，由图书馆与信息服务管理处、教育与培训处、信息研究处、图书馆、德国信息网络与科学门户网、系统管理与编目处、技术信息管理处等部门组成。其信息情报功能分为两部分：一是由专人为各研究室、议会和联邦政府各部门提供直接的信息服务，二是负责德国国际事务和区域研究网络的开发、维护和运行。瑞典斯德哥尔摩国际和平研究所自 1968 年起也专门为研究人员成立了图书馆，其馆藏基本是以研究项目为导向，而其中大量的报告、丛书和会议文献成为不可多得的灰色文献。日本著名的民间智库野村综合研究所建有自己的图书馆并定期出版《智慧的资产创造》，建立起自己的信息银行，专门搜集国内外各类情报资料以及各地区、各行业的宏观与微观数据信息，为智库的咨询研究提供了完备的信息数据支持。新加坡的东南亚研究所成立于 1968 年，该所的图书馆馆藏有自 19 世纪以来极为丰富的各类载体的东南亚文献，被业界誉为东南亚研究所的“智慧中心”。

（二）设有专职的信息协调主管

世界上不少智库均设有专职的信息主管。如英国发展研究院在组织架构的战备管理小组中专门设有信息官，并每月召开一次会议。加拿大亚太基金会的组织架构中也专门设有“信息协调专员”，以整合传递各类信息情报。也有一些智库在高层领导中明确主管信息情报工作的负责人。创办于 1927 年的美国布鲁金斯学会十分注重情报工作的服务和积累，该学会有一位副主席负责主管图书馆和科研协调。创建于 2003 年的澳大利亚罗维国际政策研究所日常工作由执行主任负责管理，直接对执行主任负责的五位主管中包括信息主管、数据库管理、媒体活动事务主管、行政主管和项目主任。

（三）碎片信息的整合积累

智库的研究交流活动十分频繁，其中不乏有价值的信息情报，一些智库注重碎片信息的整合与积累。如美国布鲁斯金学会在半个多世纪的发展中一直非常重视全球视野的研究，要求从事外交政策的专家在出访后写下“旅行报告”，记录有关外交事务的灵感、领悟和争论，为战略研究和政策咨询提供了很有价值的信息。美国企业研究所建有所内的系列论文制度，成为其研究信息积累的重要形式，为随时推出阶段性的研究成果提供了支持。

（四）通过网络平台提供信息服务

随着信息化技术的发展，网络已成为诸多智库提供信息服务的重要载体。创办于 1910 年的卡内基国际和平基金会在中国项目研究中专门开设了“卡内基中文网”，旨在向智库研究人员提供相关的信息资源以及对当前中国问题的分析与思考。彼得森国际经济研究所创建的网站成为全球利用率最高的研究型网站之一，内容包括政策简述、工作论文、报纸专栏文章、新闻稿、研究简讯、实时经济问题观察等。加拿大菲沙研究院自 12 年前就开始发布经济自由度指数年报，并翻译成包括中文在内的多国语言，研究院还每月通过电子邮件发送电子简报，向社会各界提供研究院的最新研究成果、新闻和活动，2008 年有超过 5 000 人订阅。研究院还建立了 Facebook 的社交网站，让更多的研究人员分享各类即时的活动信息和动态的研究信息。加拿大亚太基金会长期以来坚持将其所有的研究成果和信息材料通过网络提供，用户不用承担任何费用，已经有 4 100 多名用户签署了接受这些出版物的协议。

（五）建立专题数据库，进行知识积累和服务

几乎所有的智库都建有各类专题特色数据库，为智库的前端服务提供了基础。美国国际经济研究局建立了内容丰富的各类数据库，主要包括宏观数据、产业数据、国际贸易数据、个体数据、医疗数据、人口与生命统计数据、专利与科学论文数据以及有关指数等，这些数据都在网站上公布，成为研究人员引用和参考的重要情报源。美国的国际战略研究中心编辑出版各种计划的简报、每月通讯、实况报道和当前争论的关键问题等，并提供研究人员在线查看。美国的城市研究所在网站上设有政策术语词汇表，这个词汇表将该所报告中所出现的一系列政策术语按照字母顺序进行归类和解释，并有专人负责更新，向所有公众开放，体现出智库开启民智的功能。瑞典斯德哥尔摩国际和平研究所多年来建立了许多大型的数据库，包括国际关系与安全数据库、多边和平数据库、军费开支数据库、武器转让数据库、军工业数据库等。美国的传统基金会在 1997 年还建立了数据分析中心，进行数据分析比较和挖掘研究工作。

（六）编辑出版各类信息情报产品

智库的各类出版物不仅成为智库的研究成果，而且也成为新的研究和其

他智库的情报源。美国布鲁金斯学会每年出版四期《布鲁金斯公报》，发表颇有分量的研究报告和专题文章，还出版各类季刊和年刊，被认为是智库和媒体的信息库和分析库。又如瑞典斯德哥尔摩国际和平研究所的《斯德哥尔摩国际和平研究所军备、裁军与国际安全年鉴》，成为世界各国政治家、外交官、记者和研究人员年度最权威的独立信息资料汇编。又如美国国际战略研究中心每年出版数十册的专题性研究论文汇编《华盛顿文件》，具有丛书的性质，成为研究国别和国际关系等问题的重要参考资料。日本综合研究开发机构注重对日本智库的信息收集和分析，从1974年起每年都发表《日本智库年报》，成为权威的全日本智库研究成果统计年度情报，并每三年发表一次世界知名智库名录 *NIRA World Directory of Think Tanks*，可据此了解全球智库发展实践研究的信息。

二、信息研究所如何发挥情报的智库前端功能

作为社会科学院系统的信息研究和服务机构如何发挥智库中情报工作的独特作用，如何将情报工作在智库的前端效能凸显出来，如何发挥好智库之智库的情报功能，是社科情报工作者应当思考的问题。“推进决策科学化、民主化，完善决策信息和智力支持系统”，这是胡锦涛在中共“十七大”报告中提出的要求[6]。近年来，上海社科院提出了“构建国内一流、国际知名的社会主义新智库”的发展目标。围绕这一新目标，作为隶属于上海社科院的信息研究所应当如何定位、有所作为呢？概而言之，就是要充分发挥情报工作在智库中的前端作用。

（一）确立创建一流信息智库发展目标

围绕上海社科院发展的总体目标，信息研究所应当确立“跻身全国一流的社科学术信息智库行列”的发展新目标。根据这一发展愿景，信息研究所的使命应当是：“聚上海社会科学情报；集全国人文科学信息；汇世界文化研究智慧；创智库研究服务品牌。”要实现信息智库的发展目标，履行智库前端的机构使命，必须要有一些相应的举措，如逐步形成全国业界公认的领军人物和学科带头人，并优化组合成相应的学术梯队；持续承接国家和省市级的研究课题以及承接各类能体现信息智库核心能力的横向课题，发挥智库的前端研究作用和前期咨询作用，并形成跟踪研究的积累；与时俱进地推出面向上海、辐射长三角、服务全国，甚至影响世界的学术信息服务新产品，通过新产品来满足用

户的新需求，通过新产品的新服务来提升智库的前端功能；完成“国外信息研究丛书”，既要翻译国外信息研究的名著，也要对国外信息研究的现状、特点以及未来发展趋势进行把脉和诊断，以提供给广大智库研究者更多的相关学术信息；与美国、欧洲、日本等情报研究强国和地区建立广泛的学术交流联系；每年举办国际和全国的学术会议和学术论坛并将其作为重要的情报源和学术交流的平台，实现从被动地参与到主动地举办的转变，通过这些国际学术交流进行国际的对话并宣传信息服务产品，借以在国内外的情报研究业界形成学术的影响力、辐射力并确立相应的学术地位。

（二）注重信息智库的理论研究和应用研究

发挥智库的前端功能离不开理论研究和应用研究，应以理论研究为本、以应用研究为要。基础理论研究是发挥智库前端作用的基础，也是厚积薄发的积淀，临时抱佛脚式的应用研究不仅不能体现智库前端的水准，也无法真正起到快速反应、有针对性、有深度的决策咨询和学术参考作用。因此，加强基础理论研究和学科建设是迈向一流信息智库的前提。学科建设非权宜之计，而是需要进行长期持续不断的建设才能奏效。在学科建设中，可以根据自身的特点形成特色学科，在课题研究、研究生培养、学术著作的撰写、国内外学术交流等方面下功夫，日积月累，渐渐形成优势。在形成特色学科的基础上，进一步提升学科梯队建设和注重有分量学术成果的推出，在业界形成影响力，从而将特色学科提升为重点学科，使推出成果、人才成长与学科建设同步。上海社会科学院信息研究所（原名学术情报研究所）自 1978 年 10 月创办以来，十分重视基础理论的研究，特别是中长期课题的研究。如自 1997 年创办的《国外社会科学前沿》年刊就是一本从各个角度、各个层次、各个方面反映国外社会科学，包括哲学、政治、经济、社会、法律、文化等领域内出现的新思潮、新理论、新流派、新动态和新资料的著作，至 2010 年，已出版 14 辑。而 1978 年创办的《国外社会科学文摘》（原名《现代外国哲学社会科学文摘》）月刊更是经历了 30 多个春秋，积累了极为丰富的知识信息，为智库的前端研究和应用研究打下了扎实的基础。近年来还根据智库前端的定位推出了《世界社会主义研究动态》内刊（原名《学术界动态》）。这样就形成了年刊、月刊、不定期刊三者相得益彰的国外社会科学情报文献服务的鼎足形态。理论研究需要形成递进研究的积累并形成研究的团队和梯队。随着跨学科的发展特点，理论研究的视野应当跳出固有学科的狭隘局限。理论研究也不能闭门造车，需要以开放的胸怀建立面向国内外的开放型研究中心，一方面聘请国内外知名的情报学家共同从事开放型的课题研究，另一方面也可以推荐所内的科研人员走出去，从而保持并提升信息研究所的国外社科情报研究特色。

智库的研究重在应用，必须与实践相结合，在问题、需求和项目三个方面下功夫，聚焦并参与国家发展战略、上海发展战略、长三角区域发展战略以及上海社科院发展战略等一些重大问题的研究，发挥智库的信息支撑作用。如趋势性研究和预测性研究，跨学科研究和跟踪扫描式研究，把握技术发展的新动向和新实践，并注重新技术与经济、政治、社会和文化的结合点。以上海社会科学院信息研究所为例，其服务对象可确定为三大服务群：一是上海市政府和相关机构的决策咨询情报服务，二是上海社科院院领导以及院所属 15 个研究所的科研人员的智库信息和学术情报服务，三是国内外社科学术界研究人员的学术情报服务。上海“十二五”提出了建设智慧城市的发展新思路，作为信息智库的信息研究所应当在整个城市转型的创新发展中提供智力支撑，在信息智库的应用研究中应形成并推出预测情报研究、学术发现研究、学术会议情报服务、学术人物知识库服务、行业情报服务、国外社会科学研究动态信息服务、联合国公共行政网信息分析研究等特色情报服务。

无论是理论研究还是应用研究，都需要注重交流互动。长期以来，全国社科系统的研究所已形成了较为自由独立的个体研究环境和研究文化。但一个研究人员长期关在自己的科研小天地中，对于研究的思考不利。一些研究人员虽同处一个院所(中心)，但相互间如同路人，各自在进行什么研究项目也互不了解，外出参加国内外的学术会议和学术活动，信息也得不到互通共享，这是一种不健康的学术环境。应当提倡通过建立各类学术交流制度、创建学术交流平台等加以改变。学术交流的内容可以内外结合，既可以邀请国内外的同行专家来做讲座，也可以请院所(中心)内的科研人员交流正在从事的科研项目或参加过的学术会议；既可以通过为青年科研人员创造交流的平台的方式进行，还可以通过年度学术会议(论坛)的形式进行学术互动。随着互联网便捷性的进一步提升，机构网络知识管理平台的信息交流将是一个更好共享的载体。通过创建并完善各类数据库与知识库，如文献档案数据库、学术成果数据库、国际交流数据库、科研项目数据库、人力资源知识库、研究生培养知识库、学术会议知识库、国内外社科情报机构库等，将各类知识信息和学习课件在平台上共享，将科研人员的研究成果和国内外会议的心得在平台上交流，将一些科研的讨论在平台上互动进行，从而形成团队学习、集体思考的良好氛围。努力实践信息智库“在最合适的时间、将最合适的信息（通过网络等形式）传递给最合适的用户人群”的知识管理和情报服务新理念，使信息得到积累、互动、传递和共享。从全球知名智库的管理实践来看，讲座、论坛、网络、出版物、学术会议、矩阵团队等都使科研人员有许多形式的交流互动，这对拓展信息智库科研人员的视野和学术创造力是十分重要的。

（三）实行信息智库的整合、提升和拓展战略

要发挥智库前端的功能，还应实行整合、提升和拓展战略。

1. 以情报立所作为整合战略的新理念。信息研究所在 30 多年的发展历程中形成了“五龙戏水”的特色学科发展新格局，即信息资源管理、国外社会主义、应用信息学、城市化研究以及现代传媒研究。这些特色学科的发展，充分体现了与时代共进步的信息智库发展特征，但需要有一个整合与聚焦的机制。在新形势下，需要用新愿景、新产品、新平台、新项目、新机制来加以整合。总而言之，要在社科情报的旗帜下进行各类资源的整合，要在五龙戏水中聚焦社科情报前端服务的核心能力，从而体现出情报立所的战略发展思路。

2. 以人才强所作为提升战略的新理念。人力资源是第一资源，在信息研究机构更是如此。领军人才和学科骨干既是智库研究影响力和辐射力的源泉所在，也是学科资源和国内外交流的脉系所依，同样也是学术成果和人才梯队建设的作用所据。在人才建设中，要通过导师制来建设可持续发展的人才梯队。这种人才梯队可以通过两个扇面来实现，一是由一个导师带数个学生；二是由数个导师带一个学生，以此来发挥研究机构导师的团队作用，同时也防止知识结构的单一和学术眼界的片面。在人才建设中要形成国际人才团队，这对于智库之智库的情报研究而言，尤为重要。因为随着经济全球化的日益深入和互联网作用的日益凸显，对于诸多问题的决策均要有世界的视野和获取全球信息的能力，均要对全球的因素和经验予以观察和考虑。因此，研究人员中，除了掌握英语之外，也应当有学习过法语、日语、德语、俄语、西班牙语等语言的人才，这样在全球化的研究中才能处于主动的地位，也才能适应中国迈向国际化大国中情报服务的新要求。人才建设中要形成人才优化组合，既要在新进人员的学科知识结构方面予以优化，也要在新进人员的来源渠道方面实行多样化政策；既要让中青年人才走出去培养，也要让国内外顶尖人物被请进来辅导；在项目研究中实现矩阵管理，通过阶段性的人才优化组合来培养人才

和发展人才；在以用为本的理念指导下适时而大胆地起用新人承接重大项目和新项目，形成人才创造力发挥的最佳状态。人才资源建设需要创新文化环境，其核心之点就是以人为本。在科研机构，以人为本就是要做到以每一个科研人员为本，要尊重研究人员的独立人格、行为习惯和专业爱好。每位研究人员的智力不同、能力有别、性格有异、专长参差，但只要这位研究人员努力了，我们都要予以尊重和爱护。我们要做到尊老、爱幼、扶中。既要尊重目前30后、40后的老年科研人员（包括离退休人员），让他们老有所为，运用他们的独到眼光充分发挥出情报工作数十年积淀下来的巨大的潜力，也要爱护目前70后、80后的青年科研人员，为他们脱颖而出创造平台和机会，还要扶持目前50后、60后的中年科研人员，他们也需要有一个持续发展和进一步上升的空间。

3. 以品牌兴所作为拓展战略的新理念。在30多年的发展中，信息研究所形成了一些服务品牌。这些服务品牌需要在新形势下进行内容的拓展、服务的拓展、物理空间和网络空间的拓展。一是以《国外社会科学前沿》为品牌，拓展"国外信息研究丛书"的组织和撰写。通过丛书的组织凝聚国内外的社科情报人力资源，将国外社会科学前沿的情报服务更加系统化和学科化，将情报服务的及时性与丰厚度有机结合起来。二是以《国外社会科学文摘》为品牌，拓展学术情报传递。学术情报传递的服务对象可以包括情报服务的三大服务群体，通过这一情报服务载用社会的智力资源，也可以将触角延伸至所外，从而提升情报服务的能级。三是以《世界社会主义研究动态》为品牌，拓展学术会议网站服务。学术会议特别是有分量的国际学术会议往往是新动态、新理念、新趋势的信息发源地，一些新的观点往往首先在会议中披露，一些新的动态往往第一时间在会议中散布，一些新的学术合作也往往在会议中洽谈商议形成。会议中人与人的直接交流，较之网络的互通更具直观性和真实性，更具有互动性和信息量。而学术会议前、中、后的各类情报和学术会议文献提供服务是学术研究人员和社会各界人员十分需要的，学术会议情报的网上服务将适应互联网时代广大研究人员对会议信息获取的需求。四是以联合国公共行政网站建设为品牌拓展专题内容分析研究。联合国公共行政网创建于2000年，为各类公共行政部门提供政策管理领域的信息交流、经验分享等服务，隶属于联合国经济与社会事务部，号称公共行政和公共财政领域的"雅虎"。联合国公共行政网亚太区域中心编辑部即建在上海社科院信息研究所。2010年，联合国公共行政网迎来十周年庆典，由信息研究所维护的上海站在全球36个站点中独占鳌头，在总共8个奖项中一举囊括新闻发布、上传文档、资源目录、最受读者欢迎文档总量第一四个奖项。现公共行政网已累积数据信息5万有余，信息研究所将与联合国公共行政和发展管理司进行深度合作，对公共行政网的内容进行深度分析研究，并在此基础上开展年度研究报告。五是以信息资源管理和城市化研究的特色学科建设为品牌，进一步拓展城市化、信息化和行业情报研究，进一步拓展知识管理和电子政府的研究。按照实施区域发展总体战略的国家战略，发挥信息智库在完善城市化布局和形态中的决策咨询功能，体现大城市智库对中小城市的辐射作用，与长三角城市进行智库合作，建设国内外第一个以“城市学”命名的资源门户网站。根据国家“十二五”全面提高信息化水平的八项任务和上海加快智库城市建设的新任务，为加快社会各领域的信息化提供智力支持[7]，抓住加快转变经济发展方式的机遇，积极主动地提供国际航运、人力资源、新能源、绿色农业等行业的情报服务。

参考文献

[1] 金芳等.西方学者论智库[M].上海：上海社会科学院出版社，2010：1—3.
[2] 安德鲁-里奇.智库、公共政策和专家治策的政治学[M].上海：上海社会科学院出版社，2010：6.
[3] 江涌.智库与软实力[N].人民日报，2010-12-01(21).
[4] 白龙.中国智库为政府决策如何发出高质量的声音[N].人民日报，2009-08-19(17).
[5] 李轶海等.国际著名智库研究[M].上海：上海社会科学院出版社，2010.
[6] 胡锦涛.高举中国特色社会主义伟大旗帜　为夺取全国建设小康社会新胜利而奋斗——在中国共产党第十七次全国代表大会上的报告(2007-10-15)[M].北京：人民出版社，2007.
[7] 中共中央关于制定国民经济和社会发展第十二个五年规划的建议(2010年10月18日中国共产党第十七届中央委员会第五次全体会议通过)[N].新华每日电讯，2010-10-28(2—3).

智库专报撰写的五大要素*

中国特色新型智库的一个非常重要的产品就是专报，比如新闻媒体中有党和国家领导人对某一来信作出了重要批示，或对某一问题作出了重要批示的相关报道，而这种批示很多情况下就是通过专报的载体形成的。这就是具有中国特色的国家治理体系和行政生态管理的一种架构、流程和方式。我们要加强并提高中国特色新型智库核心能力建设，其中就应当包括努力提升撰写专报的能力。

我们在这里讨论的专报具有不同类型，它与学术研究论文的写法不同。就国家高端智库而言，专报一般通过特殊的渠道分送不同对象，如国家领导、省部级领导、各系统行业领导等。按照专报的内容，一般可以分为信息分析类、调研报告类、建言献策类、预测预警类、理论梳理类、国外经验类等，而各类之间也会有些交叉。

从专报撰写而言，需要具备五大要素，即选题为本、导言为引、信息为重、对策为要、适时为上。

一、选 题 为 本

（一）选题为本的四个维度

1. 问题导向与价值发现。我们需要在问题导向当中进行决策咨询价值的发现，在问题的分析中发现规律性和趋势性的管理价值信息，这样的专报选题来自问题并面向问题的破解，具有实践性。

2. 现实导向与实际调研。如果仅仅局限于少数研究人员拍脑袋的主观意志，这样专报的信息就会受到局限，而通过现实导向进行深入实际的调研基础上形成的选题，就更具有针对性。

---

* 本文为作者于2016年7月15日在《智库研究与实践》期刊举办的“2016新型智库核心能力研修班”的演讲稿基础上修改而成。

3. 需求导向与有的放矢。需求导向要求回答现实需求如何，即专报选题要做到有的放矢，急决策层所急，想管理层所想；更高层面则是进一步急决策层所未急，想管理层所未想，体现出选题的紧迫性与前瞻性。

4. 特色导向与可操作性。特色导向就是要注重结合中国的国情与所在地区和行业的实际，因地制宜，因业制宜，将专报选题的理念创新性与实际的可操作性很好地结合起来。中国的情况与其他国家有所不同，如地区的差别、城乡的差别、发展的不平衡、文化的差异等。专报中提出的建议不能够完全照搬国外的一些现成的东西，因为国外的已有经验与中国的现实推进会有一些不匹配或不太匹配的情况。这就需要我们的智库研究人员在登高望远时也要接我们中国和所在省市和行业的地气。

（二）选题的“三预”

一是预测，就是着眼长远和宏观分析，对未来一系列的可能性和潜在的非连续性进行预测分析。

二是预判，就是对事物发展的趋势、对相对确定和不确定的关键因素进行研究判断，提出具有前瞻性的战略建议。

三是预警，就是对渐显的危机端倪提前警示，对可能遇到的种种挑战做好准备。

以上智库的“三预”需要进行长期研究积累和跟踪研究，做到若即若离。“若即”就是主动贴近、全面深度了解决策，仅是脱离实践的空洞而滞后的学理分析是难以奏效的。但仅是解释者、投其所好或迎合集团利益者，专报作用就难以发挥，这就需要“离”，即保持思考的相对独立性和建言的自由度，对决策蓝图和路线图进行谋划，对决策的错误和偏向及时进行纠正或纠偏，成为距离决策的决策研究。

（三）选题、破题和解题

撰写专报的第一步是选题。选题要体现出问题导向、现实导向、需求导向和特色导向。通过问题、实践、需求并结合中国实际来选题，同时通过关注媒体、内参、调研报告、上级文件、简报等来选题，还要建立起课题库和知识库，形成决策研究主题的知识树和知识地图。专报的选题除宏观的战略建言外，一般的专报切入口要小，聚焦一个点，急领导之所急，想领导之未想，以前瞻性的理念、以领导的高度思考和建言。如果选题太大，聚焦的面太广，就难以把控、聚焦和深化。

撰写专报的第二步是破题。要与党和国家及行业领域的关键部门及关键人物建立联系，把脉关键之事，了解关键信息，抓住关键要点，这样才能在专报的内容中得出关键的结论。

撰写专报的第三步是解题。解题中应注重以下几个问题。一是专报文字要惜墨如金，不要讲"老生常谈"的道理，那些在新闻媒体中和各类论文中曾经反复陈述的文字，在专报中不必出现，行文应做到开门见山。二是应注重在系统研究的基础上进行点上突破、以小见大。三是要汇报真信息与真问题，摒弃伪问题，实事求是地呈现真实的数据和事实。四是要提出有效的对策建议，不能光提出问题而没有对策。

下面列出一些已写专报的选题，以期对如何选题、破题和解题有所启发。

我国的对口支援应纳入依法治国的轨道；

从"衡阳贿选案"看人大代表选举制度改革；

重视在新疆维族新生群体中防止极端宗教主义的影响；

Facebook 入华的现实影响、风险评估及管理对策；

将学习贯彻"十九大"报告的活动引向深入；

G20 中国峰会主题研判及与我战略对接建议。

……

(以上是全国维度的专报选题)

破解上海磁悬浮线困局：打通上海虹桥交通枢纽至龙阳路磁悬浮站的高铁线路；

借鉴"纽约创新指数"和"硅谷创新指标"，建立上海科技创新评价指标体系；

把"一带一路"建设作为上海国际金融中心发展的突破口；

外国投资法对上海自贸区提出新要求新挑战；

上海等大都市建立防范暴恐长效机制的建议；

建设具有全球影响力的科创中心的根本标志——在上海诞生"世界范围的新领域"。

……

(以上是地方维度的专报选题)

案例 A:《以五大空间战略为全面小康谋篇布局》

这一专报首先指出，全球的空间竞争合作格局正在发生变化，世界各国正在以“陆海空天网”五大空间战略为未来发展抢占先机。中国应积极面对这一新挑战和新机遇，以综合性五大空间战略的发展新理念为“十三五”时期实现全面建成小康的发展目标谋篇布局，与“两个一百年”奋斗目标同步推进，抢占新一轮创新发展的战略制高点。如果说陆海空三大空间是人类活动相对传统的三大疆域的话，那么太空和网络空间成为继之而起的人类活动的第四疆域和第五疆域。2015 年以来，五大空间竞争合作新格局正在形成并不断得到强化。在以上选题之后，进一步进行了破题：列举了美国在五大空间新格局中不断推出新举措并抢先布局的诸多信息和事实，同时也列举了日本、俄罗斯、欧盟、印度、英国等在五大空间博弈日趋激烈的发展态势。在选题和破题的基础上最后进行了解题，提出了三个方面的建议：一是要加强综合性五大空间战略的顶层设计，二是要加快推进综合性五大空间战略的前沿性整合性研究，三是要发挥综合性五大空间战略之间的牵引、辐射和溢出作用，并在结语进一步解题：我国正在形成并实现“四个全面”的战略布局，这并非单域空间的改革和发展能够实现的，需要树立综合性五大空间的发展战略，以全空间的视野为各个领域和各个行业的发展带去无限的想象力和发展潜力，为实现中华民族伟大复兴的中国梦提供大视野，创造大空间，推动大发展。

案例 B:《上海应发展人体信息化智能养老》

这一专报将养老与信息化与智能化结合起来。专报的选题提出了上海养老正面临前所未有的挑战和机遇，并进行了较为详细的数据和事实调研，以进行破题。最后进行了解题，提出智能养老的国际经验借鉴和上海先行先试的建议，包括创意设计适合老年人需求的细分人体信息化智能产品，借助市场和社会组织的力量构建养老远程泛在化网络服务平台，在家庭照护、居家照护、社区照护等养老类型中铺设起信息融合共享的通道，通过人体信息化助推上海信息产业和信息服务业，注重人体信息化进程中的信息安全等。

（四）选题为本的八个平衡

在选题、破题和解题中应注意做到以下八个平衡：

一是中国特色与国际经验的平衡，在中国特色的研究分析中注重导入国际经验的借鉴。

二是问题意识与学科意识的平衡，在结合实际论述的过程中注重阐述问题的学理性。

三是硬实力做软与软实力做硬的平衡，如法律硬实力建设中的软建设，软实力建设中的硬举措与硬指标等。

四是大题做小与小题做大的平衡，要善于将宏观的选题聚焦到某一点上，同时将具有全局影响的某一具体问题上升到战略的层面来分析。

五是近梦与远梦的平衡，专报选题既要注重把眼光放在近五年的规划目标上，也要注重将近期目标与2025、2035、2049的远景视野有机结合起来。

六是百米冲刺与万米长跑的平衡，有些专报选题需要以百米冲刺的速度争分夺秒去完成，但这种快速冲刺需要与平时的万米长跑的专注和积累相结合，同时有些选题要有短跑与长跑的两种能力，既能出短平快的快跑性的专报，也能出长跑性连续性的年度研究报告。

七是人脑与网机的平衡，即在发挥人脑智慧的同时，应充分发挥大数据的信息分析挖掘技术和网络调查咨询功能。

八是创新性、超前性与艰韧性和可操作性的平衡，即选题应体现创新性和超前性，但这种创新与超前要与实践推进可能面临的各种困难因素和可操作性结合起来，任何决策建议如果无法落地或无法在实践中推进，看上去似乎是很好的想法而实际上仅是一纸空文。

（五）多途径地丰富选题来源

专报选题还应注重在各类途径中丰富选题的来源。

一是在各类平台中选题，如高校智库的平台，智库与国家与省市及各委办行业部门的共建平台，国内高端智库行业的信息平台，国际合作交流平台，社交媒体与网络平台，面向中央和地方的决策咨询平台，各方协同创新平台，学科研究平台，服务区域、服务全国、服务一带一路等的横向平台等。

二是在交办与研究中选题，如在国家与省市部委办等上级交办的任务中选题；在研究中央和省市部委办的政策中选题；在研究有关决策在本地本行业落实落地中选题。这类选题还应注重事先选题、事中选题和事后选题。

三是在高端内参的管理创新中选题，如在进一步深化改革开放和国际交流中选题，在全面对接系列国家重大战略中选题，在全程参与或部分参与决策过程中选题，在各类创新工程、人才队伍建设、激励奖励政策举措中选题等。

二、导 言 为 引

（一）百千万的字数控制

专报应注重字数的控制，不能用写学术论文的模式来写专报。简言之，可以采用百千万的字数策略，即形成百字摘要、千字说明、万字报告。其中专报的百字左右的导言(摘要、提要)，应交代清楚该专报的选题意义及主要观点和建议。专报的正文一般应控制在 2 000—4 000 字左右，用合适的字体显示，专报印刷一般在 4 页纸，多者不超过 8 页纸。如果是提交万字左右的研究报告，则可以形成千字左右的主要内容摘要，介绍研究报告中的主要内容、观点、数据和政策建议。为节省篇幅并有利于理解，专报和研究报告中可以采用表格的对比形式。

(二) 导言应言简意赅

专报的导言一般在百字左右，需要在有限的文字中开门见山地将观点和建议讲清楚，可有可无的字词应予以删略。下面是几个专报的导言案例。

案例 C:《封闭或开放:破解网络空间治理中的难题》的导言

“当前我国网络空间治理的理念与实践中，一个最大的难题就是关于网络封闭与开放之争:网络安全与网络发展到底哪个为先? 是采取开放政策还是‘防火墙’等封闭政策? 是网络的全面开放还是部分开放? 要回答上述问题，需要从人类全球命运共同体、当代马克思主义发展、我国开放的历史大背景等视角来思考。我们认为，秉持网络开放战略和政策是坚持当代马克思主义、践行新发展理念、实现建设世界科技强国目标、保障我国网络安全的题中应有之义，关键是要通过立法做好网络管理，为网络空间安全发展提供保障。”

案例 D:《上海应发展人体信息化智能养老》的导言

“上海养老助老问题成为民生难题，而人体信息化产品和服务将极大地提高养老助老的效率和效能，为上海释放城市智能化发展的红利;上海应借鉴国际经验，发挥政府、市场和社会组织力量，共同推动智能银发产业发展，为全国形成可复制、可推广的经验。”

专报中还可以通过结语进一步回应导言，如案例 D 的结语:“上海养老助老问题已成为目前以及未来十年至三十年所面临的前所未有的民生难题，近年来人体信息化的快速发展为破解这一难题提供了新机遇，上海应在国务院办公厅《关于促进健康服务业发展的若干意见》和《上海健康物联网推进工作方案(草案)》的基础上细化落实、先行先试，为上海城市智能化发展提供创新转型的新载体，为全国人体信息化智能养老提供可复制、可推广的新模式。”这样就与导言形成了呼应。

案例 E:《上海“十三五”应积极对接国家大数据战略》的导言

“党的十八届五中全会提出了‘实施国家大数据战略’的创新理念和创新举措,这对上海‘十三五’时期的创新发展是一个重要的机遇。创新是上海面向‘十三五’的重中之重,上海应以国家创新蓝图为引领,积极对接国家大数据战略,主动适应和积极引领上海超大城市的管理能级,实施上海大数据战略,着力于上海的城市安全、产业发展、人才培养、法制建设,为培育上海发展新动力谋篇布局,使上海的创新发展取得新突破,达到新水平。”

可见,专报的导言,具有提纲挈领、画龙点睛、全文导读的重要功效。

三、信 息 为 重

(一) 不同层次的信息

专报在选题、导言之后就是正文,正文的文字当以信息为重。

案例 F:上海应发展人体信息化智能养老

这一专报中提供了不同层次的信息:

未来预测的信息:据预测,2010—2025 年将是上海老龄人口的快速增长期,平均每年将新增 60 岁以上老年人口 21.5 万人,年增速 5.7%;预计“十二五”末上海 60 岁以上老年人将达到 430 万,占总人口比重将超过 30%;2020 年将达到 540 万,2025 年将超过 600 万。

现实养老资源的信息:上海养老资源极为匮乏,目前,全市有养老床位数 108 364 张,独立老年护理院和老年医院 25 所,独立老年护理院床位 4 471 张,家庭病床 4.97 万张,不仅远不能满足当下的需求,更无法应对未来 10 年内持续增加的老年人口。

国外比较的相关信息:全球健康产业在 21 世纪第一个 10 年中增加了 10 倍。据统计,2000—2010 年间,全球健康产业的消费已由 2 000 亿增长至 1 万亿美元。特别是发达国家,健康产业已成为带动国民经济增长的动力之一。美国健康产业的增加值占 GDP 比重已超过 15%,加拿大、日本等国健康产业增加值占 GDP 比重也已超过 10%。

具体可操作的路线图信息:及时发现独居老人在家中发生意外的情况。由于家庭中已安装的定点呼叫设施不能携带在身上,老年人发生跌倒、忘关煤气等意外时无法使用,但通过人体互联网则可以及时呼救,也可以通过微屏显示发出紧急信息,使老人在第一时间得到救助。找寻走失的失忆老人。通过人体信息化的随身载体,可以在老人走失时及时报警,并帮助家人和民警获知走失老人的具体地理位置。增强老年人讲话、听力以及判断能力。通过人体信息化的随身载体可以形成智能语音,为老人装上人工嘴巴、人工耳朵、人工大脑,实现电视语音控制、冰箱云图像识别、空调人体状态感知等智能控制。

案例 G:中央网信办的年度形势研判会

中央网信办主持召开的 2015 年度形势研判会,要求提供研判的现实特点与发展趋势信息。在提供的书面文字信息中,曾用六句话对这一年度相关信息进行了概括:中国网络安全顶层设计雏形初现、“棱镜门”事件带给网络安全诸多启示、网络安全自主可控和对抗博弈持续增强、个人信息安全事件频发成为重大社会问题、新技术新应用发展加剧我国网络空间系统性风险、中国的信息安全在依法有序运行中趋向清朗。

(二) 专报中的信息与调研

专报信息需要以翔实、新颖、全面、准确的调研信息为基础。中国共产党长期以来高度重视实地调查,将调查研究作为开展工作的基本方法。毛泽东同志就曾强调,没有调查就没有发言权。我国各类智库也产生了一批有影响的调查成果。但从总体上看,现在中国各智库的调研与决策咨询还有差距,主要不足是许多调查是片断、零碎、观感式的,缺乏有规划、系统和持续的大型实地调查;缺乏深入性、精细性、持续性和权威性的调研;缺乏跨行业、跨学科、跨国界的深入调研;缺乏跟踪积累的数据库支撑,缺乏大数据分析挖掘方法。2016 年 7 月 8 日,习近平总书记在主持召开的经济形势专家座谈会上,就当前经济形势和经济工作听取专家学者意见和建议,要求“专家学者要立足国情、深入调研,着力研究重大理论问题和现实问题,注重从客观经济事实出发,揭示经济现象背后的本质及规律,努力多出经得起实践检验的研究成果,为经济社会发展献计献策”。这对我们撰写专报中的信息调研是一个很好的指导。

四、对 策 为 要

2016 年 5 月 30 日,习近平总书记在全国科技创新大会、两院院士大会、中国科协第九次全国代表大会上指出:“中国科学院、中国工程院是我国科技大师荟萃之地,要发挥好国家高端科技智库功能,组织广大院士围绕事关科技创新发展全局和长远问题,善于把握世界科技发展大势、研判世界科技革命新方向,为国家科技决策提供准确、前瞻、及时的建议。”[1] 2016 年 6 月 1 日,中国科学院和中国工程院两院分别召开全体院士大会，中国科学院提出要建设高水平科技智库，为创新驱动发展提供科技支撑，中国工程院提出了建设国家工程科技思想库的“三步走”计划：经过10—15年左右的发展，建成对国家重大战略决策具有重要影响力的国家工程科技思想库，到2020年，建成国内工程科技领域权威战略研究和咨询服务机构；2030年，建成世界一流水平的国际知名工程科技思想库。[2]这是对科技专业智库提出的要求。

专报文字中的对策建议可以分为宏观、中观和微观三个层次。

案例H：《大数据环境下信息安全交织特征及其政策路径选择》

这一专报可列为宏观层面的政策建议。文章认为：在万物互联、智能移动的环境下，各类数据正在呈现爆发性的海量增长，随之带来的信息安全也形成了诸多“交织”的形态特征：如显性安全与隐性安全相交织、线上安全与线下安全相交织、信息硬实力威胁与信息软实力威胁相交织、传统安全威胁与非传统安全威胁相交织、可以预测的安全风险与不可预测的安全风险相交织。这些交织的特征，反映了大数据环境下信息安全的复杂性、关联性、动态性、跨域性、综合性的特点，需要我们从综合安全观和抢占信息化战略制高点的高度来积极应对，精准施策，关口前移，统筹兼顾，综合把控。文章提出了几点政策建议：组织专门队伍对国家隐性信息安全问题进行定期和跟踪的专题分析研判；建立智慧城市信息安全预评估和大数据信息安全管理演习机制；对已建立的巨量“块数据”，进行信息安全的管理演练和实战培训；在“互联网＋”行动计划的“快推进”中嵌入信息安全的“慢开关”；加大网络安全和网络空间安全在信息安全中的权重；建立并完善城市安全中的信息安全智慧管理机制。

案例I：《上海“十三五”应积极对接国家大数据战略》

这一专报可列为中观层面的政策建议，其中提出了上海积极对接国家大数据战略的四个方面的着力点，包括构筑数据联通的城市安全网；积极发展数据驱动型产业；培养引进大数据领军人才、工程师和创新团队；加强上海大数据相关法制建设。

案例J：杭州市领导干部迎接G20峰会的相关培训

这一培训内容可视为微观层面的政策建议。如培训中提出了杭州应注重向世界展示城市治理的一些细节。这虽不是专报，但也可以看作与专报类似的建议。这些微观的建议强调以人的城市化的新理念改进城市治理的各个细节：如城市中各区域中人行道设计和管理是否人性化和专业化，交通枢纽的导引是否国际化和无疑虑，都市旅游咨询是否全域化和智能化，在城市想喝一杯咖啡(便利店、药店)的距离是否足够近，残疾人到公共空间活动是否方便，宾馆房间中洗手间中的抽水声是否完全隔音隔断，市民在公共空间经过门帘或拉门时是否会照应跟进者，垃圾是否精细分类到位，公共场所是否严格禁烟……

五、适时为上

在合适的时间向合适的对象提供合适的建议，专报的这一原则和精神十分重要。以下专报的两个案例从选题、破题、解题都是较为适时的。

案例K:《开放公共数据是大势所趋》

随着大数据的迅速发展和社会信息化的持续推进，2014年成为政府数据开放的重要时间节点，这份开放公共数据的专报从七个方面论述介绍了公共数据开放的新政策环境和发展趋势：一是支持数据驱动型创新成为欧美创新战略政策新定位，二是联合国电子政务调研报告呼唤中国进一步加强公共数据开放，三是科学2.0呼唤更多的数据与更多人有更多的共享，四是“万众创新”政策呼唤公共数据公开的创新环境，五是中国新一轮智慧城市整合协同建设要求呼唤公共数据公开，六是一体两翼的双轮驱动观要求公共数据开放与网络安全保障并重，七是中国特色社会主义法治体系呼唤依法推进公共数据公开。可见，专报的选题如看准了就得马上动手写，需要具备百米冲刺和使命担当的精神。

案例L:《全球数据跨境流动政策的发展与我国积极应对的建议》

2015年是全球数据跨境流动的发端之年，全球数据跨境流动问题的专报在这一现象初露端倪之际提出了政策的预警建议。这一专报分析了全球数据跨境流动正在成为世界各国在网络与信息安全领域抢占先机和谋篇布局的新战略和新政策的发展趋势，指出了美国政府依靠其信息技术产业的全球垄断优势，监控全球网络的信息流动的发展态势，也提供了以欧盟、俄罗斯、巴西为代表的国家和地区也纷纷针对数据跨境流动制定更加严格的立法和监管要求的发展动态。

专报认为，世界各国数据跨境流动的发展趋势，对当时我国正在制定准备颁布的《网络安全法》所提出的对关键信息基础设施运营者数据跨境流动进行限制的法律条文，不无重要的启示意义，值得我们加以关注和研究，并予以积极主动应对。针对全球数据跨境流动政策的发展与我国如何积极应对的问题,提出了四大趋势与四大问题。四大趋势是数据存储和处理的本地化趋势、立法和司法管辖权的扩张趋势、监管要求多样化和碎片化趋势、政策目标的多重化趋势;四大问题是如何平衡个人隐私经济利益和国家安全三者利益、如何构建数据跨境流动的监管体系、如何执行国际规则、如何破解中企国际化困境。专报最后提出了构建我国数据跨境流动监管体系策略的几点建议,包括完善我国数据跨境流动的法律体系、扩大我国数据安全监管法律的域外效力、以共同体意识实现数据跨境流动的全球治理、引导国际规则制定,为我国企业全球化战略提供支撑。

法国都罗斯大学讲师莱蒙-那芙在为法国学者伏尔泰的《哲学通信》所作的出版序言中指出:“人是一种有限的生物,他的理解力的可能性和征服事物的可能性都是有限的。如果人确信这种说法,他便会给他的思想和行动划定相当正确的范围,从而和谐地实现他的命运。”[3]高端智库的建设如何因地制宜,因业制宜,因时制宜,在各自有限的可能性中努力形成专报的机构、地方和人员的特色,是每个智库机构和智库研究人员应当思考的问题。

专报研究与建言,需要从中国传统文化中汲取智慧,从全球视野中得到启示,从翔实数据中深度分析,从开放共享中提升品质。在全面建成小康社会进入决定性阶段之际,破解改革发展稳定难题和应对全球性问题的复杂性艰巨性前所未有,迫切需要健全中国特色决策支撑体系,大力加强智库建设,以科学咨询支撑科学决策,以科学决策引领科学发展,而智库专报正可以有所作为,但需要通过以上五大要素以形成真正的决策智慧,充分发挥智库在治国理政中的重要作用。

参考文献

[1] 习近平.为建设世界科技强国而奋斗[N].新华每日电讯,2016-06-01(02).
[2] 郭超豪.聚焦国家战略打造高端科技智库[N].文汇报,2016-06-02(02).
[3] 伏尔泰著,高达观、徐仲年等译.哲学通信[M].上海:上海人民出版社,2005,序言:4.

略论国家高端科技智库的十大功能

国家高端科技智库是中国特色新型智库体系中的重要组成部分，在加强中国特色新型智库建设的过程中，如何认识国家高端科技智库的定位和功能、打造高端科技智库的国家队，是科技情报界和智库理论界需要共同加强研究的重要问题。本文试图对国家科技高端智库的功能定位进行分析归纳和研究阐述，并对其如何提升服务决策的能力作些初步的探索，以求教于业界的方家学者。

一、国家科技高端智库的提出

中国特色新型科技智库是2015年1月中共中央办公厅、国务院办公厅印发的《关于加强中国特色新型智库建设的意见》(以下简称《智库建设意见》)中所提到的七大智库类型之一,《智库建设意见》指出：中国特色新型智库是以战略问题和公共政策为主要研究对象、以服务党和政府科学民主依法决策为宗旨的非营利性研究咨询机构，到2020年，统筹推进党政部门、社科院、党校行政学院、高校、军队、科研院所和企业、社会智库协调发展，形成定位明晰、特色鲜明、规模适度、布局合理的中国特色新型智库体系。中国特色新型智库建设要以服务党和政府决策为宗旨，以政策研究咨询为主攻方向，努力建设面向现代化、面向世界、面向未来的中国特色新型智库体系。《智库建设意见》又指出：应积极推进不同类型、不同性质智库的分类改革，科学界定各类智库的功能定位，加强顶层设计，统筹协调和分类指导，突出优势和特色，调整优化智库布局，促进各类智库有序发展。[1]

习近平总书记十分重视中国特色新型智库和国家高端科技智库的建设。在《智库建设意见》公布之前，习近平总书记已提出了中国特色新型智库和高水平科技智库建设的命题。2013年4月，习近平总书记对加强中国特色新型智库作了重要批示：智库是国家软实力的重要组成部分，随着形势的发展，智库的作用会越来越大。要高度重视，积极探索中国特色新型智库的组织形式和管理形式。[2]2013 年 7 月，习近平总书记在中国科学院考察时，要求中国科学院率先建成国家高水平科技智库。[3]2016 年 5 月 30 日，习近平总书记在全国科技创新大会、两院院士大会、中国科协第九次全国代表大会上指出："中国科学院、中国工程院是我国科技大师荟萃之地，要发挥好国家高端科技智库功能，组织广大院士围绕事关科技创新发展全局和长远问题，善于把握世界科技发展大势，研判世界科技革命新方向，为国家科技决策提供准确、前瞻、及时的建议。"[4]习近平总书记在这里讲的"要发挥好国家高端科技智库功能"同他 2013 年 7 月在中国科学院考察时所讲的要求中国科学院率先建成"国家高水平科技智库"是一脉相承的，但进一步明确了中国科学院、中国工程院作为国家高端科技智库重要机构的成员和所应发挥的功能。2017 年 2 月 6 日，习近平总书记主持召开中央全面深化改革领导小组第三十二次会议，会议强调，建设国家科技决策咨询制度，要把立足点放在支撑国家发展全局、服务党中央重大科技决策需求上，着力做好机制设计。国家科技决策咨询委员会既要对科技创新发展面临的重点难点问题及时提出意见和建议，又要瞄准世界科技前沿，从全球科技创新视角为国家经济社会发展、保障和改善民生、国防建设等方面重大科技决策提供咨询建议。要健全国家科技预测机制，完善国家科技创新调查制度。[5]这就对国家高端科技智库的内涵建设提出了更加具体的功能定位和建设要求。

二、中国特色国家高端科技智库的功能定位之一：思想库

"思想库"的功能定位可以用"咨询国是、参谋智囊"来概括。思想库往往被看作是全球各类智库的代名词，其功能定位也是国家高端科技智库最核心和最重要的功能定位。2016 年 6 月 1 日，中国科学院和中国工程院分别召开全体院士大会，中国科学院院长在会上作了题为《建设高水平科技智库，为创新驱动发展提供科技支撑》的工作报告，[6]中国工程院院长则在主席团工作报告中提出了建设国家工程科技思想库的"三步走"计划，即中国工程院将经过 10—15 年的发展，建成对国家重大战略决策具有重要影响力的国家工程科技思想库，到 2020 年，建成国内工程科技领域权威战略研究和咨询服务机构；2030 年，建成世界一流水平的国际知名工程科技思想库。[7]

国家高端科技智库的思想库功能应重点体现在两大方面：

一是要在咨询国是中提供思想和智慧，就是要为国家科技发展出思想、出

理念、出战略、出政策、出智慧、出愿景、出蓝图，为筑牢国家核心竞争力的基石贡献智慧。按照习近平总书记提出的“为国家科技决策提供准确、前瞻、及时的建议”“既要对科技创新发展面临的重点难点问题及时提出意见和建议，又要瞄准世界科技前沿，从全球科技创新视角为国家经济社会发展、保障和改善民生、国防建设等方面重大科技决策提供咨询建议”。由此可见，国家高端科技智库的思想库功能主要应着眼于大局和长远问题，既注重科技发展自身的重点难点，同时也需要将视角拓展至国计民生和国防建设等重大科技决策。

二是要在参谋智囊中形成“库”，形成百科全书式的参谋智囊。国家高端科技智库要与国家科技战略和科技决策形成全面对接，体现出对各大领域、各大行业、各大区域的全覆盖。无论是国家经济社会发展还是保障和改善民生，无论是国防建设还是科技创新，在提供新理念新思想和新战略方面都应有所担当。汉代刘熙的《释名・释言语》中曾对“智”字作了如下的训释：“智，知也，无所不知也。”[8]就是说，作为高端科技智库，应当对各类重大问题均能有所知晓、有所研究、有所准备和有所建言，如科技创新的重点难点问题，世界与中国的科技前沿进展，多点突破和交叉汇聚中的宏观与中观科技发展趋势，陆海空天网五大空间交织汇聚的科技新形态和新模式，科技与经济、政治、社会、文化、生态深度融合的新特点，科技在改革发展稳定、内政外交国防、治党治国治军中的倒逼效应，科技在国家硬实力与软实力中的独特重要作用，科技在深入实施“一带一路”建设、京津冀协同发展、长江经济带发展三大战略以及 2017 年 4 月刚刚提出、作为千年大计和国家大事的河北雄安新区设立中的支撑作用，等等。高端科技智库不仅需要对日新月异、交叉融合的已知领域不断重新认知，而且应领先一步地从已知领域不断地向难以预测和不确定性的未知领域和未来时空发展延伸，以科技战略和科技政策研究咨询为主攻方向，开展前瞻性、针对性、储备性政策研究，为国家提供选题准、调研深、数据真、情况明，分析透，建议实的高质量的研究成果。

三、中国特色国家高端科技智库的功能定位之二：指南针

“指南针”的功能定位可以用“立足全局，把握战略”来概括。指南针是中国古代四大发明之一，是指示方位的一种仪器，可用以辨别方向，常用于航海、旅行和行军。可见，指南针的作用是用来指引方向的。汉代扬雄（前 53—18）在《法言・修身》中曰：“智，烛也。”国家高端科技智库在统筹推进“五位一体”总体

布局和协调推进“四个全面”战略布局中应发挥如同灯烛般的照明指南功能。

国家高端科技智库的指南针作用首先应体现在“全局”和“战略”两大主题上。要围绕事关科技创新发展全局和长远问题，善于把握世界科技发展大势，研判世界科技革命新方向，把立足点放在支撑国家发展全局、服务党中央重大科技决策需求上，如国家经济发展重大关键问题、国民经济建设中重大工程科技决策问题以及突发性重大事件等。“十八大”以来，中国在科技领域持续推出了系列国家战略，如创新驱动发展战略、“宽带中国”战略、互联网＋行动计划、大众创业万众创新支撑平台和示范基地、大数据发展行动纲要、中国制造2025、网络强国战略、健康中国战略、军民融合发展国家战略等，其中都凝聚了高端科技智库的决策智慧，在国家科技发展的长远战略和服务国家重大决策中发挥了鼎力的支撑作用。

2016 年 7 月公布的《“十三五”国家科技创新规划》中指出：“我国科技创新步入以跟踪为主转向跟踪和并跑、领跑并存的新阶段，正处于从量的积累向质的飞跃、从点的突破向系统能力提升的重要时期。”[9] 如果说，过去在前进的航程中前方尚有很多参照物的话，那么如今在参照的同时，往往需要由我们自己来确定前进的航程并拨准指南针。《“十三五”国家科技创新规划》对世界科技创新呈现的新趋势进行了分析：“全球新一轮科技革命和产业变革蓄势待发。科学技术从微观到宏观各个尺度向纵深演进，学科多点突破、交叉融合趋势日益明显。物质结构、宇宙演化、生命起源、意识本质等一些重大科学问题的原创性突破正在开辟新前沿、新方向，信息网络、人工智能、生物技术、清洁能源、新材料、先进制造等领域呈现群体跃进态势，颠覆性技术不断涌现，催生新经济、新产业、新业态、新模式，对人类生产方式、生活方式乃至思维方式将产生前所未有的深刻影响。科技创新在应对人类共同挑战、实现可持续发展中发挥着日益重要的作用。全球创新创业进入高度密集活跃期，人才、知识、技术、资本等创新资源全球流动的速度、范围和规模达到空前水平。创新模式发生重大变化，创新活动的网络化、全球化特征更加突出。全球创新版图正在加速重构，创新多极化趋势日益明显，科技创新成为各国实现经济再平衡、打造国家竞争新优势的核心，正在深刻影响和改变国家力量对比，重塑世界经济结构和国际竞争格局。”以上这样的研判就是国家高端科技智库发挥其指南针功能的题中应有之义。

国家高端科技智库的指南针功能还应体现在国家战略的调整与决断上。

当代科技进步日新月异，国际格局变化莫测，难以预测乃至不可预测性正在增强。国家全局与长远问题所涉及的战略问题是一个动态的过程，需要高端科技智库始终保持清醒的头脑，箭在弦上，应不断瞄准靶心；即使是发出去的战略咨询"导弹"，也应当"见风使舵"，按照变化的内外环境来修正、补充、细化并完善对方向的指引和战略的调整。同时，在科技发展的大局问题上，存在诸多可能性和不同意见，作为高端科技智库，就是要以是为是，以非为非，实事求是，明辨是非，而不是与之相反。要在是非利弊得失的权衡之中提出自己的对策建议，并谋划具体的路线图和时间表，对所建议推行的政策举措成功做出令人信服的预测和预判，实现供适所需，成为创新引领、国家倚重、社会信任、特色鲜明、国际知名、党和政府信得过并用得上的科技思想库和智囊团，不断为国家科技发展战略目标进行谋划并指明方向。

四、中国特色国家高端科技智库的功能定位之三：研究者

"研究者"的功能定位可以用"学理探索，问题研究"来概括。智库的研究者不同于纯理论的经院式研究，也不同于党和政府部门中"研究室"的纯工作布置型的依附式研究。国家高端科技智库的研究者功能，需要体现在学理探索的理论研究与问题意识的决策研究两者的双轮互动上，把高端科技智库对策研究与党政部门政策研究紧密结合起来并实现良性互动。就是说高端科技智库研究者要将做好长期专题和跟踪的理论研究的专业性作为坚实的基础，在此基础上要体现出研究的问题意识、需求意识和现实意识，将学理探索的深度、厚度、长度与问题研究的高度、广度和速度紧密结合起来并形成互动。将基础理论研究的"慢"与科技决策咨询的"快"有机结合起来。只有基于学理探索的深度、厚度和长度，才能达到问题研究的高度、广度与速度，所谓博观而约取，厚积而薄发，否则，所谓的问题研究将流于浅薄与空泛，提出的决策建议没有扎实的学理指导与支撑，很容易陷入"墙上芦苇头重脚轻根底浅，山间竹笋嘴尖皮厚腹中空"的境地，同时通过问题研究进一步加深和拓展学理探索。只有这样才能承担起为国家科技决策提供准确、前瞻、及时的建议的重任。实际上，学理探索与问题研究可以有机地结合起来，在战略必争领域进行前瞻部署、超前研究，把基础研究与应用研究和前沿技术研究有机地融为一体。如2016年国家自然科学基金资助的科研项目中，有结合国家战略需求，推进重点领域跨越发展的"引力波相关物理问题研究"等重大项目，也有结合国家重大

需求和科学前沿、部署实施重大研究计划所启动的“共融机器人基础理论及关键技术”等重大研究计划，还有围绕构筑国际学术高地、试点实施“克拉通破坏与陆地生物演化”等基础科学中心项目等。同时，对全球重大科技创新进展和国家重大科技战略规划，高端科技智库应当对其中的新思想、新理念和新实践进行系统的理论总结概括，形成具有中国特色的科技理论体系和话语体系。

国家高端科技智库要摆脱“政府出题—智库研究—政府采纳”的闭环发展逻辑，改变完全由行政主导的研究模式。高端科技智库既要贴近决策，了解相关信息与需求，同时也应保持并体现出学理探索与问题研究的独立思考的品质，不为利益所绑架和驱使。这种研究与建言的独立性正是智库的重要特点，这样才能真正做到前瞻性、战略性、预见性、储备性，才能真正提出解决问题的有效方案，贡献出作为高端智库的研究智慧，并树立起公信力。

2016 年 7 月 8 日，习近平总书记在主持召开经济形势专家座谈会上，对专家学者如何进行理论研究提出了具体要求。他指出：“在错综复杂的国内外政治经济形势下，要实现更好发展，必须更好分析形势和环境，更好把握战略机遇期内涵和条件变化，更好把握宏观经济大势，更好应对挑战；专家学者要立足国情、深入调研，着力研究重大理论问题和现实问题，注重从客观经济事实出发，揭示经济现象背后的本质及规律，努力多出经得起实践检验的研究成果，为经济社会发展献计献策。”[10]习近平总书记的讲话虽然是针对经济学界的专家学者讲的，但对国家高端科技智库专家的研究者功能定位同样适用。这里提出了智库研究的三大问题，首先是研究的立足点，就是要立足国情，深入调研，注重实践；其次是研究的目的要求，就是要揭示现象背后的本质和规律，研究成果要经得起实践的检验；第三是研究的对象，就是要针对国家所面临的重大理论问题和现实问题，实现四个“更好”，即更好分析形势环境，更好把握战略机遇期，更好把握宏观大势，更好应对挑战，从而更好地承担起理论创新的职责。

作为国家高端科技智库的研究者，其研究不能仅仅局限或停留在科技领域。习近平总书记就实施网络强国战略时指出：当今世界，网络信息技术日新月异，全面融入社会生产生活，深刻改变着全球经济格局、利益格局、安全格局。网络信息技术是全球研发投入最集中、创新最活跃、应用最广泛、辐射带动作用最大的技术创新领域，是全球技术创新的竞争高地。要建设全国一体化的国家大数据中心，推进技术融合、业务融合、数据融合，实现跨层级、跨地域、跨系统、跨部门、跨业务的协同管理和服务。[11]以上提及的三个"融合"和五个"跨",揭示了当代学科交叉与跨域融合的发展特点。因此,高端科技智库的研究者既要秉持术业有专攻的专业研究,也要在专业研究的基础上形成T形的知识结构和跨学科研究模式,不仅要注重自然科学各学科的交叉研究,同样要注重自然科学与社会科学之间的交叉研究以及国际交流。通过跨域融合来解决具有跨域融合性质的战略问题,同时也可能在跨界交叉地带出现令人意外的发现和惊喜,从而形成体现边缘创新的研究成果。

五、中国特色国家高端科技智库的功能定位之四:科普师

"科普师"的功能定位可以用"全民教育,提升素养"来概括。习近平总书记曾将"科学普及"提高到与"科技创新"并列的创新发展的两翼,强调了科学普及的重要性。他指出:"科技创新、科学普及是实现创新发展的两翼,要把科学普及放在与科技创新同等重要的位置。没有全民科学素质普遍提高,就难以建立起宏大的高素质创新大军,难以实现科技成果快速转化。"习近平对国家高端科技智库和广大科技工作者提出了"以提高全民科学素质为己任"的号召,要求"把普及科学知识、弘扬科学精神、传播科学思想、倡导科学方法作为义不容辞的责任"[12]。这就一针见血地把科学普及的重要性给点透了,也十分明确和具体地阐述了国家高端科技智库作为"科普师"的功能要求。

科学普及中的全民教育在建成全面小康社会中具有重要战略意义。2016年2月,国务院办公厅曾发布了《关于印发全民科学素质行动计划纲要实施方案(2016—2020年)的通知》(国办发〔2016〕10号),指出"十三五"时期是实施创新驱动发展战略的关键时期,是全面建成小康社会的决胜阶段。而科学素质决定公民的思维方式和行为方式,是实现美好生活的前提,是实施创新驱动发展战略的基础,是国家综合国力的体现。进一步加强公民科学素质建设,是关乎助力创新型国家建设和全面建成小康社会具有重要战略意义的大事。[13]2017年4月,中央精神文明建设指导委员会印发了《关于深化群众性精神文明创建活动的指导意见》,其中也专门提到要提高全民科学素质,扎实推进全民科学素质行动计划,实施《中国公民科学素质基准》,普及科学知识、弘扬科学精神、传播科学思想、倡导科学方法。[14]可见,全民科学素质行动也是全局性和长远性的战略问题。在关乎国家战略意义的全民科学素质行动中,高端科技智库义不容辞,不能缺位,应当发挥其应有的科普师功能。

科学普及中重点人群如何提升素养也是当代中国面临的现实问题。《全民科学素质行动计划纲要实施方案(2016—2020年)》指出:第九次中国公民科学素质调查显示,2015年我国公民具备科学素质的比例达到6.20%,较2010年的3.27%提高近90%,但与发达国家相比仍有较大差距,全民科学素质工作发展还不平衡,不能满足全面建成小康社会和建设创新型国家的需要。实施方案所提出的指导方针和目标中,要求到2020年,公民具备科学素质的比例超过10%。以重点人群科学素质行动带动全民科学素质整体水平跨越提升。这些重点人群主要包括四大类,一是青少年的科学兴趣、创新意识、学习实践能力明显提高,二是领导干部和公务员的科学意识和决策水平不断提升,三是农民和城镇劳动者的科学生产生活能力快速提高,四是革命老区、民族地区、边疆地区、集中连片贫困地区公民的科学素质显著提升。在全民科学素质行动中,国家高端智库中的科学家们肩负着神圣使命和天职,无疑居于主导和核心地位,既要在科学普及上久久为功,也要在关乎人民生命安全等热点问题上避免沉默失语,而应及时发声,让伪科学、谣言和虚假信息没有传播的空间和通道,从而在全社会推动形成讲科学、爱科学、学科学、用科学的良好氛围,使蕴藏在亿万人民中间的创新智慧充分释放、创新力量充分涌流。在融媒体时代,发挥高端科技智库的科普师功能可以采用更加多样化的形式,除了以往的著作、论文、电影、图片外,还可以用视频、动漫、微电影、微信(微信公众号)等形式传播科学知识。

发挥国家高端科技智库的科普师功能还可以起到许多重要作用。如20世纪90年代以来,核心素养成为全球范围内教育政策、教育实践、教育研究领域的重要议题。世界经合组织、欧盟、美国、新西兰、日本等国际和地区组织以及国家先后发布过核心素养的框架,中国也曾于2016年9月发布了《中国学生发展核心素养》。在各类核心素养中,大多包括了创新能力、批判性思维、信息素养等内容。这些内容与科学普及殊途同归。因此,将科学普及与提升教育的核心素养结合起来,对中国教育的创新和教育的现代化也能起到重要的作用。[15]需要补充的是,对于信息素养的科学普及也需要与时俱进,在以互联网为核心的信息技术日新月异的环境下,信息素养需要在原有基础上拓展延伸至数据素养、网络安全素养、融媒体素养等。又如,新一代信息技术的科学普及还可以为老年人减轻孤独感。伦敦政治经济学院研究组曾对互联网在未来数十年内对老年人的影响进行了研究,并于2015年发布了研究报告。研究报告认为，虽然数字科技可能会导致对传统社会互动形式的破坏，但是同时也可以使老年人与远方的亲友保持联络，减轻其孤独感，并且可以使部分人通过使用新技术而获得成就感，有助于老年人维护自己的社会网络，参与社会活动。报告建议为了应对日益数字化的世界给老年人和老龄化社会带来的挑战，应当为老年人使用信息和通信技术提供帮助。[16]这一研究的启示是，高端科技智库的科普师功能可以与中国面临的老龄化社会的挑战更紧密地结合起来。

六、中国特色国家高端科技智库的功能定位之五：千里眼

“千里眼”的功能定位可以用“登高望远，传递信息”来概括。“千里眼”，在中国古代比喻视察明远，这与17世纪初发明的用以观察远处物体的光学仪器“望远镜”是同样的意思，清代康熙帝有《戏题千里眼》诗，就是用以咏喻望远镜的。

要发挥国家高端科技智库的千里眼功能，首先要有登高望远的理念和意识。唐代诗人王之涣曾写有著名的《登鹳雀楼》诗：“白日依山尽，黄河入海流。欲穷千里目，更上一层楼。”站得高才能望得远，不更上一层楼，就难以领略千里之外那“白日依山尽，黄河入海流”的壮阔景色，这里对高端科技智库提出了一个视野和眼光的问题。要观察全球的科技发展的大势方向，准确把握全国和各领域科技创新发展面临的重点难点问题，就需要有世界的视野和全国的眼光，需要有大数据和云计算环境下运用“宏观镜”的鸟瞰视角，需要克服学科、行业、领域、地区等局域空间观察的局限，在重点观察科技领域的同时，需要将眼光拓展至经济、政治、社会、文化、世界各国各地区的全域空间，并将时间的信息通道打通，将过去、现在和未来的信息联系起来，为重大科技决策提供具有千里目眼光的咨询建议。

要发挥国家高端科技智库的千里眼功能，也要有“登泰山而小天小”的胸怀。所谓一览众山小。高端科技智库要从事前瞻性、针对性、储备性政策研究，就需要广泛领略古今中外的科技风云、认真梳理东西方历史发展的脉络，深入了解中国和相关领域的发展特点，居高临下，见多识广，这样才能做到以大见小，以小见大，近见远察，由内而外，在观察中做到有所发现，胸有成竹。有专家在解读《“十三五”国家科技创新规划》时，认为其中有五大看点，即大科技、高起点、全链条、新空间、宽格局。[17]这些看点，正是体现出登泰山而小天下的千里眼的视野胸怀。

要发挥国家高端科技智库的千里眼功能，还要借助于先进的科技发展。如果说，以往我们的天文观察多借助于天文望远镜、射电望远镜的话，那么如今的观测，已将陆海空天网五大空间融为一体，借助于深空、深海、深地、深蓝的各类先进技术，"十三五"国家科技创新规划正面向 2030 年"深度"布局：未来数十年中我们将既有深空的载人航天和空天一体化网络，也有深海的深海空间站和全海深潜水器，既有深地资源勘探和极区科研，也有深蓝的天地一体化信息网络和大数据以及智能制造与机器人，从而为高端科技智库发挥千里眼功能提供全新的信息环境和技术条件。

要发挥国家高端科技智库的千里眼功能，还要将千里眼与顺风耳结合起来。千里眼与顺风耳常常并称。旧小说中指能听到很远声音的人，亦比喻消息灵通之人。千里眼的作用就是超越常人视察明远，而顺风耳的作用就是信息快捷，无论是千里眼还是顺风耳，都需要国家高端科技智库在第一时间将合适的信息在合适的时间通过合适的载体通道和合适的内容形式传递至合适的对象和范围。

七、中国特色国家高端科技智库的功能定位之六：显微镜

"显微镜"的功能定位可以用"见微知著，预见未来"来概括。

见微知著是显微镜的自身功能。显微镜是获得微小物体或物体微细部分的放大像以便于观察的光学仪器。国家高端科技智库的显微镜作用就是要在事物发展的萌芽阶段就能敏锐地发现并预测、预告和预警，见微知著，达到《易·乾》中所述"知至"的境界，即能预知事物发展将到某种地步，所谓"愚者暗于成事，知者见于未萌"。[18]世界上任何事物都有一个发展的过程。《老子》六十四章中说："合抱之木，生于毫末。"[19]意思是说，即使是需要合抱的大树，也是从萌芽开始生长起来的。这样，就需要智库具有见微知著的智慧。实际上，那些代表未来发展趋势的萌芽就发生在我们的身边，只是被我们忽略了，我们需要提高以近知远、以一知万、以微知明、以端知末的能力。从当代经济和科技发展的具有代表性的物联网、云计算、大数据、人工智能（机器智能）、虚拟现实、网络安全、数字经济而言，这些科技和经济现象都曾经在其发展的元年之前就已显露出萌芽初始的端倪。这种见微知著的本领需要智库研究者具有怀疑批判的精神，有长期数据的积累跟踪和比较分析，有对事物的好奇心和专注度。

预见未来是显微镜的延伸拓展功能。"显微镜"本身无法替人们预测未来，但利用显微镜观察事物的人则可以预测未来。在浩如烟海的茫茫信息数

据海洋之中，在众说纷纭和跟风如潮的环境之中，在万物互联错综复杂并瞬息万变的发展进程之中，要发挥智库的预见未来功能，需要有好的方法。《荀子·非相》中讲："欲见千岁，则数今日；欲知亿万，则审一二。"[20]意思是说，要想观察千年以前的事情，就需要数算现在；要想懂得亿万，就得明审一二。这里讲到了历史发展的方法和典型分析的方法。事物有历史发展的逻辑和规律，要预见未来，就需要从历史的规律入手，从过去、现在和未来中发现事物表象演变背后的发展逻辑和本质特征。同时，可以通过一两个具有代表性的典型案例进行仔细审视剖析，进行"显微摄影"和"显微操作"，将带有趋势性发展的微小信息放大化并进行显微解剖。此外，在事物尚未显示出其发展趋势之时，也可以采用"让子弹飞一会儿"的对策，一旦事物显示出发展的方向就及时地予以捕捉。通过"显微镜"功能的发挥，可以在日就月将中培养高端科技智库研究者敏锐的观察力。

八、中国特色国家高端科技智库的功能定位之七：预警机

"预警机"的功能定位可以用"预警预报，整合协同"来概括。预警机是军事领域的武器类型，集空中预警、指挥、控制、通信和电子战等功能于一身。现代高科技战争的特点是天、空、地、海、电五维立体化战争，信息能力成为获胜的关键要素，需要通过预警机随时随地从各种探测系统中获得最精确的情报并通过网络快速发往所需的部门，及时做出最有效的决策。这对国家高端科技智库功能定位具有重要的启示。

不稳定不确定因素明显增加需要预警预报。21世纪第二个十年以来，国际政治经济格局正在经历深刻复杂变化，多种矛盾叠加交织，正负能量同时并存，意外、偶然和突发事件接连出现，全球化进程受到挑战，不稳定不确定性成为世界范围的新特征。2017年2月在德国举行的第53届慕尼黑安全会议让人们感受到对世界变化的洞察与忧思。会议主席沃尔夫冈·伊申格尔感叹，当今世界的不确定性在他职业生涯中前所未有，不同的利益和价值取向由表及里侵蚀着社会，加速西方的衰落。与会欧美人士明确感知到旧的国际秩序难以维系，需要确立新的秩序，却很难清晰判断世界将向何处去，会场内外可以感受到某种张皇和探求的情绪。[21]世界的发展和全球化是如此，科技进步也同样面临难以预测的现象，令人称奇和出乎人们预料的科技进步现象已成为常态，许多现象超出了人们的想象，新问题、新挑战、新形态、新模式层出不

穷。分享经济带来的城市治理新问题，人工智能带来的信息伦理新挑战，大数据带来的个人信息安全新威胁，互联网带来的全球反恐新模式，这些都需要国家高端科技智库领先一步地进行预警，将科技进步带来的利好最大化，而将可能引发的各类弊端减少到最低程度。新一轮科技革命和产业变革正呈现多点突破、交叉汇聚、变革能量不断积聚的发展态势，我们尚处于新一轮科技革命的前夜，未来科技革命如何发展，科技革命的旭日东升将发生在何处，产业变革又将以何种态势呈现，人们应当做好哪些准备，这些都需要高端科技智库提供“天气预报”，以使决策层做好相应的准备。这种预警预报可以参照根据事物发展的影响程度分别发布蓝色、橙色和红色预警，根据事物发展影响的时间周长发布近期、中期、长期的预报。同时，对不确定性的现实应当在科技决策咨询中采用多预案多路径和多配置的思路和方法，避免单一预测路径和配置建议在出乎意料时所带来的被动，为国家科技决策提供“不管风吹浪打，胜似闲庭信步”的文化自信和治理定力。

交织融合与汇聚外溢的发展特点需要整合协同。预警机可以把预警和指挥功能集于一身，在一个战区，把陆、海、空各参战单位紧密地联合成一个作战整体，加速情报的传递，协同作战。预警机还具有下视和远视能力，加上机动灵活和畅通的通信能力，可以对紧急事件及时作出反应，迅速飞往出事点，应对紧急事件，提供空中监视能力。基于当代经济社会和科技文化的交织融合，各类要素形成了汇聚，而信息外溢、功能外溢的现象也随处可见，所以作为国家高端科技智库的中国科学院、中国工程院、军事科学院等科学研究院，应当克服各自为“智”现象，规避“智库孤岛”，不仅要在本高端智库内部实现自身整合协同，还应当对党政部门、社科院、党校行政学院、高校、军队、企业、社会智库等机构在主题决策咨询中进行整合协同，搭建各类智库在科技战略咨询中功能定位的一体化平台，加强顶层设计和统筹协调，以突出中国特色高端科技智库的优势和特色。同时，在具体的决策咨询中，可以创新“小核心、大协作、开放式”的整合协同的决策咨询人才机制。

预警机在军事战争中曾起着举足轻重的作用。1982 年英国与阿根廷发生马尔维纳斯群岛战争，由于在预警机研制中的决策失误导致了惨重损失；而 1991 年爆发的海湾战争期间，美国和多国部队的预警机则发挥了无可替代的作用，为各军兵种提供共享的信息平台，解决美国和多国部队协同作战问题，起到不间断监视和通信指挥控制作用。国家高端科技智库的预警机功能，应当如同军事领域的“预警机”一样，起到全球科技发展态势的巡航和高低监视作用，对国家科技发展中出现的问题提出“加油”“护航”“控制支援”的决策建议，并维护整个科技领域通信链并保持其数据链的完整，为党和国家及时提供科技决策咨询和创新管理的相关预警信息。

九、中国特色国家高端科技智库的功能定位之八：探照灯

“探照灯”的功能定位可以用“观测扫描，聚焦发现”来概括。探照灯是一种用于远距离搜索和照明的装置，在军事上主要用于搜索以及映照空中、地面、和水上目标。国家高端科技智库的探照灯功能主要应体现在三个方面：一是要对世界科技发展的动态趋势进行观测扫描，让原来相对隐性的科技进步在探照灯的光束下更加显性化；二是通过探照灯的聚光让决策层的注意力更加集中于一些重点难点热点焦点问题，更加深度地认知未来科技发展的带有全局性和长远性意义的前沿动态；三是通过探照灯的光束观测扫描，聚焦发现，使决策层和业界对日新月异的新一轮科技革命和产业变革始终保持高度敏感，对世界各国的科技战略和国内的发展成果和瓶颈了如指掌，为国家的重大科技决策提供信息情报支撑，从而牢牢把握科技革命带来的各种发展的时间和空间以及阶段性特征的窗口期，参与乃至引领新一轮全球的科技革命和产业变革。

全球科技发展的日新月异需要观察扫描。新一轮科技革命正在不断取得突破性进展，更新迭代不断加速，所谓士别三日，当刮目相看。万物互联、数据驱动的环境，为人们展现出瞬息万变的发展特点，革命和变革的浪潮一浪接着一浪，一浪高过一浪。这就需要通过国家高端科技智库的“探照灯”来进行观测扫描，让原本隐蔽、暗淡、混沌、杂乱的表面现象明晰化和清晰化。同时，全球科技创新的前沿视角需要聚焦发现。国家科技战略决策需要把握世界科技发展大势并研判世界科技革命的新方向，就要通过高端科技智库的探照灯来聚焦发现。通过长期跟踪观察扫描，进行深度梳理鉴别，将探照灯光集中于发展大势和发展新方向的最为关键之处，这样的智慧光芒正是国家战略决策所需要的。

十、中国特色国家高端科技智库的功能定位之九：传感器

“传感器”的功能定位可以用“监测跟踪，互联感知”来概括。传感器全称为遥感传感器，接收物体发出的电磁波信息，并将这些信息转换为易于传输和成像的电信号的仪器。除军事侦察应用外，还广泛应用于农业、林业、环境、水

利、地质、矿产、海洋、资源、气象等领域。作为国家高端科技智库的传感器功能,就是要在科技及相关领域监测跟踪并即时接受相关数据和信息,无论是国家科技先发优势还是全球科技创新网络,无论是人工智能、虚拟现实还是量子计算、纳米技术,无论是节能环保、新一代信息技术还是新能源、新材料,无论是生物医药、基因测序还是高端装备制造业、能源存储,都应当建立传感器网格与信息传播体系,通过决策专递专报、研究报告、动态监测、主题论坛、蓝皮书等形式,将各区域、各领域、各学科的变化明显感知并在第一时间进行信息传递,发挥传感器的"热敏、光敏、声敏、磁敏、电敏、力敏、气敏、湿敏"等传感器敏感材料的功能。通过传感器在科技创新与成果转化之间共建起信息的通道和桥梁,推动基础研究与产业需求对接,激活沉睡在"深闺"中的科技成果,将实验室成果尽快转化为产业化技术,为构建科技创新链起到点石成金的功效。高端科技智库还可以采用主动式传感器的方法,参照"探地雷达",按高端科技智库的要求分别探测识别科技领域中"埋入地下、墙内或任意分层介质中的目标",还可按探测深度,设置浅层、中层和深层"探地雷达",对全球科技界的重点人物、重点项目、重点实验室、重点科技智库等进行监测跟踪。新近发展的智能传感器,已能够以光速检测到环境污染;高端科技智库的传感器功能,也应当通过贴近、即时、云端的不间断的监控,拉近智库与决策间重要感知信息传递的距离,高度警觉,临危不乱,趋利避灾,将机遇信息的红利最大化,将负面信息的损失最小化。

同时,万物互联正呈现较之以往更加立体的互联,在物物相联、人物相联、人人相联的基础上,人物与环境相联、人物环境与人的意识相联的信息环境正在形成和发展,这种全方位、全时空、全覆盖、全数据链的万物互联,为高端科技智库发挥传感器功能提供了前所未有的信息环境,为互联感知创设了全新的通道和空间。中国正在深入贯彻习近平总书记系列重要讲话精神和治国理政新理念新思想新战略,科技创新正在路上。与世界各国相比,我们在科技领域和网络空间将会率先碰到各种新情况新问题,需要通过高端科技智库的"传感器"来及时接受各类有价值的信号。

十一、中国特色国家高端科技智库的功能定位之十:挖掘机

"挖掘机"的功能定位可以用"智慧洞察,前瞻储备"来概括。我们这里讨论的挖掘机,主要是指数据的分析和挖掘。大数据正在形成数据驱动的时代特征,而国家高端科技智库在数据挖掘方面具有专业的优势,应当发挥其在数

据分析洞察和前瞻储备研究方面的示范和引领作用。在大数据的环境下，人们正处于一个无限相互连接和复杂的世界，需要通过高端科技智库将前所未有的所有的复杂数据集合起来，通过数据的聚合、梳理和分析，在观察无限的细节之后，据以理解当代经济社会和科技文化发展的复杂性。

2015 年 8 月印发的国务院关于《促进大数据发展行动纲要》中对大数据的定义性质和分析挖掘都提出了要求："大数据是以容量大、类型多、存取速度快、应用价值高为主要特征的数据集合，正快速发展为对数量巨大、来源分散、格式多样的数据进行采集、存储和关联分析，从中发现新知识、创造新价值、提升新能力的新一代信息技术和服务业态。"[22] 2015 年 10 月 29 日公布的中国共产党第十八届五中全会公报，首次提出了"实施国家大数据战略"，为"十三五"拓展发展新空间提供了创新理念。在这样的背景下，国家高端科技智库应当顺势而为，乘势而上。高端科技智库的智慧洞察可以通过科技数据与数据科技深入展开。在经过深入分析挖掘科技数据的过程中发现科技进步的新知识，创造数字经济的新价值、提升科技创新的新能力。在深度分析梳理科技数据的过程中通过数据的智慧洞察，将数据的统计、数据的比较、数据的变化、数据的价值一一揭示并呈现出来，让更有说服力的数据自己说话，展示事物发展背后的逻辑和发展方向。

数据洞察需要长期的信息调查和数据积累，需要加强中国科技知识中心的数据库建设，建立国家宏观调控数据体系，在此过程中进行去粗取精、去伪存真、由此及彼、由表及里的数据过滤、筛选和管控，并通过关联数据研究方法，考证数据间的彼此关系及内在包含的潜在价值信息。这样的数据积累和洞察是高端科技智库前瞻储备的重要方法和研究基础，也是高端科技智库决策建言科学性、严谨性、预见性和有效性的信息基础。只有这样长期积累的前瞻储备，才能使高端科技智库如同一艘随时准备起锚的航船，一旦有所指令，便能迅速驶向指定的港湾。

十二、结　语

我们分析阐述了国家高端科技智库的十大功能，这十大功能是高端科技智库的顶层设计，有助于突出中国特色高端科技智库的优势和特色，有助于调整优化高端科技智库布局并促进其有序发展。在十大功能中，思想库和指南针是最核心的使命功能，研究者和科普师是最重要的基本功能，千里眼、显微镜、预警机、探照灯、传感器、挖掘机则均为工具和方法类功能，是实现并保障发挥核心和基本功能所应采用的各类路径和方法。通过十大功能的发挥，健全国家科技预测机制，完善国家科技创新调查制度，发挥高端科技智库智力密集、人才密集、数据密集、知识密集的优势，打造真正意义的科技智库国家队。

我们还可以从情报学的视野来观察高端科技智库的功能。十大功能体系均体现了情报学的知识性、传递性和实用性以及情报学应用研究的进一步加强，也折射出情报学更宏观和更微观发展的趋势，体现出当代信息社会的互联与融合形态，反映出情报学在社会各个方面的拓展、延伸、交叉、渗透、融合，也成为研究情报学的学科交叉（多学科、边缘学科、超学科和跨学科）发展特点和情报学学科体系深化发展的重要实践案例。[23]

加强高端科技智库建设、完善科技创新重大决策机制已列入《"十三五"国家科技创新规划》。世界经济论坛创始人兼执行主席克劳斯·施瓦布在2017年初以《时代呼唤应势而为、勇于担当的领导》为题撰文指出："当今世界动荡不安，正在发生深刻变革。领导者面临的一项艰巨任务就是制定正确决策。为此，领导者需要将敏锐的洞察力视作'雷达'系统，将价值观和远见视作'指南针'。没有雷达系统，就无法接收信号；没有指南针，就会失去公信力。"[24]中国特色国家高端科技智库就应当发挥这样的雷达和指南针的作用，着力提高研究质量，着力创新体制机制，着力提高智库综合研判和战略谋划能力，推进国家治理体系和治理能力现代化，提升国家软实力，为建设创新型国家和世界科技强国作贡献，为实现"两个一百年"宏伟目标、实现中华民族伟大复兴的中国梦提供科技智力支撑。

参考文献

[1] 关于加强中国特色新型智库建设的意见[EB/OL][2015-08-13]. http://news.xinhuanet.com/zgjx/2015-01/21/c_133934292.htm.

[2] 王战.加快建设中国特色新型智库，推进国家治理能力现代化[N].文汇报，2015-03-13(20).

[3] 白春礼.发挥科研机构优势建设高端科技智库[N].光明日报，2015-01-29(02).

[4][12] 习近平.为建设世界科技强国而奋斗——在全国科技创新大会、两院院士大会、中国科协第九次全国代表大会上的讲话[N].新华每日电讯，2016-06-01(02).

[5] 习近平主持召开中央全面深化改革领导小组第三十二次会议强调党政主要负责同志要亲力亲为抓改革扑下身子抓落实[N].人民日报，2017-02-07(01).

[6] 白春礼.建设高水平科技智库,为创新驱动发展提供科技支撑——在中国科学院第十八次院士大会上的讲话(2016 年 6 月 1 日)[EB/OL][2017-04-10]. http://www.cas.cn/jh/201606/t20160602_4562293.shtml.

[7] 张素.中国工程院提出建设国家工程科技思想库"三步走"[EB/OL][2017-04-11]. http://news.chinanews.com/gn/2016/06-01/7890758.shtml.

[8] [东汉]刘熙撰,[清]毕沅疏证,王先谦补.释名疏证补[M].北京:中华书局,2008:110.

[9] 国务院关于印发"十三五"国家科技创新规划的通知(国发〔2016〕43 号)[EB/OL][2016-08-11]. http://www.gov.cn/zhengce/content/2016-08/08/content_5098072.htm.

[10] 习近平主持召开经济形势专家座谈会[EB/OL][2017-04-03]. http://news.xinhuanet.com/politics/2016-07/08/c_1119189505.htm.

[11] 加快推进网络信息技术自主创新朝着建设网络强国目标不懈努力[N].人民日报,2016-10-10(01).

[13] 国务院办公厅关于印发全民科学素质行动计划纲要实施方案(2016—2020 年)的通知.[EB/OL][2017-04-03]. http://www.stats.gov.cn/wzgl/ywsd/201603/t20160315_1331000.html.

[14] 中央文明委印发指导意见深化群众性精神文明创建活动[N].人民日报,2017-04-06(04).

[15] 褚宏启.核心素养的国际视野与中国立场——21 世纪中国的国民素质提升与教育目标转型[J].新华文摘,2017(5):124—127.

[16] 姚晓丹.老年人掌握新技术可减轻孤独感[EB/OL][2015-08-17]. http://www.cssn.cn/hqxx/201508/t20150817_2122285.shtml.

[17] 余晓洁、杨维汉、荣启涵."十三五"国家科创规划,专家解读 5 大看点[N].新华每日电讯,2016-08-09(02).

[18] [汉]司马迁.史记・商君列传[M].北京,中华书局,1982:2229.

[19] 冯达甫.老子译注[M].上海,上海古籍出版社,2006:148.

[20] 杨柳桥.荀子诂译[M].济南,齐鲁书社,1985:103.

[21] 傅莹:全球的变革与中国的角色[EB/OL][2017-03-10]. http://business.sohu.com/20170310/n482876885.shtml.

[22] 国务院关于印发促进大数据发展行动纲要的通知(国发〔2015〕50 号)[EB/OL][2017-04-09]. http://www.gov.cn/zhengce/content/2015-09/05/content_10137.htm.

[23] 邱均平.情报学理论研究的新高度——《读现代情报学理论》[J].情报学报,1997(3):234—236.

[24] 克劳斯・施瓦布.时代呼唤应势而为、勇于担当的领导[N].人民日报,2017-01-13(03).

公共图书馆决策咨询工作面临的三大挑战与发展定位

当代公共图书馆决策咨询工作如何创新发展，这是进入新时代公共图书馆决策咨询工作需要思考和回答的问题。从针对性、时代性、机遇性三个维度观察分析，公共图书馆决策咨询工作正面临着三大挑战。从针对性而言，正面临加强中国特色新型智库建设的挑战；从时代性而言，正面临新时代新思想新征程的挑战；从机遇性而言，正面临以大数据为标志的信息化发展新阶段的挑战。因此，公共图书馆的决策咨询工作应当思考以下问题：在新智库中如何定位发展，在新时代中如何创新转型，在新阶段中如何把握机遇。面临诸多挑战，公共图书馆的决策咨询工作应当形成新的发展定位，就中国公共图书馆事业的发展乃至整个文化事业的发展发挥五大功能，一是预示重点难点，二是警示拐点交点，三是揭示痛点堵点，四是显示清点力点，五是解示热点评点，发挥公共图书馆智库智力密集、人才密集、数据密集、知识密集的优势，以形成公共图书馆决策咨询工作的新境界。

一、公共图书馆决策咨询工作面临的三大挑战

（一）加强中国特色新型智库建设的挑战

2015 年 12 月，国家高端智库 25 家高端试点工作启动，其中包括国务院发展研究中心、中央党校、北京大学国家发展研究院、国防大学、中国社会科学院、中国石油经济技术研究院、深圳综合开发研究院等党政部门、社科院、党校行政学院、高校、军队、科研院所和企业、社会智库等，这对公共图书馆的决策咨询工作是一大挑战。[1]尽管包括国家图书馆在内无一家公共图书馆进入高端智库的试点行列，但这并不意味着公共图书馆的决策咨询工作与中国特色新型智库建设没有关联。国家图书馆和各省市公共图书馆作为公共图书馆决策咨询工作的主体，其研究咨询工作，应当以公共图书馆事业和文化事业发展

的战略问题以及公共服务与管理政策为主要研究对象，以服务国家和各省市地方公共图书馆事业和文化事业的科学民主依法决策为宗旨，以公共图书馆事业和文化事业的政策研究咨询为主攻方向，以新时代的新作为融入建设面向现代化、面向世界、面向未来的中国特色新型智库体系之中。

2015 年以来，中国特色新型智库建设在各行业领域中形成了高潮，公共图书馆的决策咨询工作如何在诸多智库建设中生存定位，这就需要克服自身所存在的短板。就当前公共图书馆决策咨询工作而言，存在跟不上和不适应的八大问题：一是公共图书馆决策咨询工作如何发展思路尚不清晰，二是具有较大影响力和国际知名度的公共图书馆智库缺乏，三是提供的高质量持续性研究成果不够多，四是在公共图书馆行业专业决策咨询上还缺乏建言权和话语权，五是参与决策咨询缺乏制度性安排，六是全国公共图书馆专业智库建设在区域发展上不平衡不充分，七是决策咨询组织形式和管理方式亟待创新，八是领军人物和杰出人才较为缺乏。

（二）新时代新思想新征程的挑战

公共图书馆决策咨询工作应深入学习和研究新时代与公共图书馆创新发展的关系问题。中共“十九大”报告作出了中国特色社会主义进入了新时代的重大政治论断，确立了习近平新时代中国特色社会主义思想，确定了决胜全面小康社会、开启全面建设社会主义现代化国家新征程的目标。面对新时代、新思想和新征程的挑战，公共图书馆决策咨询工作应当对新时代、新矛盾、新动能、新发展方式、新文化使命等做出公共图书馆事业发展方位的战略解析。如对新时代主要特征在公共图书馆和文化领域的表现做出概括，对新时代人民日益增长的美好生活需要和公共图书馆事业发展不平衡不充分之间的矛盾进行深入研究并提出相应的对策，对公共图书馆所面临的信息化发展的新动能进行与时俱进的深入研究并提出范式转化的应对举措，对公共图书馆从数量增长到更注重质量发展的新要求提出新发展方式的政策主张和路径设计，对坚持文化自信、推动社会主义文化繁荣兴盛的新文化使命设计出公共图书馆新气象和新作为的创新发展路线图。

公共图书馆决策咨询工作也应深入学习和研究习近平新时代中国特色社会主义思想，特别是关于社会主义文化建设的论述。2017 年 10 月，由中共中央文献研究室编辑的《习近平关于社会主义文化建设论述摘编》一书出版，书中收录了 361 段论述，细分为 8 个专题：坚定文化自信，建设社会主义文化强国；坚持以马克思主义为指导，牢牢掌握意识形态工作领导权、管理权、话语权；高度重视理论建设，加快构建中国特色哲学社会科学；培育和践行社会主义核心价值观；提高全民族思想道德水平；坚持以人民为中心的创作导向；推动文化事业全面繁荣和文化产业快速发展；提高国家文化软实力，讲好中国故事。《习近平关于社会主义文化建设论述摘编》与此前已经出版的习近平关于社会主义经济建设、政治建设、社会建设、生态文明建设以及习近平关于协调推进“四个全面”战略布局、全面建成小康社会、全面深化改革、全面依法治国、全面从严治党论述摘编等一起，为我们深入系统学习习近平关于统筹推进“五位一体”总体布局和协调推进“四个全面”战略布局的新理念新思想新战略提供了一个完整系列。[2]结合中国公共图书馆事业的发展，公共图书馆决策咨询工作应当思考公共图书馆事业发展的战略问题和公共政策问题。如公共图书馆事业发展如何在服务与管理中弘扬和发展中华优秀传统文化、革命文化和社会主义先进文化；如何坚守中华文化立场，立足当代中国现实，坚持创造性转化、创新性发展。又如公共图书馆事业如何把社会主义核心价值观融入各项读者活动之中，如何在各项阅读推广活动中深入挖掘中华优秀传统文化蕴含的思想观念、人文精神、道德规范，激励和引导广大读者向善思想境界的养成。又如如何在图情事业发展中积极倡导并形成绿色发展方式和生活方式，建设美丽中国，为广大读者用户创造并更新良好的阅读学习和休闲环境，等等。以上这些都可作为公共图书馆决策咨询工作的新内容。

公共图书馆决策咨询工作还应对接决胜全面建成小康社会、开启全面建设社会主义现代化新征程的目标。新时代所开启的新征程是公共图书馆全面深化改革持续释放创新发展活力的新征程，是公共图书馆通过文化精准扶贫并迈向全面文化小康的新征程，是公共图书馆以人民为中心迈向美好文化生活的新征程，是推动构建共建、互联、分享的新一代融合图书馆文化共同体的新征程，也是公共图书馆事业通过开放、共享、融合、多样进一步走向现代化走向世界走向未来的新征程。公共图书馆决策咨询工作应当精心谋划“两个一百年”奋斗目标发展中公共图书馆的新目标、新方案、新任务、新举措、新步骤。

（三）以大数据为标志的信息化发展新阶段的挑战

中共“十九大”提出要加快建设创新型国家，并将建设网络强国与建设科技强国、质量强国、航天强国、交通强国、数字中国、智慧社会等并列，作为建设现代化经济体系和创新型国家的重要举措。在“十九大”后举行的中央政治局第二次集体学习中，习近平提出了我们已进入以大数据为标志的信息化发展新阶段的重要论断，特别强调了实施国家大数据战略、加快建设数字中国的战略视野和战略谋划，为我们在新时代进一步推动我国从网络大国迈向网络强国指明了着力点和路线图。[3]大数据和人工智能正在重塑人类社会，包括公共图书馆服务，但大数据和人工智能替代的多为中间层和底层的工作，最顶层的图书馆决策咨询工作的核心部分还需要依托决策咨询馆员的智慧大脑。2018年4月，习近平在“十九大”后召开的第一次全国网络安全和信息化工作会议上强调：信息化为中华民族带来了千载难逢的机遇，网信事业代表着新的生产力和新的发展方向。[4]人类社会正呈现出万物感知、万物互联、万物智能、万物计算、万物赋能的新形态，几乎无所不在、无时不在的物物互联、人物互联、人人互联极大地扩大增加了数据足迹，爆发性增长的海量数据成为当代信息社会最具特点的新标志，数据全面感知、数据海量集聚、数据精准计算、数据智慧分析、数据资产认知、数据驱动发展，这些以大数据为特征的经济社会发展全新态势构成了信息社会发展的新阶段，信息文明进入了大数据发展的新阶段。公共图书馆的决策咨询工作应当敏锐地抓住信息化发展历史机遇，在审时度势、精心谋划、超前布局、力争主动上下功夫。“审时度势”，就是要登高望远，深入了解大数据发展现状和趋势及其对公共图书馆事业的影响，分析我国公共图书馆领域大数据初步探索的进展和存在的问题，对大数据的战略发展机遇和面临的挑战有清醒的认知。“精心谋划”，就是要运用世界眼光和未来视野对大数据在公共图书馆领域的发展进行战略设计，确定战略目标和实施方略及政策路径。“超前布局”，就是要推动公共图书馆事业与国家大数据战略有效对接，加快完善公共图书馆的数字基础设施，推进数据资源整合和开放共享，保障数据安全，加快建设升级版的融合图书馆，将互联网、大数据、人工智能与公共图书馆服务进行深度融合，更好服务广大读者和用户，不断满足日益增长的人民对文化生活的新需要和新期盼。“力争主动”，就是要把握信息化发展进入大数据新阶段的时间窗口，充分发挥中国网络大国的优势，借鉴国内外的发展经验，走中国特色的公共图书馆大数据战略发展和网络强国之路，并为全球公共图书馆事业的创新发展贡献中国智慧和中国经验。

公共图书馆决策咨询工作实施大数据战略应当着力于以下六个方面：一是推动互联网、大数据、人工智能和公共图书馆决策咨询深度融合；二是构建以数据为关键要素的公共图书馆决策咨询服务链，形成数据驱动的新模式，构建在线决策咨询新形态；三是运用大数据提升公共图书馆决策咨询管理现代化水平，构建全域覆盖、融合一体、多网衔接、高效协同、共享互联、数据挖掘、精准服务、科学决策的公共图书馆决策咨询全新体系，实现跨层级、跨地域、跨业务的协同决策和平台服务，克服各自为"智"，规避智库孤岛；四是通过互联网＋、智能＋，运用大数据促进、保障和改善决策咨询服务；五是切实保障公共图书馆的数据安全，加强关键信息基础设施安全保护，增强数据安全预警和溯源能力；六是提升决策咨询馆员的数据素养，包括安全意识、网络技能、数据计算、智能伦理。技术的潜力是无限的，大数据和人工智能时代的算力和算法决定着公共图书馆决策咨询工作的发展潜力。人工智能将重塑公共图书馆的决策咨询工作。2018 年 3 月，韩国平昌冬奥会闭幕式上"北京八分钟"智能机器人与轮滑演员的完美配合，从另一个侧面为我们展示了公共图书馆决策咨询工作人机协同的未来图景。

中国公共图书馆领域的海量规模数据为公共图书馆决策咨询工作的创新提供了信息环境和数据基础。恒河海量的读者用户数据，巨量活跃的移动读者群，层出不穷的各类人工智能应用，这些都是全球各大城市图书馆所不具备或相对缺乏的。据英国《经济学人》周刊网站 2018 年 3 月 15 日报道，中国为什么突然如此优秀了呢？答案很简单：规模。中国拥有全世界最大的网络支付市场和全世界速度最快的超级计算机，正在建设全世界最大的量子计算研究中心和开发的卫星导航系统，中国的人工智能科学家人数在全世界数一数二，中国的互联网用户人数多于任何其他国家，这就意味着中国拥有更多可用于发展 AI 的数据。[5]以上这些，都是了不起的数据，也是了不起的成就。中国公共图书馆同样拥有全球公共图书馆业界最大规模的数据，可以依托海量的数据进行深度分析研究，作出与以往不一般的创新研究和对策建议。

二、新时代公共图书馆决策咨询的功能定位

公共图书馆决策咨询工作在新智库新时代新阶段中如何生存定位、把握机遇并创新发展？需要以思想库和研究者来为国家文化立法和决策服务，来预示重点难点，警示拐点交点，揭示痛点堵点，显示清点力点，解示热点评点，以创新发展公共图书馆的决策咨询工作。

（一）为国家立法和决策服务

为国家立法和决策服务是国家图书馆的重要职能，已明确写入《中华人民

共和国公共图书馆法》。每年全国人大和政协会议的“两会”服务是国家图书馆和各省市图书馆为国家和省市立法和决策服务的重要组成部分，在国家和省市立法与决策的科学化和民主化进程中发挥着积极作用。其中国家图书馆的服务功能与作用主要表现在四个方面：一是发挥文献搜集整理专长，精准编制专报。如2018年“两会”曾重点遴选了“科学规划粤港澳大湾区建设”“高起点高质量编制好雄安新区规划”“推动新一代人工智能发展”等23个热点专题收集文献，并以观点摘编的形式编制了《国家图书馆“两会”专题文献信息专报》。二是提升数字化服务效能，打造一站式专属平台，以问题导向、现实导向、需求导向、特色导向为原则，丰富平台数字资源，改善使用体验，提升服务效能。三是定制委员阅读卡，便捷使用国图资源。四是服务形式推陈出新，除设有服务于国家立法和决策的专职机构和高素质的文献研究专家团队外，国家图书馆还派出业务骨干，参加全国“两会”服务热线值班，提供技术保障，并及时解答代表、委员委托的专题咨询，国家数字图书馆APP也进驻“两会”，提供多种类型和多种载体的文献信息资源服务。[6]以上这些均形成了具有中国特色的公共图书馆决策咨询服务。

（二）预示重点难点

公共图书馆决策咨询工作要与国家和地区公共图书馆事业和文化发展战略形成全面对接，体现出对各大区域和各大重点的全覆盖。如对公共图书馆面临的重要现实问题应有所知晓、有所研究和有所准备；应开展前瞻性、针对性、储备性政策研究，对公共图书馆发展重大关键问题、公共图书馆建设中重大决策问题、服务与管理中新出现的重大现实问题等，及时进行研究和研判，预测预示事业发展的重点和难点。2018年3月，《中共中央国务院关于支持海南全面深化改革开放的指导意见》正式对外发布；[7]2018年4月，经中央政治局专门讨论的《河北雄安新区规划纲要》正式公布；[8]同月，习近平在深入推动长江经济带发展座谈会上强调，要加强改革创新战略统筹规划引导，以长江经济带发展推动高质量发展。[9]中国公共图书馆特别是海南省、雄安新区以及长江经济带的公共图书馆如何主动对接以上系列国家战略，顺势而为，在深化改革中进一步创新发展，应当成为公共图书馆决策咨询工作预示重点难点的着力点。多少年来，中国公共图书馆受传统体制机制的制约，城市中市、区、街道和社区总分馆人财物无法统筹，给公共图书馆均等化发展带来诸多障碍。能否在雄安新区甚至整个海南省实现这一难题的突破，以对接全球城市图书馆总分馆一体化发展的普遍规律，率先在雄安新区或海南省实现公共图书馆人财物一体化发展新路；在长江经济带的11个省市（上海、江苏、浙江、安徽、江西、湖北、湖南、重庆、四川、贵州、云南）的公共图书馆，如何在发展中率先推进"绿色＋"，公共图书馆决策咨询工作应当对以上问题有所谋划，有所建言，并力争落到实处。需要指出的是，国内外经济社会与文化的变革速度正在加快，并形成系统的、整体的、全球性的变革。中国公共图书馆事业正呈现千帆竞发、百舸争流的良好发展态势，在如此发展环境下的公共图书馆的决策咨询工作，其及时性、针对性和有效性比以往任何时候都显得更为重要。

以2018年和之后若干年为例，公共图书馆决策咨询工作在预示重点难点方面可以进行研究的内容很多。如公共图书馆发展如何对接系列国家战略，在建设科技强国、质量强国、航天强国、网络强国、交通强国、数字中国、智慧社会中提出公共图书馆的细化精准举措；国家机构改革与提升公共图书馆管理能级的关系、公共图书馆深化改革与持续创新的关系；完善公共文化服务体系（深入实施文化惠民工程）升级版的思考、文化深度扶贫的政策研究；如何加强《公共图书馆法》的宣传与实施；如何深化公共图书馆非物质文化遗产的保护与利用；大数据和人工智能时代对公共图书馆发展挑战和机遇的剖析，数据安全的深度防范预测研究与建议，超智能图书馆的治理现代化与科学化研究，智能服务的路线图；以全球视野对中国公共图书馆跟跑并跑领跑现象进行分析；中西部公共图书馆转型发展研究，中部崛起、西南现象的分析研究；新时代深化"中国之窗""上海之窗"文化外交的思考和建议，当代全球公共图书馆创新发展比较研究；如何开展公共图书馆2025、2035中长期发展战略研究问卷调查……

（三）警示拐点交点

公共图书馆决策咨询工作需要具备世界眼光，观察全球公共图书馆事业发展的大势方向，准确把握国内外公共图书馆创新发展面临的拐点交点。如人工智能正在重塑公共图书馆的文献资源、人力资源、服务空间、服务项目、读者用户以及管理模式，这对公共图书馆事业的未来发展而言，无疑是一个重要的拐点，需要公共图书馆决策咨询工作做出相关的警示。在重点观察图书馆行业的同时，公共图书馆的决策咨询工作也需要将眼光拓展至经济、政治、社会、文化、生态等各个领域，分析公共图书馆以及与之相关的各行各业生动实践的新现象。如2018年世界读书日期间，上海图书馆别出心裁地策划举办了2018世界读书日的特别活动"上图之夜——英华拾贝"，将展览、讲座、音乐、戏剧、朗诵、绘画、经典阅读与翻译等融为一体。[10]这样的时空穿越与交汇服务新形态不仅对公共图书馆广泛开展的阅读推广活动带来了有益的启示，而且我们可以从其中观察到全球公共图书馆服务的新趋势，观察到在这种新趋势中的中国特色公共图书馆服务围绕展览服务创新所呈现的开放、融合、多样、延伸、协同的新特点。

（四）揭示痛点堵点

公共图书馆决策咨询工作应通过专递专报、研究报告、动态监测、主题论坛、蓝皮书等形式，将各地区、各领域、各层级公共图书馆的发展变化及时感知并在第一时间进行信息传递，发挥如同传感器的"热敏、光敏、声敏、磁敏、电敏、力敏、气敏、湿敏"等功能。随着中国公共图书馆与科技的不断融合，随着中国公共图书馆网络空间服务领域与路径的不断拓展，服务中将出现许多前所未有的新情况新问题，需要通过公共图书馆决策咨询的"传感器"来及时接受各类有价值的信号。公共图书馆决策咨询工作可以通过设立首席信息官（CIO）、首席技术官（CTO）、首席创新官（CINO）来跟踪国内外公共图书馆事业的发展以及与各领域行业的边界联系，揭示其中的痛点堵点，并以创新思维在发展中予以破解。如阅读推广服务中的深浅问题、快慢问题、多少问题、内容选择问题、线上线下结合问题、公共图书馆信息和数据安全保护问题、公共图书馆服务体系空间均等覆盖问题等，都是现实的痛点与堵点，需要公共图书馆决策咨询工作具有问题意识，将注意力更加集中在公共图书馆行业的一些痛点堵点问题，更加深度地认知未来文化事业发展的带有全局性和长远性意义的前沿动态，同时提供打通痛点和堵点的解决方案或理论诠释。

以快慢而言，我们正生活在加急时代，许多读者感到心绪浮躁，无法踏实下来，这样的快生活让人们失去了对生活的体验，也难以进行冷静深度的思考。与此同时，诗意地栖居、慢生活也成为社会讨论的热点。公共图书馆服务既要加快速度，以满足读者迅即获取的心理期待，如时有所闻的各类快闪文化，这是信息化发展新阶段公共图书馆服务质量提升的题中应有之义；同时，公共图书馆也应提供广大读者慢阅读、慢生活、静心思考的学习休憩公共空间和引领导读。

（五）显示清点力点

大数据正在形成数据驱动的时代特征，海量的数据正在形成全新的算力与算法，而公共图书馆的决策咨询在数据挖掘方面具有专业的优势，应当发挥其在数据分析洞察和前瞻储备研究方面的专长，通过智慧数据起到信息清点的功效。诚如有学者所指出的：通过对任何规模的可信的、情境化的、相关切题的、可认知的、可预测的和可消费的数据的使用来获得重大的见解和洞察力，揭示规律，给出结论和对策，简单来说，智慧数据就是从大数据中得出有意义的信息。[11]在信息快速流通转化的大数据的环境下，公共图书馆的物与物、人与物、人与人正处于一个无限相互连接和复杂的公共文化环境之中，需要通过公共图书馆决策咨询工作将前所未有的复杂数据集合起来，通过数据的聚合梳理和深度分析，据此理解当代公共图书馆事业的复杂性和着力点。这种对数据清点和力点的显示，需要长期的信息调查和数据积累，需要加强国家图书馆和各省市公共图书馆的数据库建设并建立全国宏观调控的文化数据体系，在此过程中进行去粗取精、去伪存真、由此及彼、由表及里的数据过滤、筛选和管控。这样的数据积累和洞察是公共图书馆决策咨询前瞻储备的重要方法和研究基础，也是决策咨询建言科学性、严谨性、预见性和有效性的信息基础。以正在不断增加的公共图书馆服务机器人为例，公共图书馆的决策咨询就可以通过对国内外服务机器人的创新图景进行扫描清点，以此来分析未来公共图书馆机器智能的力点所在。

（六）解示热点评点

公共图书馆的决策咨询工作，需要体现在学理探索的理论研究与问题意识的决策研究两者的双轮互动上，将学理探索的深度、厚度、长度与问题研究的高度、广度和速度紧密结合起来并形成互动，把决策咨询的对策研究与党政部门的政策研究紧密结合起来并实现良性互动，以研究的问题导向、现实导向、需求导向、特色导向、未来导向，更好地发挥公共图书馆的决策咨询功能。

公共图书馆事业在文化事业中具有大文化的特点，不仅具有图书馆自身的特点，也具有博物馆、美术馆、科技馆、档案馆、文化馆等六馆合一的特点，与社会各领域行业的触控边界也几乎无所不达，这就需要公共图书馆决策咨询工作者在专业研究的基础上形成 T 形的知识结构和跨学科研究模式，顺应跨域融合与学科融合的发展趋势，形成体现边缘创新的决策咨询成果。无论是大数据还是人工智能，无论是构建覆盖全社会的公共图书馆文化服务体系，还是公共图书馆＋、阅读＋、智能＋、绿色＋，其中层出不穷的热点问题需要公共图书馆决策咨询工作及时作出有分量和深入浅出的评点。

习近平总书记在全国科技创新大会、两院院士大会、中国科协第九次全国代表大会上强调:科技创新、科学普及是实现创新发展的两翼,要把科学普及放在与科技创新同等重要的位置,普及科学知识、弘扬科学精神、传播科学思想、倡导科学方法,在全社会推动形成讲科学、爱科学、学科学、用科学的良好氛围,使蕴藏在亿万人民中间的创新智慧充分释放、创新力量充分涌流。[12]目前中国公民科学素质与发达国家相比仍有较大差距,不能满足全面建成小康社会和建设创新型国家的需要。科学普及的评点工作应当作为公共图书馆决策咨询不可或缺的内容之一。这种科普的评点工作,应以重点人群科学素质行动带动全民科学素质整体水平跨越提升,其中包括面向青少年读者的科学兴趣、创新意识、学习实践能力的提升;面向广大读者和公共图书馆行业管理人员的科学意识和决策水平的提升;面向农民和城镇劳动者的科学生产生活能力的提升;面向革命老区、民族地区、边疆地区、集中连片贫困地区公民的科学素质的提升等。

公共图书馆决策咨询工作是公共图书馆工作的重要组成部分,对国家软实力将起到添砖加瓦的作用。在新时代,我们应积极探索中国特色公共图书馆决策咨询工作的组织形式和管理模式,完善公共图书馆决策咨询制度和调查制度,着力健全预测机制,组织广大决策咨询研究者围绕事关公共图书馆事业乃至国家文化事业创新发展全局和长远问题,围绕所面临的重点难点问题,提供准确、前瞻、及时的建议,发挥好国家文化智库功能,做新时代新思想新征程中覆盖全社会公共文化服务体系的使能者和推动者,构建具有中国特色的信得过、靠得住、用得上、想得起、离不开的公共图书馆决策咨询智库。

参考文献

[1] 25家国家高端智库建设试点单位名单发布[EB/OL][2018-05-01]. www.cdi.com.cn/detail.aspx?cid=4763.

[2]《习近平关于社会主义文化建设论述摘编》出版发行[EB/OL][2018-04-25]. http://politics.people.com.cn/n1/2017/1015/c1001-29588123.html.

[3] 习近平:实施国家大数据战略加快建设数字中国.[EB/OL][2017-12-16]. http://www.cac.gov.cn/201712/09/c_1122084745.htm.

[4] 敏锐抓住信息化发展历史机遇自主创新推进网络强国建设[N].新华每日电讯,2018-04-22(01).

[5] 外媒叹中国这一领域异军突起　如此优秀秘诀就俩字[EB/OL][2018-05-01]. http://world.chinadaily.com.cn/2018-03/19/content_35875754.htm.

[6] 舒晋瑜.国家图书馆2018年“两会”服务将全面启动[N].中华读书报,2018-02-28(01).

[7] 中共中央国务院关于支持海南全面深化改革开放的指导意见(2018 年 4 月 11 日)[N].人民日报,2018-04-15(01).

[8] 中共中央国务院关于对《河北雄安新区规划纲要》的批复[N].人民日报,2018-04-21(01).

[9] 习近平在深入推动长江经济带发展座谈会上强调加强改革创新战略统筹规划引导以长江经济带发展推动高质量发展[N].人民日报,2018-04-27(01).

[10] 上海图书馆华丽变身!“图书馆奇妙夜”带读者穿行中西文学的交会中[EB/OL][2018-05-01]. http://www.sohu.com/a/229243679_275786.

[11] 曾蕾、王晓光、范炜.图档博领域的智慧数据及其在数字人文研究中的角色[J].中国图书馆学报,2018(1):019.

[12] 全国科技创新大会、两院院士大会、中国科协第九次全国代表大会在京召开　习近平发表重要讲话[EB/OL][2018-05-01]. http://cpc.people.com.cn/n1/2016/0531/c64094-28394355.html.

图情智库篇

新时代中国特色图情智库新使命述略

中国特色新型智库是以战略问题和公共政策为主要研究对象、以服务党和政府科学民主依法决策为宗旨的非营利性研究咨询机构。2015年1月中共中央办公厅、国务院办公厅印发的《关于加强中国特色新型智库建设的意见》指出:中国特色新型智库是党和政府科学民主依法决策的重要支撑;是国家治理体系和治理能力现代化的重要内容;是国家软实力的重要组成部分。[1]

自2015年12月国家高端智库25家高端试点工作启动以来的两年中,中国的党政部门、社科院、党校行政学院、高校、军队、科研院所和企业、社会智库等均得到了长足的发展,一个定位明晰、特色鲜明、规模适度、布局合理的中国特色新型智库体系正在逐渐形成,中国特色图情智库就是专业智库体系中一个重要的组成部分。习近平在中国共产党第十九次全国代表大会上的报告(以下简称"十九大"报告)中指出:"加强中国特色新型智库建设。"[2]中国特色图情智库,正在迎来文化繁荣兴盛、文化更加自信的新时代,正在迎来信息文明、科技强国、网络强国、数字中国、智慧社会创新建设发展的新时代。本文试图对新时代中国特色图情智库在图情领域所肩负的战略研究和决策咨询的新使命作一初步的探讨。

一、新时代、新思想、新征程与新使命

(一)新时代与新使命

1. 对新时代作出图情事业发展方位的战略解析。"十九大"报告中指出:"经过长期努力,中国特色社会主义进入了新时代,这是我国发展新的历史方位。"图情智库应当对新时代作出图情方位的战略解析,对进入新进代的主要特征在图情领域的表现作出概括:一是深入解析图情领域从站起来富起来到强起来的伟大飞跃;二是深入解析中国特色社会主义文化在21世纪的中国焕发出强大生机活力的成功经验和案例;三是深入解析中国特色社会主义文化不断发展,为图情

事业的创新发展贡献的中国智慧和中国方案。需要说明的是,“新时代”是从党和国家事业发展的角度提出来的,与历史学研究上时代划分的概念不同。

2. 对新时代的五大特点结合图情事业作出细化解读。新时代意味着新起点、新任务、新要求。“十九大”报告通过五个“是”对新时代的特点进行了概括,图情智库需要结合图情事业的实际作出细化解读:一是细化解读承前启后、继往开来、在新的历史条件下继续夺取中国特色社会主义文化伟大胜利的时代;二是决胜全面建成文化小康社会,进而全面建设社会主义现代化文化强国的时代;三是全国各地区各行业团结奋斗、不断推进图情发展、逐步实现公共文化服务体系全覆盖的时代;四是全体图情人坚定文化自信、勠力同心并奋力实现文化兴盛的时代;五是我国图情事业日益走近世界舞台中央,不断为人类作出更大贡献的时代。

3. 对新时代我国社会主要矛盾在图情领域的转化作出科学分析。“十九大”报告指出,新时代我国社会主要矛盾已经转化为人民日益增长的美好生活需要和不平衡不充分的发展之间的矛盾。1956 年中共“八大”曾提出我们国内的主要矛盾是先进的社会主义制度同落后的生产力之间的矛盾;改革开放之后,我们党对社会主要矛盾的阐述进行了提炼,提出我国社会的主要矛盾是人民日益增长的物质文化需要同落后的社会生产之间的矛盾。从物质文化需要到美好生活需要,从解决落后的社会生产问题到解决不平衡不充分的发展问题,我国社会的主要矛盾发生了关系全局的历史性变化。图情智库应当围绕主要矛盾转化,结合图情事业发展进行多维度的深入研究和分析预测:图情事业如何顺应从基本小康到全面小康,从全面小康到开启两个阶段全面建设社会主义现代化国家新征程,图情事业如何解决发展不平衡不充分的问题,图情事业如何大力提升发展质量和效益、更好满足读者用户日益增长的文化和信息需求、更好推动人的全面发展和社会的全面进步。同时,也要深入分析研究图情事业如何牢牢把握和立足社会主义初级阶段这个基本国情和最大实际。

4. 深入分析研究“四个伟大”(伟大斗争、伟大工程、伟大事业、伟大梦想)与图情事业的关系。深入分析阐述推进伟大事业中图情事业的新使命,让中国特色社会主义文化成为激励全党全国各族人民奋勇前进时的强大精神力量。深入分析研究图情事业领域所面临的伟大斗争,有效应对重大挑战、抵御重大风险、克服重大阻力、解决重大矛盾;深入分析研究图情领域必须进行的具有许多新的历史特点的伟大斗争,战胜一切困难和挑战,提高斗争本领;深入分析研究图情事业如何更加自觉地维护读者用户的文化权益，坚持反对损害读者用户利益、脱离读者用户实际的行为；深入分析阐述如何更加自觉地投身信息文明创新发展的时代潮流，坚决破除一切阻碍发展的固有思维和陈式；深入分析阐述如何更加自觉地维护国家信息安全和文化安全，为增加国家文化软实力添砖加瓦，如何更加自觉防范安全、生态、技术等方面的风险，坚决战胜一切在图情领域可能出现的困难和挑战，包括图情领域可能出现的“黑天鹅”“灰犀牛”以及“明斯克时间”。

（二）新思想与新使命

1. 习近平新时代中国特色社会主义思想是十九大报告的灵魂和主线。作为“十九大”的一个历史性决策和最重要的贡献，习近平新时代中国特色社会主义思想开辟了马克思主义、中国特色社会主义和党治国理政的新境界，图情智库应将这一新思想作为图情事业发展必须长期坚持的指导思想。从指导思想层面观察，新思想的主要内容包括“八个明确”；从行动纲领层面观察，新思想主要内容包括“十四个坚持”。对此，图情智库应当深入分析研究，有所对标并作为指导图情事业发展的行动指南，准确把握党的基本理论、基本路线和基本方略。如明确新时代我国社会主要矛盾是人民日益增长的美好生活需要和不平衡不充分的发展之间的矛盾，不断促进人的全面发展、全体人民共同富裕；明确中国特色社会主义事业总体布局是“五位一体”、战略布局是“四个全面”，强调坚定道路自信、理论自信、制度自信、文化自信。又如要坚持社会主义核心价值体系、坚持人与自然和谐共生，这就需要结合图情事业在新时代的发展实际，谋划新战略、新起点和新作为。又如图情事业发展必须坚持以人民为中心，保证人民当家作主落实到图情事业管理和阅读文化生活之中，坚持在发展中补齐文化民生的短板，在幼有所育、学有所教、老有所养、弱有所扶等方面不断取得新进展。又如图情事业要不断推进文化治理体系和治理能力现代化，突破信息和数据孤岛藩篱，顺应并把握信息文明的发展趋势，构建系统完备、科学规范、运行有效的图情管理制度体系，充分发挥我国社会主义制度优越性；坚持依法治理与以德治理相结合，提高广大图情工作者和读者用户的法治素养和道德素质。又如图情事业发展必须坚持社会主义核心价值体系，培育和践行社会主义核心价值观，不断增加意识形态领域主导权和话语权，推动中国传统文化创造性转化、创新性发展，继承革命文化，发展社会主义先进文化，不忘本来、吸收外来、面向未来，更好构筑中国精神、中国价值、中国力量，为人民提供精神指引。又如从坚持人与自然和谐共生、树立和践行绿水青山就是金山银山的“两山”理念出发，在图情事业发展中积极倡导并形成绿色发展方式和生活方式，建设美丽中国，为广大读者用户创造良好的阅读学习和休闲环境，为中国生态安全作出贡献。又如要在推动人类命运共同体，促进和而不同、兼收并蓄的文明交流，在全球和平建设、全球发展贡献、国家秩序维护中发挥图情事业的促进作用，如此等等。

2. 图情智库应紧密结合实际找到落实基点。在深刻理解新时代中国特色社会主义基本方略的基础上，图情智库应切实在工作中贯彻下去，做到把学习领会习近平新时代中国特色社会主义思想同过去五年图情事业的历史性变革结合起来，同图情事业今后工作战略部署结合起来，并准确把握新思想的继承性、创新性、时代性。

（三）新征程与新使命

精心谋划“两个一百年”奋斗目标历史交汇期的图情工作方案、任务书、时间表、路线图。习近平于 2017 年 11 月 10 日在亚太经合组织工商领导人峰会上的主旨演讲中，对中国人民将要开启的“新征程”进行了五个维度的解读：这是全面深化改革、持续释放发展活力的新征程；这是与时俱进、创新发展方式的新征程；这是进一步走向世界、发展更高层次开放型经济的新征程；这是以人民为中心、迈向美好生活的新征程；这是推动构建新型国际关系、推动构建人类命运共同体的新征程。[3]图情智库需要精心谋划布局，开启全面建设社会主义现代化国家新征程两个阶段战略目标中的图情战略构想；在新征程中坚定文化自信，推动社会主义文化繁荣兴盛，在以下六个方面提出图情事业发展新愿景的切入点和路线图：一是牢牢掌握意识形态工作领导权；二是加快构建中国特色哲学社会科学，加强中国特色智库建设；三是培育和践行社会主义核心价值观；四是加强思想道德建设；五是繁荣发展社会主义文艺；六是推动文化事业和文化产业发展。同时要突出抓重点、补短板、强弱项，特别是要坚决打好防范化解信息数据安全、精准文化脱贫、绿色节能低碳的攻坚战，使全面建成文化小康社会得到人民认可、经得起历史检验。

二、新时代图情智库的七大着力点

（一）为决胜全面小康中的图情事业提出深化精准举措

继续推进国家文化治理体系和治理能力现代化；继续落实好“十三五”图

情规划确定的各项任务，并对图情事业的未来发展积极准备，谋划 2020；为全面建成文化小康，实现一个不能少、一个不能掉队的承诺提出精准举措，发挥图情事业的文化和信息功能和支撑，不断增强人民的获得感、幸福感、安全感。同时，2017—2020 年全面建成小康社会决胜期，也是“两个一百年”奋斗目标的历史交汇期，其中 2017 年是新时代新理论新征程开启确立之年、2018 年是改革开放 40 周年、2019 年是中华人民共和国成立 70 周年、2020 年是全面建成小康社会和谋划 2020 年、2021 年是中国共产党成立 100 周年等。这些重要的时间节点，是图情事业今后几年发展的坐标，这些时间节点承上启下、继往开来，确立了图情事业迈向新征程上前行的节奏和工作的方位。

（二）对新时代图情事业发展不平衡不充分进行科学解析

1. 深入分析研究过去五年图情事业取得的重大进展。中共“十八大”以来中国发展的五年成就是全方位的、开创性的，五年来的变革是深层次的、根本性的。从图情事业而言，五年来提出了一系列新理念新思想新战略，出台了一系列图情发展方针政策，推出了一系列图情创新发展的新举措，推进了一系列惠民的文化工程，解决了许多长期想解决而没有解决的图情改革难题、办成了过去想办而没有办成的具有四梁八柱性质的图情立法大事，如《中华人民共和国反间谍法》(2014 年 11 月)、《中华人民共和国国家安全法》(2015 年 7 月)、《中华人民共和国反恐怖主义法》(2015 年 12 月)、《中华人民共和国网络安全法》(2016 年 11 月)、《公共文化服务保障法》(2016 年 12 月)、《中华人民共和国国家情报法》(2017 年 6 月)等，十九大后第一部文化法律《公共图书馆法》也于 2017 年 11 月 4 日通过，推动图情事业发生了历史性的变革。同时，2014 年 12 月、2015 年 1 月和 2017 年 1 月，由中共中央办公厅和国务院办公厅先后印发的《关于加强中国特色新型智库建设的意见》《关于加快构建现代公共文化服务体系的意见》和《关于实施中华优秀传统文化传承发展工程的意见》，国务院于 2015 年 12 月印发的《关于新形势下加快知识产权强国战略的若干意见》，文化部等五部委在 2017 年 2 月也印发了《关于推进县级文化馆图书馆总分馆制建设的指导意见》，以上这些都成为砥砺奋进五年中图情事业发展的亮点。图情事业在全方位、多层次、立体化的外交布局中也发挥了文化的独特作用，为我国国际影响力、感召力、塑造力进一步提高提供了软实力的有力支撑。

2. 新时代主要矛盾的转化向我们提出了系列问题。人民日益增长的美好生活的需求在图情事业中的表现在哪些方面？图情事业发展不平衡和不充分表现在哪些方面？从主要矛盾转化的视野观察，我们可以发现诸多发展不平衡和不充分的现象，如图书馆建设存在“抓大放小”“重城轻乡”现象，超巨型大馆与区县街区小馆间存在着巨大高低落差，城乡图书馆设施空间布局的不平衡，即使在东部发达地区包括一些大城市依然有发展不平衡不充分的现象，东中西部和四区（革命老区、民族地区、边疆地区、贫困地区）图书馆间的各类服务资源的巨大落差，全面文化小康面临艰巨挑战，图书馆的服务水平尚不能完全适应日新月异的信息技术发展，读者和馆员的个体尚不适应信息文明的整体发展步伐，读者和馆员在民主、法治、公平、正义、安全、环境、便捷、舒适等方面的要求日益增长，而图情事业发展未能充分满足这些方面的增长，情报事业尚未完全跟上并融入社会信息化持续深入发展的节拍，情报的战略咨询的“耳目、参谋、尖兵”功能也应与时俱进，应当进一步完善并重新定位。

3. 六大不平衡和六大不充分。综而论之，笔者认为，新时代中国图情事业发展有六大不平衡和六大不充分，即地区不平衡、城乡不平衡、行业不平衡、文献载体比例不平衡、人力资源建设不平衡、绿色发展不平衡，资源共享不充分、全域服务不充分、满足人民日益增长的美好生活需要不充分、馆员读者的综合素养提升不充分、图情理论研究不充分、图情事业走向世界不充分。以满足人民日益增长的美好生活需要不充分为例，从图情服务的个性化、定制化、智能化、一体化、国际化、舒适度、美丽度、便捷度、互联度、文明度、安全度等都有很大发展空间，需要图情事业再出发，需要图情有“更新”的新理念和新实践，需要在原来的有书看发展至看好书，从原来的大起来新起来发展至强起来绿起来。在消除不平衡不充分的同时，也应思考如何在把握立足我国仍处于并将长期处于社会主义初级阶段的这一基本国情和最大实际、我国是世界上最大发展中国家的国际地位的基本判断的基础上奋力推进图情事业的与时俱进。

4. 根据新时代主要矛盾的转化，图情事业可以在诸多方面着力。如进行诸多现代公共文化服务体系必须统筹考虑人民的基本文化需求和高品质文化需求：进一步提高公共文化服务体系读者权利的数量和质量；深入分析研究不断增长的中高端需求，推动基本服务向优质服务转变，推动大众化服务向个性化服务转变；鼓励社会力量参与公共文化服务，扩大服务供给；推广政府和社会资本合作模式、探索开展公共文化设施社会化运营方式；在图情事业的全域服务中为读者用户提供“见多识广”的前沿、多样、厚实的信息知识，在多域空间、文化素养、科技前沿和世界眼光中培育更有文化和更有智慧的读者，为人的全面发展提供更丰富的精神食粮。21 世纪第二个十年以来中国出现了“新四大发明”(高铁、网购、支付宝、共享单车),[4]催生新技术、新产品、新产业、新业态、新模式,深刻改变着人类生产生活方式和思维模式,实现社会生产力的整体跃升,这些都为图情事业的不断创新提供了有益的借鉴和启示。

(三) 对新思想中图情事业所处新方位进行理论分析和政策指导,对新时代中国特色社会主义思想结合图情事业进行理论分析和政策指导

波澜壮阔的图情实践没有止境,图情的理论创新也没有止境,全球和中国的图情事业在不断地发生变化,需要图情智库在理论上跟上时代,不断认识规律,不断推进理论创新、实践创新、制度创新、文化创新以及其他各方面创新。时代是思想之母,实践是理论之源,只要我们善于聆听新时代的声音,投身于精彩纷呈的图情实践,善于学习、发现、思考和总结,就能运用新思想指导图情事业的新征程。2017 年 11 月 4 日通过的《公共图书馆法》的总则第二条中对“公共图书馆”和“文献信息”的概念提出了最新的权威解释:本法所称公共图书馆是指向社会公众免费开放,收集、整理、保存文献信息并提供查询、借阅及相关服务,开展社会教育的公共文化设施,前款规定的文献信息包括图书报刊、音像制品、缩微制品、数字资源等。这体现了理论政策研究的与时俱进。《公共图书馆法》第四章第三十八条还规定,公共图书馆在公休日应当开放,在国家法定节假日应当有开放时间。[5]关于这一点,业界内一直有不同的看法,正可以在实践的基础上结合《公共图书馆法》公布施行,进行更加深入、针对中国公共图书馆发展的生动实践,作出切合目前中国发展阶段和人民美好生活需求的有说服力的行业政策法律解释和研究。

(四) 为新时代两阶段新征程中的图情事业新战略谋篇布局

1. 第一个阶段(2020—2035)基本实现社会主义现代化。“十九大”报告综合分析了国际国内形势和我国发展条件,提出了从 2020 年到本世纪中期可以分两个阶段来安排,从而开启全面建设社会主义现代化国家新征程。对两个阶段发展的新愿景,“十九大”报告中作了概要简洁的描绘,并没有提出细化的具体举措,这就给图情事业的未来创新发展留下很大的想象空间。因此,图情智库可以根据“十九大”报告中的概要描绘,在第一阶段发展中从以下六大愿景中找到图情事业的切入点和着力点:一是我国经济实力、科技实力将大幅跃升,跻身创新型国家前列;二是人民平等参与、平等发展权利得到充分保障,法治国家、法治政府、法治社会基本建成,各方面制度更加完善,国家治理体系和

治理能力现代化基本实现;三是社会文明程度达到新的高度,国家文化软实力显著增强,中华文化影响更加广泛深入;四是人民生活更为宽裕,中等收入群体比例明显提高,城乡区域发展差距和居民生活水平差距显著缩小,基本公共服务均等化基本实现,全体人民共同富裕迈出坚实步伐;五是现代社会治理格局基本形成,社会充满活力又和谐有序;六是生态环境根本好转,美丽中国目标基本实现。

2. 第二个阶段(2035—本世纪中期)建成富强民主文明和谐美丽的社会主义现代化强国。同样,在第二阶段发展中可以从以下五大愿景中找到图情事业的切入点和着力点:一是我国物质文明、政治文明、精神文明、社会文明、生态文明将全面提升;二是实现国家治理体系和治理能力现代化;三是成为综合国力和国际影响力领先的国家;四是全体人民共同富裕基本实现,我国人民将享有更加幸福安康的生活;五是中华民族将以更加昂扬的姿态屹立于世界民族之林。

(五)对新征程中图情事业如何深入对接系列国家战略提出具体构想和务实举措

从现在到2020年,我们已迈入全面建成小康社会的决胜期。在决胜期中,"十九大"报告中提出了系列的七大国家战略,即科教兴国战略、人才强国战略、创新驱动发展战略、乡村振兴战略、区域协调发展战略、可持续发展战略、军民融合发展战略,同时又提出了要突出抓重点、补短板、强弱项,坚决打好防范化解重大风险、精准脱贫、污染防治的攻坚战,使全面建成小康社会得到人民认可、经得起历史检验。报告中还提出了七大系列强国发展目标和信息化发展愿景,即科技强国、质量强国、航天强国、网络强国、交通强国、数字中国、智慧社会。以上七大国家战略和七大系列强国发展目标和信息化发展愿景与图情事业发展的关系都十分密切,图情智库可以深入研究,结合实践提出具体的对接方案、任务书、路线图和时间表。

(六)对智能时代图情事业发展进行研判预测

人工智能被誉为"下一个风口""最强有力的创新加速器""驱动未来的动力"。在这样的发展背景下,图情智库应当做五个方面的深入分析研究和具体谋划:一是深入分析研究智能时代带给图情事业的调整、更新、重塑、交叉、渗透、贯通、互联、跨界、协同、拓展,二是深入分析研究国情事业发展中弱联接向强联接的转型、表层互联向深度互联的转型、烟囱孤岛向平台协同的转型、数字化网络化泛在化向智能化可视化便捷化的转型，三是深入分析研究新时代图情事业的文化信息的张力和经济社会的黏度，四是深入分析研究智能时代在图情领域已经和将要带来的人力资源、信息伦理、信息安全、技术风险的各类挑战，五是深入分析研究智能时代下一个重要突破口和未来发展方向的“迁移学习”。一个具体谋划就是尽早谋划启动人工智能的图情行业治理。

（七）发现和总结中国特色图情事业并跑领跑新经验

笔者曾经在《新一轮中国城市图书馆创新发展论略》一文中指出：“在近现代世界城市图书馆的发展进程中，我们曾经是全球城市图书馆发展中的旁观者、跟随者、参与者，那么在21世纪新一轮的城市图书馆创新发展中，我们应当成长为全球业界的共享协同者、自主创新者、引领示范者，从全球城市图书馆舞台的边缘逐步走向舞台的中央。……在立足中国城市图书馆的丰富实践的基础上，不断积极探索建构具有中国特色的城市图书馆服务体系，讲好中国城市图书馆创新理念和实践的故事，形成中国城市图书馆创新发展的思想话语体系和学派。”[6]结合“十九大”的报告，图情智库应当在更高和更广泛的起点上来进行发现和总结：一是发现和总结中国城市图书馆总分馆发展和全域服务的新经验，二是发现和总结覆盖城乡的图书馆服务体系和精准文化扶贫脱贫的新经验，三是发现和总结图书馆物理、网络和社会空间布局和诸多内容创新的新经验，四是发现和总结图情发展令人称奇的新数据背后的生动故事，五是发现和总结图情事业持续深入推进信息化、网络化和智能化的新经验，六是发现和总结图情事业在决策咨询和智库建设中的新经验，七是发现和总结图情事业在文化传承和文明互鉴中的新经验，八是发现和总结图情理论研究中的新论断与新成果，九是对照和反思中国特色图情事业中尚存在的不足与问题。

“十九大”开辟的新时代、确立的新思想、开启的新征程，为图情智库的创新发展提供了战略研究和决策咨询的广阔新空间，图情智库正可以乘势而上，为中国的图情事业发展做出“顶天立地”的新作为。

参考文献

[1] 关于加强中国特色新型智库建设的意见(全文).http://news.xinhuanet.com/zgjx/201501/21/c_133934292.htm.

[2] 习近平.决胜全面建成小康社会夺取新时代中国特色社会主义伟大胜利[N].新华每日

电讯，2017-10-28(03).（文中所引“十九大”报告同上，不一一注明出处）

[3] 习近平.抓住世界经济转型机遇　谋求亚太更大发展——在亚太经合组织工商领导人峰会上的主旨演讲[N].人民日报，2017-11-11(02).

[4] 陈芳、余晓洁、鹿永建.“新四大发明”：标注中国，启示世界[N].新华每日电讯，2017-08-12(01).

[5] 中华人民共和国公共图书馆法[2017-11-08][OL]. http://www.npc.gov.cn/npc/xinwen/201711/04/content_2031427.htm?from=groupmessage&isappinstalled=0.

[6] 王世伟.新一轮中国城市图书馆创新发展论略[J].图书馆建设，2017(01)：12.

加强中国特色新型网络安全和信息化专业智库建设论略

2014年11月，中共中央办公厅和国务院办公厅联合印发了《关于加强中国特色新型智库建设的意见》的通知，对加强中国特色新型智库、构建中国特色新型智库发展新格局提出了26条指导意见，中国特色新型智库建设正在迎来发展的春天，被认为进入了智库时代。[1]而加强中国特色新型网络安全和信息化专业智库正是加强中国特色新型智库发展新格局的重要命题。

一、问题的提出

在科技革命和产业变革多点突破、交叉汇聚的新背景下，网络安全和信息化的发展正在面临全新的发展环境：经济社会正在形成互联式集群平台推进和整体化产业升级转型的新形态，以大数据、云计算、物联网、移动互联网、地理信息集成、智能制造等新一代信息技术正在形成全新的万物互联的信息空间，正在推动社会信息化的不断深化融合和拓展延伸，为人们带来了信息传播的互联化和移动化、信息处理的数据化和集群化、信息服务的智能化和便捷化的工作和生活的新方式和新形态，而"互联网＋"的发展新战略又助推了这样的发展趋势。网络安全和信息化已成为中国当代发展的重大战略问题和综合性挑战。

从全球的视野观察，世界多极化、经济全球化、文化多样化、社会信息化、国际关系民主化持续推进并深入发展，网络安全作为非传统安全的重要领域，越来越成为全球面临的新挑战所聚焦的重点，越来越成为大国博弈角力的新领域，越来越成为国际关系民主化和全球治理所关注的新命题。在万物互联、智能移动的大数据和云环境下，网络安全也形成了诸多交织的形态特征，安全风险的复杂性和难以预测性正在增强。在全面深化改革的进程中，中国的网络安全和信息化也正处于滚石上山、爬坡过坎、难题破解的阶段，建设网络强国的战略决策和正确决策的难度和复杂性前所未有。

网络安全和信息化专业智库是中国特色新型智库体系中不可或缺的专业智库。面对复杂的国内外形势变化，进一步加强网络安全和信息化专业智库的建设，健全国家网络信息安全的决策支撑体系，以前瞻性、针对性、储备性的政策研究支撑网络强国的科学发展，是我国迈向网络强国的中国梦的客观需要。

《关于加强中国特色新型智库建设的意见》指出，应积极推进不同类型、不同性质智库的分类改革，科学界定各类智库的功能定位，加强顶层设计，统筹协调和分类指导，突出优势和特色，调整优化智库布局，促进各类智库有序发展。这为网络安全和信息化专业智库的发展提出了具体要求。因此，进一步加强网络安全和信息化专业智库的建设，必须秉持建设的新理念、新定位，必须创新建设的新体系和新机制。

二、加强网络安全和信息化专业智库建设的新理念

《关于加强中国特色新型智库建设的意见》其中包含了两个重要的关键词，一个是中国特色，一个是新型智库。加强网络安全和信息化专业智库建设，就要以“中国特色”和“新型智库”作为发展的新理念。

（一）关于中国特色

网络安全和信息化专业智库的“中国特色”，应当着力于以下几个方面：

首先要使网络安全和信息化专业智库成为党和政府科学民主依法决策的重要支撑。专业智库是中国迈向网络强国进程中开展多层面、多渠道、多形式的广泛的民主协商的主体之一，应承担起重要的历史使命和责任，在网络强国的路线图的制定和国家网络安全法的制定等重大决策咨询中起到重要的资政作用。应通过研究报告、专报、国内外行业动态、咨询会和座谈会等形式，将不同问题的不同见解加以提炼和归纳，去粗取精、去伪存真、由此及彼、由表及里，在专门化、专业化的梳理方面下功夫，将各方意见加以整理概括，增加学理性和可操作性，使专业智库在民主协商中发挥应有的作用。

第二是要发挥网络安全和信息化专业智库在推进国家治理体系和治理能力现代化中的作用。应对网络安全和信息化的全球性挑战，破解网络安全和信息化前所未有的复杂性和艰巨性难题，实现网络强国的中国梦，是国家治理体系和治理能力现代化的重要内容。网络安全和信息化作为全球的综合性挑

战，其与经济、政治、社会、文化、军事以及外交等都有着密切的联系，亟须加强全球治理，推进全球治理体制变革。包括网络信息安全全球治理体制等的变革现正处在历史转折点上，在更好地发挥联合国作用的同时，应加强国际社会应对网络信息安全等全球性挑战的能力，其中应发挥网络安全和信息化专业智库在解决和处理中美两个网络大国在网络安全方面的合作、在全球网络安全和信息化的危机治理和问题解决等方面的不可或缺和不可替代的作用，而中国的新型专业智库正可以有所作为。[2]

第三是要发挥网络安全和信息化专业智库在增强国家软实力中的作用。2013 年 4 月，习近平总书记曾针对加强中国特色新型智库建设作了重要批示："智库是国家软实力的重要组成部分，随着形势的发展，智库的作用会越来越大。要高度重视、积极探索中国特色新型智库的组织形式和管理形式。"[3] 而如何建设中国特色的新型专业智库成为一个重要的内容。2013 年 7 月，习近平总书记在中国科学院考察工作时，要求中国科学院率先建成国家高水平科技智库。这实际上提出了建设专业智库的命题。高端智库的建设必须体现出专业性和高质量。[4] 网络安全和信息化专业智库正是秉持了专业化和优先发展专业化智库建设理念，将形成智库发展的专长和优势，为党和国家提供更多专业、权威、高端的决策咨询服务，将为增强国家软实力添砖加瓦。[5]

第四是要使网络安全和信息化专业智库注入中国元素和中国文化。中国特色新型网络安全和信息化专业智库，需要立足中国国情，在借鉴西方智库模式和经验的基础上充分体现中国特色、中国风格、中国气派，提出有影响力和震撼力的智库议题或方案。从现阶段来看，我国专业智库自主提出议题和方案的能力还比较薄弱，往往限于对已有政策和观点的诠释，缺乏独立的、有远见的、可操作的并足以影响决策的观点。同时，我国专业智库在语言特色和个性的表达方面也需要下功夫。这些不足，需要在加强中国特色新型专业智库中加以克服和改变。打造中国特色新型网络安全和信息化专业智库，还应注重中国传统文化的继承与发扬，以体现专业智库的民族精神和时代精神。如中国古代很早就形成了奏启制度，其中所形成的奏启文字，与现代智库的专报形式十分类似，可以有所借鉴。《文心雕龙・奏启》篇："昔唐虞之臣，敷奏以言；秦汉之辅，上书称奏。陈政事，献典仪，上急变，劾愆谬，总谓之奏。奏者，进也。言敷于下，情进于上也。"可见，奏启的内容包括陈述政治变迁，提供典章制度改革建议，上报突发事件，弹劾有罪之人。同时，对于奏启的体例内容，也有特定的要求："夫奏之为笔，固以明允笃诚为本，辨析疏通为首。强志足以成务，博见足以穷理，酌古御今，治繁总要，此其体也。"奏启的文字要求实事求是，分析透彻，博见穷理，古今借鉴，简明扼要。这些对今天专业智库如何提高研究报告和专报产品的质量不无借鉴启示的作用。

（二）关于新型智库

网络安全和信息化专业智库的"新型智库"，应当着力于以下几个方面：

首先是确立以服务党和政府决策为宗旨、以政策研究咨询为主攻方向的建设指导思想。随着网络安全和信息化成为全球性的挑战，在国际网络安全与信息化的舞台上主动发出中国的声音、在网络安全全球治理中积极提出中国的方案，推进网络空间全球治理规则民主化、法治化，以建设和平、安全、开放、合作的网络空间，建立多边、民主、透明的国际互联网治理体系，应成为中国网络安全和信息化专业智库的使命和担当。网络安全和信息化的发展日新月异，发展的速度超出人们的想象，各种新情况和新问题可谓变化莫测，而中国目前对内外所发生事件的应急处理往往处于滞后反应、被动响应、消极应对的状态。因此，网络安全和信息化的专业智库建设必须进行前瞻型的预测、主动型的建言和储备性的研究，以从容应对各类突发事件，使政府在网络安全和信息化的管理中实现从被动消极状态到主动布局乃至"先发制人"的转变。

第二是确立高端新型智库的建设目标。全球治理格局新发展呼唤高端新型智库。截至2015年，全世界有约6 800个政府间国际组织，以平均每年约1 200家的速度增长；1945年，联合国成员国有51个，而现已发展至193个。这种增长为全球治理格局带来了新变化。在全球化的过程中，中国的外部环境急剧变动，世界其他国家对我国的网络安全政策和意图更加关心甚至有所疑虑；在中国网民的不断增加以及网络经济的飞速发展的背景下，在网络空间中国所担当的国际角色的作用不断增强的环境下，中国已被推向网络空间国际治理的前台，需要积极思考中国如何在国际关系民主化的进程中承担起更多的国际责任并作出更大的国际贡献，体现出权利和义务的平衡，这是对中国专业智库提出的更高而又十分紧迫的新要求。面对这种新情况，网络安全与信息化专业智库需要努力建设以战略问题和公共政策为主要研究对象的新型高端专业智库，并以高质量的产品积极回应。[6]

现阶段中国的网络和信息安全智库尚不能适应信息化与网络空间的飞速发展，网络安全和信息化专业智库数量很少，更不论具有国际知名度和资政影响力的专业智库了。现有的专业智库建设缺乏顶层设计和整体规划，研究呈分散碎片化，集约型和高质量的研究成果不多，各系统各行业以及体制内外的专业智库的整合协同效益难以体现。因此，需要把中国特色网络安全和信息化新型专业智库建设作为建设网络强国的重要组成部分，通过新理念和新定位的确立，通过新体系和新机制的构建，坚持高起点推进、高水平建设，不断向新型高端智库迈进。

具有国际一流水平的中国新型高端网络安全和信息化专业智库，必须着眼于实现中国从网络大国迈向网络强国的百年梦想，抢占信息化战略制高点。在国家战略、国家信息化决策和相关政策研究方面能独树一帜的专业智库，应当开展全局性、战略性、前瞻性、系统性、综合性研究，加强网络安全和信息化国际治理的前瞻性研究，网络安全和信息化法制建设的针对性研究，陆海空天网五大空间未来发展可能性的储备性政策研究等。围绕"互联网＋"所形成的空前的网络安全威胁的重大挑战、围绕中国网络安全和信息化发展的重大机遇、围绕在网络安全与信息化领域依法治国的重大任务，专业智库需要在专题研究、跟踪研究、比较研究、数据挖掘的基础上，提出专业性、建设性、创新性、可操作性的政策建议。专业智库建设的关键不是简单的数量增加和规模扩充，而应当是面向现实问题的研究力量的集成和研究机制的创新再造，应积极拓展政策研究领域，以需求、问题、实践为导向，以创新、独立、品牌为目标，以数据、协同、产品为方法，聚焦国家急需和现实的重大问题，形成若干个具有重要政策影响力的领域，依托原有基础和特色"深耕细作"，在长期跟踪研究的过程中推出有分量的智库产品以形成高端智库的决策影响力。

三、加强网络安全和信息化专业智库建设的新定位

我国智库整体现状与国际一流智库相比尚存在很多不足，其中包括缺乏清晰的智库定位。笔者以为，要建设具有国际一流水平的中国新型高端网络安全和信息化专业智库，其新定位应当确立三个面向：即面向建设网络强国的发展新愿景，面向陆海空天网五大发展新空间，面向统筹国际和国内治理体系和治理能力现代化新目标。

（一）面向建设网络强国的发展新愿景

2014 年 2 月，中央网络安全和信息化领导小组组长习近平在主持召开中央网络安全和信息化领导小组第一次会议上强调，网络安全和信息化是事关

国家安全和国家发展、事关广大人民群众工作生活的重大战略问题，要从国际国内大势出发，总体布局，统筹各方，创新发展，努力把我国建设成为网络强国。[7]努力把我国建设成为网络强国的发展新愿景正是2013年中国有关智库向党和国家提出的咨询意见的内容。

智库的重要功能就是要为党和政府谋划未来发展的大战略，提出发展的思路、愿景、目标，提出相应的新思想、新概念、新名词等。当代全球的创新理念已经从传统的创造新产品、创造新技术上升到创造世界范围的新领域、创造新生活方式、创造新商业模式、创造新名词的时代。这一创新的转变，突出了思想和理念的创新。网络安全与信息化专业智库应当围绕建设网络强国的发展愿景，着力于在出思想上下功夫，在发展战略上出高招，在创新转型上出实招，在话语概念上出妙招，以推出更多对建设网络强国的中国梦有创新引领作用、对网络安全和信息化全球治理体制有创新思路的研究成果，并谋划具体的路线图和时间表，以推动我国由网络大国迈向网络强国，形成战略清晰、技术先进、产业领先、攻防兼备的国家网络安全和信息化管理新机制和新形态。

网络安全和信息化正在形成互联互通的大联网，云端信息的大集中，泛在即时的大流动，跨域延伸的大渗透，交叉汇聚的大融合的发展趋势，往往牵一发而动全身，有些可以预见，但不可预见或难以预测的情况正在增加，这就需要专业智库谋划准备各类预案，对各种可能性的发展做出翔实的分析研判，加强储备性研究，从而使国家的网络安全和信息化管理在复杂多变的环境中能够乱云飞渡仍从容，沉着有效应对各种复杂局面和突发事件，做到有备无患。

（二）面向陆海空天网五大发展新空间

进入21世纪特别是第二个十年以来，全球正在逐步形成陆海空天网五大发展新空间，世界强国纷纷就陆海空天网五大发展新空间抢先布局。如2011年，美国政府先后发布了《网络空间可信身份国家战略》《网络空间国际战略》《网络空间行动战略》，明确将网络空间与陆、海、空、天（太空）并列为五大发展和行动空间。五大空间中的网络空间与陆海空天四大空间正在形成相互融合渗透的形态。2015年7月1日新颁布的《中华人民共和国国家安全法》第32条中，提出了“国家坚持和平探索和利用外层空间、国际海底区域和极地，增强安全进出、科学考察、开发利用的能力，加强国际合作，维护我国在外层空间、国际海底区域和极地的活动、资产和其他利益的安全”。这正是面向五大空间的新布局。[8]如何在全球的信息安全、网络安全、网络空间安全中变被动为主动,如何在网络安全全球治理体制和中国依法治理中有序推进,如何在综合安全观的指导下使网络空间清朗起来,如何维护国家网络空间中的信息主权、安全和发展利益,如何在"互联网+"行动计划的快推进中嵌入网络安全的慢开关,这些重大的战略问题正是专业智库需要深入思考并有所建言之所在。从服务决策的角度去选题和定位,在研究中提出具体的路线图和时间表,提供政策设计方案、应对举措和落实方法,这些都需要专业智库积极谋划建言,发挥国家倚重的高端专业智库的功能。

(三)面向统筹国际和国内治理体系和治理能力现代化新目标

在大数据和云环境下,随着全球数据资源呈现实时生成、集中存储、智能开发、广泛交互、快速迭代、跨境流动、远程运维的趋势,国家和地区、企业和个人之间的网络安全和信息化的竞争博弈正在全球范围内展开,网络安全的风险机理正在发展演变,管理边界正在重构,网络安全和信息化对世界格局和一个国家的很多领域成为牵一发而动全身的重要影响要素,已成为当今世界的全球性的重要挑战,需要以人类命运共同体的理念予以共同应对并形成新机制和新规则。因此,网络安全与信息化专业智库的重要作用日益显现,需要专业智库加强研究并提供统筹国际和国内治理体系和治理能力现代化的新路径、新举措和新方法,其中包括建体制、提素养、育人才、解政策、释疑惑、助外交等。

2015 年 10 月 12 日,中央政治局就全球治理格局和全球治理体制进行了集体学习,习近平总书记在主持学习中指出:全球治理体制变革正处在历史转折点上,世界上的事情越来越需要各国共同商量着办,建立国际机制、遵守国际规则、追求国际正义成为多数国家的共识。随着全球性挑战增多,加强全球治理、推进全球治理体制变革已是大势所趋。[9]如何推动变革全球网络空间治理体制中不公正不合理的安排,变革并完善网络空间的全球治理体制,在网络空间中建立以合作共赢为核心的新型国际关系、坚持正确义利观的,构建人类命运共同体等理念和举措,这些网络空间全球治理的命题正是专业智库的使命所在。

网络安全和信息化的发展要求提升全民的信息素养,即从原来单一的信息意识或局限于信息技术的信息素养提升至包括信息意识、网络技能、数据素养、安全防范、信息伦理在内的全方位和综合性的信息素养、科学素质和伦理道德。这就需要专业智库扮演与时俱进的启迪民智的功能。

智库发展的重要功能就是出思想、出成果和出人才。通过加强专业智库的建设,造就一支德才兼备、富于创新精神的网络安全和信息化公共政策和决策咨询的专业队伍。其中推动中宣部、网信办、工信部等党政机关与高校、社科院、中科院等专业智库之间人才的有序流动，这种“旋转门”的人才储备和培养方法已为世界各国的智库发展经验所证实，是一种有效的人才储备和人才输送的好机制。

网络安全和信息化相关政策的研究，有关法律的解读，有关举措的评估，都需要专业智库承担相应的职责。如加强对习近平总书记关于网络安全和信息化系列重要讲话精神的研究宣传，加强对中国特色网络安全和信息化理论体系的研究阐释，加强对《中华人民共和国国家安全法》和正在审议的《中华人民共和国网络安全法(草案)》相关背景和条文的解读，加强习近平访美网络安全合作新亮点的解读，这些研究宣传和政策阐释，需要基于对网络安全和信息化重大思想理论问题、重大现实问题、重大实践经验的长期而深入的研究和跟踪研究，在此基础上的解读才更有厚度并更有说服力，以发挥专业智库解读政策，凝聚共识的功能。

网络安全和信息化的发展带来了诸多新情况、新问题和新挑战。网上支付的信息安全隐患，网络安全的相关法律中如何保障个人和机构的信息安全，如何推进政府的信息公开……这些发展中的各类问题都需要专业智库进行科学和权威的释疑解惑，从而确立起以专业智库为中心的精英舆论影响机制，不断取得社会信任，并逐步在国际上形成影响。

中国特色新型智库的一大功能就是公共外交。网络安全正在成为全球性的重大挑战，网络安全与信息化的全球治理的平台和通道正在不断增加，而中国专业智库也在不断加强中外的协同合作研究，并采取请进来、走出去的新方法，专业智库在推动公共外交方面正可以有所作为，以发挥专业智库在公共外交、文化互鉴以及协调政府间关系中的民间“第二轨道”的不可替代的作用。中国成功举办的首届和第二届世界互联网大会以及各类信息安全国际论坛都可以成为公共外交的有效载体，以提升专业智库综合研判和战略谋划能力，提升中国与国际业界交流与对话的能力，推动中国网络与信息安全理念、政策、举措走向世界并增加国际影响力和话语权。

四、构建网络安全和信息化专业智库的新体系

在《关于加强中国特色新型智库建设的意见》中，智库被分为党政部门、社科院、党校行政学院、高校、军队、科研院所和企业、社会智库七大类，基本上涵

盖了智库的所有类型。现阶段的网络安全与信息化专业智库在这七大类中均有所体现，但需要根据新理念和新定位构建新体系。

（一）网络安全和信息化专业智库的现状分析

随着20世纪90年代互联网在中国的发端，中国各类和各层级的网络安全与信息化专业智库也应运而生。起始阶段的这些智库有的为国家政府部门，有的从属于企业集团，有的为社科院和高校的研究机构，在履行管理和研究职能的同时兼有智库的功能。如1997年成立的中国信息安全测评中心是中国专门从事信息安全漏洞分析和风险评估的政府权威部门，承担和参与许多国家课题。该中心编辑有年度《国家信息安全态势评估》智库产品，出版有《中国信息安全》专业刊物。又如1999年成立的国家计算机网络应急技术处理协调中心，该中心隶属于国家工业和信息化部，该中心的主要职责是协调处理国家公共互联网上的安全紧急事件，同时为国家的网络安全提供监测、预警、应急、防范的管理和咨询功能，同时承担有收集、核实、汇总、发布相关信息的功能。又如2012年创办的中电信息技术研究院有限公司成立有“信息安全研究院”，专门从事信息安全的研究咨询，该机构曾先后申报承接了“国家信息安全保障体系的产业支撑能力建设”“信息安全系统关键技术研发和产业化”等国家项目，并参与了国家部委信息安全和信息技术相关文件的起草，直接或间接参与了政府决策。又如，1999年由方兴东发起创建了国内第一家专业的互联网研究和咨询机构——“互联网实验室”，进行了民间专业智库的积极探索，并推出了诸多互联网和网络安全的研究成果，还参与了国家互联网信息办公室的相关活动。同时，一些民营大型网络企业也都设有互联网或信息安全的研究机构。但从全球网络安全和信息化的治理而言，非政府部门的智库缺乏对现实外交活动的了解，难以跟上决策需求。新兴民间智库财力雄厚，但课题针对性不足，建言通道也比较狭窄。2010年9月，上海社会科学院信息研究所曾提出以建设全国一流社科学术信息智库为发展新目标，[10]并于2012年专门成立了信息安全研究中心，2013年中标国家社科基金重大项目“大数据与云环境下国家信息安全管理范式及政策路径选择”，2014年上海市人民政府决策咨询研究基地工作室（“网络安全管理与信息产业发展”研究方向）落户该所，2015年出版全国网络空间安全蓝皮书《中国网络空间安全发展报告2015》，成为社科院系统网络安全与信息化的专业智库。2015年7月，中国国家安全问题研究中心揭牌仪式在中国国防大学举行。中心的主要任务是致力于中国面临的重大现实安全问题，展开相关课题研究、战略研判、政策咨询、人才培训和国际交流，将形成国家安全决策咨询的大型战略智库、军内外学术交流合作平台和高水平专业人才培训基地，为国家安全领域建设作出贡献。[11]此外，北京邮电大学国际学院有“互联网治理与法律研究中心”，中国现代国际关系研究院、中国人民大学国际关系学院、上海国际问题研究院、复旦大学国际问题研究院等从事国际关系研究的智库也都以网络安全和信息化作为学术研究和决策咨询的重点。从以上的现状分析中可以发现，在网络安全和信息化专业智库体系的建设方面，国家倚重、国际有影响的高端专业智库还较为缺乏，有分量的智库产品不多，现有的网络安全和信息化专业智库大多从属于国际关系、综合性国家安全以及信息社会的研究机构之中，专业性和专指度还不够强，已有的智库也未能形成整合协同的合力。显然，网络安全与信息化专业智库的现状难以适应国家迈向网络强国进程中相应的决策咨询需求。如何在现有基础上建设规模适度、布局合理的网络安全和信息化专业智库，以形成专业智库的新体系，成为加强中国特色新型专业智库建设的当务之急。

（二）形成多层次多类型多主题的专业智库体系

要以改革创新的精神，积极推进不同系统、不同类型、不同层次的网络安全和信息化专业智库建设。在中共中央网络安全和信息化领导小组办公室和国家互联网信息办公室的指导和统筹协调下，应加强顶层设计，形成相应的专业智库优势和特色，将现有的党政部门、社科院、党校行政学院、高校、军队、科研院所和企业、社会智库等各类智库中的网络安全和信息化研究力量予以整合，构建协同创新的平台、载体和通道，形成专业智库的合力，促进专业智库的科学有序发展，形成网络安全和信息化专业智库的国家队、地方队以及民间机构的多层次专业智库体系，形成专业智库中的自然科学和社会科学的深度融合。专业智库既要有一定的数量，更要追求质量，形成大中小型智库协同发展和互为补充的新格局，形成体制内智库与体制外智库互相补充、共同发展的新格局。这可以在互联网＋、政产学研协同创新、社会信息化和网络化飞速发展的新背景下，为网络安全和信息化专业智库体系在较短的时间内的迅速发展成长提供可能。与世界各国和地区相比，中国的网络安全和信息化问题更需要聚焦，需要破解的难题更多，网络安全和信息化发展的需求更为广泛和迫切，这也为专业智库的发展提供了更大的成长空间。

率先重点建设几个具有较大影响力和国际知名的高端智库。要通过顶层设计，依托现有基础，在国家层面建设几个具有较大影响力和国际知名的网络安全和信息化高端专业智库，加强资源统筹整合，建设若干个专题数据库、实验室以及软科学研究基地，推出有影响力的智库研究报告，充分发挥专业智库在中美网络安全对话、世界互联网大会等平台中的智力支撑和民间交流作用。

高端的专业智库应注重出成果和出人才，形成特色鲜明、长期关注的网络安全和信息化决策咨询研究领域及其研究成果，并在此基础上形成具有一定影响的专业代表性人物和专职研究人员，创建多层次的学术交流平台和成果转化渠道，建设数据翔实的信息采集和分析研究共享智慧化系统，充分发挥专业智库在实行科学民主依法决策中的重要作用，在实施网络强国发展战略中的重要作用，在实现一体两翼发展中的重要作用。率先建设的网络安全和信息化专业高端智库的国家队，要始终发挥国家最高咨询机构的作用。

重点建设一批专门的高水平研究中心。根据国家亟需、特色鲜明、定位清晰、制度创新、引领发展、规模适度、布局合理的高端智库的建设发展要求，应在国家层面进行统筹协调和分类指导，结合“十三五”发展规划，围绕网络安全和信息化战略、网络安全和信息化的相关法律、网络安全和信息化的相关技术、网络安全和信息化产业、网络安全和信息化国际治理、网络安全和信息化与经济社会发展、网络安全和信息化与军事外交的发展、中国建设网络强国等重大问题，重点建设一批相应的专门的高水平研究中心，以适应国家网络安全和信息化的日趋增强的科学发展和科学决策的需求。

充分发挥企业和民间专业智库的独特作用。构建中国特色新型智库发展新格局中包括建设高水平的企业智库和规范引导社会智库健康发展的要求。企业智库和社会智库对于发展政产学研紧密结合的新型专业智库具有独特的优势，研究的独立性也较强。企业与民间专业智库将与党政部门、社科院、中科院、高校、军队、科研院所的专业智库形成互补的多样化和多层次的格局，也能为党和政府的决策咨询提供更多维度的专业性、建设性和切实管用的政策建议。

在形成多层次多类型多主题的专业智库体系的过程中必须加强统筹协调，做好整体规划，优化资源配置，按照实事求是的原则形成大中小智库并举的新格局，避免重复建设，防止一哄而上和无序发展。

五、网络安全和信息化专业智库的新机制

加强中国特色新型网络安全和信息化专业智库的建设，必须形成新机制，

采用新方法。这些新机制和新方法很多，对于网络安全和信息化专业智库而言，应注重形成以下五大新机制。

（一）形成国际交流合作的新机制

从事全球热点问题的网络安全和信息化研究必须在全球视野中拥有国际传播能力并拥有履行战略对话的能力，这就需要在现有基础上积极增强专业智库的国际交流与合作的活跃度。要通过引进来进行协同研究的方式克服相关智库闭门造车、被动应付、程序失范的不足；也要通过走出去进行协同合作的方式克服国际交流中的沉默失声、不得要领、各自为政的短板。要将公共外交、政府的主管部门和宣传部门、军事和情报部门的对外传播资源和要素进行全面整合，强化公共外交和对外传播，注重国际相关的著名智库、学界的领军人物、新闻媒体以及重要的政府官员等关键受众，提高公共外交的效能。在增强专业智库的国际交流合作的活跃度中积极创建与全球一流智库对话的平台，增强国际交流合作的机制，开展国际合作项目研究，与外国相关智库共同建立课题组，共同研究网络安全与信息化的公共政策、全球治理以及双边合作等问题，开展多边化的智库活动，凝聚全世界的智慧来解决网络安全这一人类共同面对的问题。

在国际交流与合作中也要重视专业智库外语人才的培养、智库成果的翻译出版、开办多语种的外文网站，营造双语或多语言的研究环境。网络安全和信息化所涉问题都较为敏感，在国际交流与合作中，既充分注重提炼出反映网络安全与信息化的中国道路的中国话语，也要注重将中国话语与世界业界话语沟通融合，减少相互之间的曲解、偏见和误判，主动对接全球网络安全和信息化的发展格局，在理解的语境、认同的方式和惯例的程序中主动设置核心话题，在超越各自固有的话题体系中反映中国力量和中国精神，运用中国文化的软实力提升中国在全球网络安全与信息化治理中的影响力和话语权。诚如龙永图所指出：要用国际社会能够听懂的逻辑和语言发出中国声音，不仅要把问题搞清楚，而且也要把主张表达清楚，从而避免误解，顺畅沟通，引起世界各国应有的关注与重视。[12]

（二）形成独立和争鸣的研究新机制

网络安全和信息化领域是一个正在发展中的有机体，许多问题和现象难以预测，在强化问题意识和实践导向的基础上，对国内外网络安全和信息化长期存在并令人困惑的难题，有针对性地进行研究，最终给出合乎逻辑和有说服力的解答，需要专业智库形成独立和争鸣的研究新机制。应当提倡学术争鸣和学术讨论，坚持独立研究和平等研究的精神，从不同维度提供决策咨询更加广阔的视野，体现专业智库的研究成果和咨询建言的独立和客观的品格。独立性往往与中立性相混淆。智库专家及其政策建议报告一般都要提出或支持某种倾向性观点，这些会受到智库专家的学科背景、研究方法和信息来源的影响，不能就此否定其独立性。所要警惕的是智库在非学术的驱动下成为某些人或某些机构的代言工具，或依附于某个利益集团，那么所谓智库的独立性就丧失了，其公信力也不复存在了，这样的智库所提出的政策建议就谈不上什么意义和价值。

需要提出的是，智库的独立性并不意味着反政府，与决策者唱对台戏。智库不可能脱离政府，智库研究很大程度上就是为了服务政府、影响决策，并且依赖于政府的收购服务，经济上也不是完全独立。但只要有自己的研究立场，尊重事实，保持客观性，研究过程、人员配置、结论分析等均不受政府干预，这就是一种独立。为政府辩护但提不出有益建议，批评政府而没有建设性意见，都是不可取的。[13]

应当增加中国网络安全和信息化专业智库的相关信息的传播力度。美国宾夕法尼亚大学智库项目负责人詹姆斯·麦甘曾经说："的确有学者告诉我，中国现在共有 2 500 家左右的智库。但是从来没有数据库让我获取关于这些智库的信息，我也从未在全球一些正规榜单中看见过他们的影子。我曾经反复询问这份名单到底在哪里，它的数据来源是什么，可是并没有得到这些信息。令我苦恼的是，中国很多智库没有自己的网站或者网站更新太慢，中英文双语网站更是少之又少。很多网站上没有智库专家的个人档案，甚至连有效的联系方式也不提供。"[14]这是对中国智库信息传播能力不足的批评，也是在建设中国特色新型智库的进程中需要完善的方面。

（三）形成数据驱动型研究新机制

大数据正在成为网络安全和信息化研究的新引擎。全球数据总量正以每两年翻一番的速度持续增长。大数据正在改变科学的发展，也正在改变智库的研究方式。大数据技术为智库研究带来了数据密集型科学研究的新范式，正在带来科研方法论的创新。不断增强的海量的大数据将复杂性、综合性、全球性和云端集成性等诸多特点融于一身，实现了从单一学科向多学科、跨学科方向转变，实现了自然科学与社会科学的深度融合，实现了从个体研究和单个机构研究向政产学研以及国际合作研究转变，并建立起全球智库互通的协作网络。更多的数据、更多的参与者、更多的分享，这就是数据驱动型智库研究的新形态。专业智库专家能够在大数据的基础上，通过对数据的实时、动态地监测与分析来解决网络安全和信息化的问题。数据驱动型的智库研究方法已经呼之欲出。

为适应数据驱动型智库研究的新发展，需要谋划建设国家网络安全和信息化政策研究数据库。如果说以往的中国的互联网模式更多是借鉴或复制世界强国的模式和方法，那么随着中国互联网的创新发展，中国的互联网的新模式、新形态已跻身世界第一方阵，并越来越显示出自己的独特性和创造性。在这样的基础上创建相关的数据库，将为中国从借鉴复制转为创新引领提供研究基础，必将为中国迈向网络强国增强软实力。

数据驱动型智库研究需要通过数字化开放性的新方法从事新型的调查报告。调研对象数据积累的系统性应成为网络与信息安全专业智库的研究基础，通过数据挖掘、数据处理、数据可视化形成研究的基础和优势。通过"网站＋社交媒体＋深度访谈"的模式以获取立体多样和准确的数据信息，甚至如可以依靠众包的力量获得更加丰富的数据信息，从而形成信息翔实、情报挖掘、深入分析、独立研究的综合性和专题性的年度报告。在综合研判和战略谋划的基础上要为党和政府提出专业化、建设性、切实管用的政策建议，必须进一步落实政府信息公开制度。在健全政府信息公开保密审查制度的基础上，按照政府信息公开条例的规定，形成方便专业智库及时获取相关政府信息和各类数据的新机制和新路径。

随着大数据时代的来临，数据驱动不仅成为全球经济的聚焦重点，也已成为网络安全与信息化的专业智库的发展之道。数据的收集整合、数据的整序分析、数据的研究挖掘，数据的去疑排冗，数据的发现提取，数据的公开传递，特别是对大数据的深度挖掘的综合研究和价值发现，以体现专业智库之"智"，这些都应成为专业智库的重要功能。

（四）形成领军人才培养新机制

优秀人才对智库建设至关重要。网络安全和信息化专业智库的人才需要具备以下两项或多项的背景，一是具有政府相关部门的工作经验，二是具有信息技术和情报研究的学科背景或理论研究基础，三是具有信息安全企事业机构管理或技术背景，四是具有国际关系研究的知识积累和外语交流能力，五是具有法律、信息科学、文化等各学科各领域顶尖研究水平或具有发展潜力的专家和研究人员。

网络安全与信息化所面临的问题大都具有实践性、应用性、操作性、前沿性、综合性的特点，应避免专业智库队伍过度学术化和经院化，应广纳政界与业界精英加盟，以适应专业智库的应用型特点。可以通过政界与业界精英人才到专业智库兼职或直接担任智库的管理工作，也可以通过智库人才到政府或企业相关部门挂职兼职，打通学术研究和决策咨询之间的隔膜，为党和国家培养、储备并输送专业人才。

网络安全与信息化专业智库也具有国际化的特点，需要培养一批具有国际影响力的智库领军人才。为形成这样的人才高地，可以应通过国际互访、中外共同举办国际论坛、中外双方共同担任研究项目首席专家，以及国际奖学金制度、境外学生交流项目等途径，为中国智库学者走出去并吸引世界各国的优秀人才提供机会和通道。同时可以借助国际交流所形成的人脉优势，提升专业智库的全球影响力和知名度。

网络安全与信息化专业智库对人才具有特殊的要求，应培养专业智库学者具备良好的理念信念和品质素养，形成扎实的专业功底、严谨专注的学风和宽广的国际视野，牢固树立国家安全意识、信息安全意识、保密纪律意识。网络安全与信息化领域常常会发生突发事件，这就需要专业智库学者在长期跟踪积累的万米长跑研究的同时，具有在第一时间快速反应并拿出切实管用的决策建议的百米冲刺的能力。当国家和社会急需新见解时，智库专家能够自信从容地将具有深厚学术研究积淀的智库成果交给决策者。

（五）构建协同创新机制

网络安全与信息化专业智库研究中，往往涉及一些国家总体安全和信息化战略制高点的问题，时间、范围的跨度较大，单靠一家或几家智库，很难具备政治、军事、文化、经济、军事、外交的一揽子方案设计能力，因此必须构建专业智库间和各类智库间的协同推进、协同创新机制，以务实的精神将相关研究深化和细化。要克服部门化、本土化、层级化的局限，突破部门所有制的籓篱和跨国合作研究的诸多限制，构建智库协同创新机制。2015 年 7 月在南京大学宣告成立的江苏紫金传媒智库，即由南京大学携手江苏省四大文化企业和传媒集团，整合南大社会学院、新闻传播学院、信息管理学院、政府管理学院等学科力量创建而成。这正是智库协同创新机制的一个新案例。[15]

参考文献

[1] 关于加强中国特色新型智库建设的意见[2015-08-13][OL]. http://news.xinhuanet.com/zgjx/2015-01/21/c_133934292.htm.

[2] 王珂、王观.《第四届全球智库峰会共同宣言》发布——增强智库在全球事务中的作用[N].人民日报,2015-06-28(05).

[3] 王战.加快建设中国特色新型智库,推进国家治理能力现代化[N].文汇报,2015-03-13(20).

[4] 白春礼.发挥科研机构优势建设高端科技智库[N].光明日报,2015-01-29(02).

[5] 刘奇葆在清华大学调研时强调发挥高校独特优势　大力推进智库建设[2015-05-09][OL]. http://www.gov.cn/xinwen/2015-05/08/content_2859328.htm.

[6] 王斯敏、张胜、臧舒迈.比排名更重要的,是智库本身——对话美国宾夕法尼亚大学智库项目负责人詹姆斯·麦甘[N].光明日报,2015-07-01(16).

[7] 努力把我国建设成为网络强国[N].文汇报,2014-02-28(01).

[8] 中华人民共和国国家安全法(全文公布)[2015-07-02][OL]. http://www.guancha.cn/FaZhi/2015_07_02_325386_s.shtml.

[9] 习近平在中共中央政治局第二十七次集体学习时强调:推动全球治理体制更加公正更加合理,为我国发展和世界和平创造有利条件[2015-10-13][OL]. http://news.cntv.cn/2015/10/13/VIDE1444734793583325.shtml.

[10] 曹玲娟.全国社科情报十二五发展高层论坛在沪召开[2015-08-12][OL]. http://news.163.com/10/0921/22/6H4UFHOD00014JB6.html.

[11] 中国国家安全问题研究中心在京成立[2015-08-12][OL]. http://www.81.cn/jwgz/2015-07/11/content_6581776.htm.

[12] 王斯敏.智库要抓住强项"深耕细作"[N].光明日报,2015-07-13(04)。

[13] 培养有责任感的"质量型智库"[2015-04-01][OL].http://news.gmw.cn/2015-04/01/content_15255777.htm.

[14] 王斯敏、张胜、臧舒迈."比排名更重要的,是智库本身"——对话美国宾夕法尼亚大学智库项目负责人詹姆斯·麦甘[N].光明日报,2015-07-01(16).

[15] 王斯敏.江苏紫金传媒智库成立[N].光明日报,2015-07-22(16).

公共图书馆“十三五”规划编制的多维度思考

2014—2015 年成为中国的规划大年，因为不仅“十三五”规划（2016—2020）将要启动，中期的未来十年规划、长期的未来三十年规划也在一并酝酿研究。中国公共图书馆事业的发展规划如何编制，首先就要进行前期研究，笔者想就有关规划编制的问题进行一些初步的思考，以求教于业界方家同仁。

一、现代公共文化服务体系的五化考量

中国公共图书馆事业的“十三五”规划编制最重要的背景就是党的十八大和十八届三中全会确定的大的改革框架、路线图和时间表所提出的奋斗目标、发展政策和重点任务，必须在这一大背景下思考和谋划公共图书馆事业的未来发展。中共“十八大”提出了“确保到 2020 年全面建成小康社会”的宏伟目标，在文化方面提出了“扎实推进社会主义文化强国建设”的方针和任务；[1] 中共十八届三中全会提出了“完善和发展中国特色社会主义制度，推进国家治理体系和治理能力现代化”的全面深化改革的总目标，其中文化方面仅列了一条，即第十一部分的“推进文化体制机制的创新”，包括了四部分改革举措，其中与公共图书馆事业密切相关的是“构建现代公共文化服务体系”的改革要求。[2] 规划编制要体现目标导向和问题导向，从以上中共“十八大”和十八届三中全会提出的目标中我们发现了如下的问题：“治理”与“现代”两个主题词是与以往有所不同的新颖之处，即从以往的“管理”到现在的“治理”。从 2005 年 10 月中共十六届五中全会提出“逐步形成覆盖全社会的比较完备的公共文化服务体系”到 2013 年 11 月十八届三中全会提出的“构建现代公共文化服务体系”，其中重要的就是加上了“现代”两个字。如何理解“治理”和“现代”两个主题词？即“管理”与“治理”有何不同？加上“现代”一词的公共文化服务体系又有什么新的内涵？笔者以为主要体现在以下五个方面，即标准化、均等化、法制化、社会化、智慧化。其中标准化和均等化是十八届三中全会构建现代公共

文化服务体系中提出的具体要求，即"促进基本公共文化服务标准化、均等化"；法制化是国家治理体系和治理能力现代化的集中体现，也是公共图书馆事业健康发展的基本方式和重要保障；社会化体现了社会主义核心价值体系"民主"价值观在公共图书馆管理上的诉求，也是发展具有广泛参与式的现代文化治理的有效方式；智慧化是顺应公共图书馆事业面向未来、面向世界、面向现代化、面向正在到来的网络空间时代和万物互联世界的必然要求。

（一）标准化

作为规范城乡与地区公共图书馆的统一规定，公共图书馆的标准化程度的高低是检验一个国家公共图书馆事业现代化程度的重要标杆。如英国曾于2001年4月颁布实施了《全面高效的现代化公共图书馆——标准与评估》，将标准化作为现代化公共图书馆治理的重要一环，并将是否全面高效作为现代图书馆评估的具体要求，并在此基础上经过多次修订，形成了《公共图书馆服务标准》。[3]中国自20世纪80年代以来也致力于标准化的工作，颁布了多项国家标准和部颁标准，如1987年发布的《图书馆建筑设计规范》，2008年颁布的《公共图书馆建设用地指标》《公共图书馆建设标准》，2011年颁布的《公共图书馆服务规范》，2013年颁布的《图书馆古籍书库基本要求》，这些为建立公共文化服务体系的标准化起到了积极的引导和指导作用。全国图书馆标准化委员会自2008年10月成立后，积极致力于图书馆管理和服务、图书馆古籍善本的定级与维修保护、图书馆环境等领域的标准化工作。据全国图书馆标准化委员会2014年初所做的年度工作报告统计，截至2013年10月，全国图书馆标准化委员会共归口管理国家标准制订项目14项，其中《公共图书馆服务规范》《图书馆古籍书库基本要求》已发布实施，《图书馆文本资源数字化加工规范》《图书馆音频资源数字化加工规范》《图书馆图像资源数字化加工规范》3项标准正在审查，另有9项标准正在制订过程中；全国图书馆标准化委员会还归口管理文化行业标准31项，其中11项已发布实施，6项已报批文化部，14项尚在制订过程之中。2014年5月，由国家文化部组织协调、国家图书馆具体牵头负责实施的《省、市、县级公共图书馆业务规范》研制项目开始启动，将深化公共图书馆标准化和规范化的进程。

（二）均等化

公共图书馆服务的均等化是公共图书馆服务公益性、基本性、均等性和便利性的四大特征之一，2011年10月中共十七届六中全会通过了《中共中央关于深化文化体制改革推动社会主义文化大发展大繁荣若干重大问题的决定》，其中关于推进文化改革发展的重大举措中就包括“大力发展公益性文化事业，保障人民基本文化权益”。并提出了当前和今后一段时期必须在构建公共文化服务体系、发展现代传播体系、建设优秀传统文化传承体系、加快城乡文化一体化发展四个方面取得突破。在构建公共文化服务体系中，特别强调了均等化的公共文化服务要求，即要以全体人民为服务对象，要保障人民群众读书看报、进行公共文化鉴赏、参与公共文化活动等基本文化权益，要覆盖城乡。[4]中共“十八大”则将公共文化服务体系基本建成作为国家文化软实力显著增强的重要内容，并提出了加强重大公共文化工程和文化项目建设、完善公共文化服务体系、提高服务效能的具体要求。[5]以上这些改革发展举措，在很大程度上是从均等化的角度着眼的，充分体现了以人为本的发展理念，同时也是与国际图联所倡导公共图书馆对所有人开放、社区所有成员都有享受公共图书馆服务的权利的宗旨相对接的。覆盖全社会的公共文化服务体系在均等化的发展战略中要特别注重空间的正义，实现地区和空间布局的均等，体现面向所有公众的就近服务和便捷服务的均等化。

（三）法制化

公共图书馆要得到可持续发展并确保在政府机构中的地位，必须有法可依。公共图书馆法可以单列，也可以成为综合性的图书馆法中的一部分。中国公共图书馆事业依据其目前发展的实际情况，本着创新性和可操作性的统一，国家文化部自 2001 年开始启动的立法工作首先从公共图书馆入手，即针对公共图书馆作为首先立法的第一步。在前期研究的基础上，2009 年 11 月形成《公共图书馆法》初稿，2010 年 3 月形成《公共图书馆法（征求意见稿）》，2011 年 2 月形成《公共图书馆法（第二次征求意见稿）》，在广泛调研和征求意见的基础上，2011 年 12 月，文化部部务会议原则通过了《公共图书馆法（草案送审稿）》。随着中共十七届六中全会、中共“十八大”和十八届三中全会的召开，对公共图书馆法的制订提出了新的要求。特别是“构建现代公共文化服务体系”新理念的提出，要求建立公共文化服务体系建设协调机制，统筹服务设施网络建设，对依法治国提出了新要求，对公共文化领域的依法管理描绘了新蓝图，《公共图书馆法》的编制将注入新的内容。

（四）社会化

十八届三中全会的报告中在如何构建现代公共文化服务体系中从社会化

的角度提出了多方位多层次的要求：一是要建立群众评价和反馈机制，推动文化惠民项目与群众文化需求有效对接；二是要整合各类社会文化资源，包括基层宣传文化、党员教育、科学普及、体育健身等设施，建设综合文化服务中心；三是要明确公共图书馆的功能定位，建立法人治理结构，完善绩效考核机制；四是要推动公共图书馆组建理事会，吸纳有关方面代表、专业人士、各界群众参与管理；五是要引入竞争机制，推动公共文化服务社会化发展，鼓励社会力量、社会资本参与公共文化服务体系建设，培育文化非营利组织。[6]这些社会化的性质定位和要求，体现了作为多元社会主体合作共治的社会治理走向现代化的重要标志，体现了公共图书馆作为社会公共文化空间的特性，深化了面向世界、面向未来、面向现代化的公共图书馆在构建现代公共文化服务体系中的新追求。

（五）智慧化

中共“十八大”作出了实施创新驱动发展战略的重大部署，强调科技创新是提高社会生产力和综合国力的战略支撑，必须摆在国家发展全局的核心位置。扎实推进现代公共图书馆服务体系建设同样如此。信息技术、生物技术、新能源技术、新材料技术等交叉融合正在引发新一轮科技革命和产业变革，以大数据、云计算、物联网、移动互联网、智慧城市、智能制造为代表的信息技术的最新发展正呈现渗透汇聚、多点突破、群体跃进的态势，以互联、高效、便捷为主要特征的图书馆智慧化进程已经开启，对现在和未来的公共图书馆服务形态、服务模式、服务内容正在起着颠覆性的革命变化，这些正是现代公共文化服务体系的重要特点。[7]未来公共图书馆的发展在秉持公共图书馆的基础特点、传承积累的基础上，必须与时俱进，牢牢把握科技进步大方向，实现数字图书馆的创新转型和智能化的升级版，把握现代信息技术和产业变革给公共图书馆服务与管理带来的发展新机遇，充分利用网络空间和数字世界为公共图书馆带来的前所未有的机遇，为公共图书馆的创新发展和更好服务提供新载体，创造新业态，形成新模式。

二、统筹兼顾的科学考量

公共图书馆的新一轮发展的规划制定适逢中共十八届三中提出了全面深化改革的新目标和新要求。习近平总书记在《关于中共中央关于全面深化改革若干重大问题的决定的说明》中指出：“全面深化改革需要加强顶层设计和整体谋划,加强各项改革的关联性、系统性、可行性研究。”[8]这对公共图书馆新一轮规划的制定具有重要的指导意义。在公共图书馆界,在制定新规划的过程中就会遇到如何处理新规划与老规划,新法律新标准与原有法律原有标准有机衔接的问题;也会遇到一个领域与另一个领域相互关联和相互交融的问题,需要统筹考虑,全面论证,科学决策。事物的发展是一个历史的逻辑过程,制定规划不能总是丢弃前功,重起炉灶,一味着眼新一轮与新一届的创新变化,不注重承前,就难以启后,也将造成规划资源、经费资源、人力资源和管理资源的巨大浪费;也不能单兵突进,自说自话,互不配套,相互矛盾,聚合无度,从而形成计划推进的举步维艰,大打折扣。因此,需要加强规划的统筹兼顾和整体协调,以体现规划编制的科学性。

(一) 宏观与中微观视野的全面考量

从宏观而言,未来五年和十年中的核心和聚焦点是构建现代公共文化服务体系,扎实推进社会主义文化强国建设。公共文化服务体系建设也是国家“十二五”文化发展规划的重点。2012 年 2 月公布的《国家“十二五”时期文化改革发展规划纲要》的第五部分“大力发展公益性文化事业保障人民基本文化权益”中包括了四方面的内容,第一方面即是“构建公共文化服务体系”。而十八届三中全会提出的“构建现代公共文化服务体系”则是在“十二五”规划的基础上进一步提出了“现代”的新坐标和新内涵。上文所述标准化、均等化、法制化、社会化和智慧化正是宏观视野下的公共图书馆未来发展的着力点。如果说,在改革开放三十年中,在公共图书馆地方治理中创造了诸多成功的经验的话,那么,随着国家治理体系和治理能力的提出,国家文化治理开始走向前台,通过公共文化权力的有效制约和公众文化权利的有效维护,积极探索中国特色国家文化治理体系建设的路径和方法。同时,从全球发展的总体态势观察,经济全球化和世界多极化为中国公共图书馆走向世界创造了新的环境和新的平台,我们应当以文化自觉和文化自信在国际图书馆舞台上发挥更大的话语权和作用。同时,文化多样化和社会信息化持续推进是当代世界发展的两个重要特征。公共图书馆作为人类文明多样化和社会信息化的重要载体,应该顺应这一发展态势,在原来的基础上不断推进文化多样化和社会信息化,包括服务形态的多样化、服务模式的多样化、服务内容的多样化、活动样式的多样化、文化展示的多样化、服务语言的多样化、分众服务的多样化、共享协同的多样化、对外开放的多样化,等等,把尊重文化多样性的业界共识变为广大图书馆员的自觉实践;同时将大数据、云计算、物联网、移动互联网、智慧城市和智能制造等信息技术导入图书馆的服务与管理,让公共图书馆在新的信息技术背景下呈现出新的动力和活力。

从中观而言,应当导入绿色发展和可持续发展的理念,运用互联网思维,发扬互联网精神。中共"十八大"将生态文明建设纳入了中国特色社会主义事业五位一体总体布局,并提出了建设"美丽中国"的发展愿景。我们应当在公共图书馆界导入生态文明的理念,将绿色环保的发展理念和具体措施落实到图书馆的建筑设计、空间布局、管理服务之中,摈弃贪大求多的传统发展理念,将合适合度的发展理念、提高效能的服务创新、节能低碳的生态举措、生态文明的普及教育融入未来的发展计划和任务之中。同时,随着网络空间的形成和不断扩大,网络空间已经从数量的发展进一步形成了质的变化和飞跃,形成了数据过半现象,网络空间的各项数据指标正在逐步超过现实空间。由中国新闻出版研究院组织实施的第 11 次全国国民阅读调查于 2014 年 4 月发布,其结果显示:2013 年我国成年国民图书阅读率为 57.8%,较 2012 年上升 2.9 个百分点;数字化阅读方式的接触率为 50.1%,较 2012 年上升 9.8 个百分点。其中数字化阅读方式的数据首次超过纸本阅读,而这样的发展趋势还在继续,这将倒逼公共图书馆的创新转型。[9]在公共图书馆的未来发展中,我们应当运用互联网的平等、开放、互动、分享、融合的人本理念和创新精神,培育公共图书馆不断生长有机体的健康发展,并将传统与时尚有机地融于一体,以满足不同读者群体的需求。

从微观而言,应当在独体图书馆和服务共同体中通过点、面、圈、线、网的发展思路进行统筹谋划,创新互联互通的服务资源的整合术、引流术和搭桥术。如就近一体的服务点,这是将读者服务在图书馆空间的某一个点上形成整体解决方案、提供一揽子服务的整合模式;主题聚焦的服务面,这是将馆中馆和主题服务的内容在打破以往服务层的基础上按照读者服务的新需求进行空间创新布局的新形态;动态灵活的服务圈,这是按照个性化的服务需求和多样化的服务内容将图书馆的空间布局形成自由组配的服务新形态;内外结合的服务线,这是将图书馆的服务拓展至图书馆物理空间之外形成内外互联互通并融入社会的服务新模式;互联共享的服务网,这是通过泛在网络载体实现境内外和国内外书书相联、书人相联、人人相联的网络空间服务新形态。我们要在未来规划中创新公共图书馆的服务新形态和新模式。

（二）国家规划与地方规划的上下衔接

中国公共图书馆事业的发展，既要发挥国家规划的指导统领的总体作用，也要发挥地方省市地县规划因地制宜的个性特点。中国是一个东中西部区域和南北区域发展很不平衡的国家，不仅经济是如此，文化同样是如此。以标准化而言，在迈向覆盖全社会的现代公共文化服务体系的进程中，既需要东南西北中各地区的全面发展，也需要在东部地区率先发展，还要鼓励中西部地区在智慧化方面进行弯道超越。既要考虑国家图书馆作为国家文献信息资源总库、国家书目数据中心、国家古籍保护中心、全国图书馆信息网络中心、全国图书馆发展研究中心的职能定位所应发挥的核心统筹作用，也要考虑省市图书馆作为地区文献资源和书目数据中心、地区古籍保护中心、地区信息网络中心、地区图书馆发展研究中心等的职能定位所应发挥的协同作用，同时要考虑地区县街道乡镇图书馆的共同发展、互联互通的整体作用，以体现“十八大”所提出的到2020年全面建成小康社会在构建现代公共图书馆服务体系中所应达到的各项具体要求。

（三）综合规划与专门规划的互联互通

公共图书馆事业的发展涉及面很广，在公共图书馆发展的综合规划下，还将有文化惠民项目的发展规划，公共图书馆标准化发展规划，公共图书馆法制化发展规划，公共图书馆古籍保护规划，公共图书馆数字化发展规划，公共图书馆人力资源发展规划，公共图书馆科技发展规划，少年儿童图书馆发展规划，公共图书馆服务社会化发展规划，公共图书馆建立法人治理结构规划，公共图书馆学术研究规划，公共图书馆国际化发展规划（中华文化走向世界），如此等等。各项规划的制定要互相配合配套，形成分合有度、紧密联系、相互交融、相互促进的作用。在信息技术的发展背景下，当代社会正在迈入“万物互联”的时代，因此，公共图书馆规划的制定也应当在综合规划与专门规划之间、专门规划与专门规划之间形成关联性和系统性，克服规划编制过程中的“鸡犬之声相闻，老死不相往来”的规划编制“孤岛”现象，在各规划之间架设起互联互通的桥梁和通道。

（四）五年规划与长远规划的统筹协调

未来的五年（2016—2020）是中国全面建成小康社会的关键时期，是中国现代公共图书馆文化服务体系基本建成的关键时期；未来十年则是在全面建设小康社会基础上进一步迈向社会主义现代化强国的重要时期，也是现代公共图书馆文化服务体系升级版的重要时期，“十三五”规划和未来十年规划将成为未来五年和十年公共图书馆健康发展的宏观性、战略性、基础性规划。构建现代公共图书馆文化服务体系是扎实推进社会主义现代化强国的重要内容，是丰富人民精神文化生活的重要途径，是增强文化整体实力和竞争力的有力支撑，是提高公民文化和信息素养促进公共图书馆服务与管理升级的重要抓手。制定实施未来五年和十年规划，将会有助于中国公共图书馆事业努力走出一条读者为本、均等规范、智能互联、绿色环保、面向世界的中国特色公共图书馆发展道路。在未来五年和未来十年的发展规划中，应当形成阶梯式递进发展的近期目标和中期目标，并形成展望未来三十年乃至五十年发展的远期愿景。五年规划的近期目标应当抓落实抓具体，十年规划应当抓基础抓战略，三十年规划应当抓趋势抓宏观，形成五年规划与未来十年、三十年规划的内在逻辑的环环相扣。尽管未来十年、三十年变化难以预测，但公共图书馆作为文化的发展的重要内容自然有其自身发展的规律。我们应当牢牢把握住经济、社会和文化的普遍发展大势，同时又注重公共图书馆自身内在的发展特点，所谓“欲穷千里目，更上一层楼”“人无远虑，必有近忧”，这些古训，对于我们认识未来规划编制的重要意义，不无益处。

三、规划编制的几个基本原则

（一）创新驱动原则

创新驱动发展战略是关系公共图书馆事业发展全局的战略思维和远见卓识，也是公共图书馆以全球视野、融合眼光、面向未来而必须采用的重大战略决策。我国的经济、政治、社会、文化、生态五位一体发展正在发生深刻的变化，公共图书馆事业作为文化事业的一个组成部分，作为中国深化改革的一个组成部分，不可能独善其身，要跳出公共图书馆看公共图书馆的未来发展。当前，各领域新一轮的创新和变革正在孕育兴起，世界图书馆事业也在积极探索创新的路径与方法，这与公共图书馆事业创新转型形成了历史性交汇。中国梦的美好愿景、科技革命和产业变革的新进展、社会主义核心价值体系建设的新要求、信息公开的民主制度建设的新举措、生态文明建设的新目标、城镇化建设升级版的新规划，都与公共图书馆事业的发展直接或间接有关。公共图书馆事业服务与管理的未来发展，关键在创新能力。在未来的公共图书馆事业中实施创新驱动战略，就能够为公共图书馆事业的与时俱进带来创新的活力和发展的源泉，也能够让我国的公共图书馆事业在学习和借鉴世界发达国家图书馆事业经验的同时提高自主创新的能力，加强社会公益技术研究和图书馆学基础理论研究，积极推进科技与文化的深度融合，努力扩大跨界与跨域的开放合作与协同创新，形成适应读者所需的新形态、新模式和新服务，不断走出具有中国特色的公共图书馆发展新路。

（二）开放透明原则

民主与汇智是规划编制坚持开放透明原则的路线图，体现了人本理念。民主方法就是要在政府负责的基础上，在规划编制中十分注重社会协同和公众参与。这就需要在规划编制之前、编制之中和编制之后将开放透明的原则贯彻始终。要将以往规划编制局限在业界少数人闭门造车的局面改变为业界馆员、广大读者、社会各界都积极参与的新局面。公共图书馆是公共文化的重要载体和服务空间，这一性质决定了其发展的规划必须让广大公众积极参与，这是保障公众文化权益的具体体现。汇智的方法就是要在规划编制的过程中将广大公众与社会各方面国内外专家的智慧汇聚起来，把他们的好的思路和建议采纳入规划之中。集中民智可以通过各种方法和渠道，可以采用访谈会、座谈会、研讨会、审议会、头脑风暴会、专家访谈、问卷调查、新闻采访、献计献策活动等各类形式和方法，也可以运用网络空间和社交媒体的通道，让规划的编制与广大公众形成互动交流，从而丰富民主编制规划的形式，拓宽民主编制规划的渠道。开放透明的规划编制，使公共图书馆服务社会化进程中的多元主体实现良性互动，使规划更加适应时代要求，更加符合公共图书馆的发展规律，更加反映广大公众的意愿。

（三）动态递进原则

21 世纪第一个十年和 21 世纪的上半期的数十年中，无论是公共图书馆还是中国的整体文化事业，无论是中国的经济、政治、社会、文化的发展还是全球一体化、多极化、多样化和信息化的发展，各种因素交叉汇聚，已经出现并将继续出现许多错综复杂和难以预料的情况，这一文化事业发展和国内外大环境的特点，提醒我们在编制规划时需要运用动态递进的原则，在总体思路和路线图和时间表的安排上，需要留有一定的弹性、宽度和灵活性，以便使规划尽可能适应近年和未来多少年中可能发生的变化。通过形象、具体、清晰、简洁、数据化、路线图、可操作的阶段性目标成果，形成层层推进、动态递进的规划编制内容形式。

（四）文化安全原则

文化安全是国家总体安全的重要组成部分。习近平总书记在2014年4月15日主持召开的中央国家安全委员会第一次会议上强调，要准确把握国家安全形势变化新特点新趋势，坚持总体国家安全观，走出一条中国特色国家安全道路。[10]这就要求我们在进行公共图书馆规划编制的过程中，将文化安全纳入总体思路之中，成为国家安全不可或缺的重要组成部分和重要保障，为走出一条中国特色国家安全道路添砖加瓦。在贯彻落实总体国家安全观中，将公共图书馆事业所涉及的文化安全纳入非传统安全之中，将文化安全与政治安全、国土安全、军事安全、经济安全、社会安全、科技安全、信息安全、生态安全、资源安全、核安全等一起，构建一体化的全新国家安全体系。在文化安全的原则下，将公共图书馆的发展问题与文化安全问题有机结合起来，在馆藏文献的整理中、在信息基础设施建设中、在对外交往与合作中、在人才培养的政策中，将文化安全的考量融入其中，在积极发展文化服务内容和文化走出去中进一步提高文化安全的意识，进一步夯实文化安全的基础，进一步加强文化安全的保障。

（五）适合有度原则

不可持续的急功近利、脱离实际的好大喜功、没有依据的发展定位，这些都是规划编制中不科学的具体体现。如同中国的城市发展中，有诸多城市不切实际地将发展定位“国际大都市”一样，中国公共图书馆的未来发展定位也或有这样的盲目焦躁的疾病现象。国家层面的图书馆、省市级图书馆、地县级图书馆、乡镇街道图书馆应根据各自发展的基础、环境及未来发展的可能性，确定适合有度的发展目标，既不能脱离实际地好高骛远，也不能不思进取地无所作为。在中国构建现代公共图书馆服务体系的发展进程中，每个馆都应找准自己的发展定位，秉持适合有度的原则制定发展规划，将创新性、可操作性、可持续性有机结合起来。适合有度就是科学定位，就是实事求是，就是因地制宜，就是因馆制宜，就是可持续发展。

（六）中国特色原则

坚持和发展中国特色社会主义是中共“十八大”精神的主线，而中国特色社会主义是由道路、理论体系和制度三位一体构成的，其中道路是实现途径，理论体系是行动指南，制度是根本保证。[11]改革开放以来，中国特色公共图书馆事业取得了令人瞩目的成就，需要通过新一轮的规划编制将诸多有益经验固化下来形成制度并描绘进一步推进的路线图,在道路、理论体系和制度三位一体的架构中不断有新追求和新发展,将实现路径、重要任务、保障措施统一于中国特色公共图书馆的实践之中;将精彩纷呈的公共图书馆实践进行深入的理论思考和比较研究,并站在理论的高度对实践进行引领引导和解释解读,形成具有中国风格、中国气派和中国话语的公共图书馆理论研究成果;在推进国家文化治理体系和治理能力的进程中,构建起系统完备、科学规范、运行有效的公共图书馆制度体系,在顶层的制度建设中形成《公共文化保障法》和《公共图书馆法》,并在其指导下使公共图书馆领域的各项制度更加成熟和更加定型。同时,需要深入分析中国特色公共图书馆未来发展道路上已经和将可能出现的各类制约因素和需要破解的各类难题,做好资源特点分析、阶段任务分析、重点难点分析、路径方法分析,在规划中以创新的精神实现新的突破和跨越。要树立规划失误是最大的浪费的理念,将"十三五"规划和长期发展规划编制好,以科学的精神和方法勾画出公共图书馆未来发展的新愿景和新格局。

参考文献

[1] 胡锦涛.坚定不移沿着中国特色社会主义道路前进,为全面建成小康社会而奋斗——在中国共产党第十八次全国代表大会上的报告[A].十八大报告辅导读本[M].北京:人民出版社,2012:1, 31.

[2] 习近平.关于《中共中央关于全面深化改革若干重大问题的决定》的说明[N].人民日报,2013-11-16(01).

[3] 王世伟,张涛.公共图书馆服务规范应用指南[M].北京:国家图书馆出版社,2013:2.

[4] 中共中央关于深化文化体制改革推动社会主义文化大发展大繁荣若干重大问题的决定[N].光明日报,2011-10-26(05).

[5] 胡锦涛.坚定不移沿着中国特色社会主义道路前进为全面建成小康社会而奋斗——在中国共产党第十八次全国代表大会上的报告[A].十八大报告辅导读本[M].北京:人民出版社,2012:31—34.

[6] 中共中央关于全面深化改革若干重大问题的决定[N].人民日报,2013-11-16(01—03).

[7] 王世伟.论智慧图书馆的三大特点[J].中国图书馆学报,2012(6):22—28.

[8] 习近平.关于《中共中央关于全面深化改革若干重大问题的决定》的说明[N].人民日报,2013-11-16(04).

[9] 刘彬.第十一次全国国民阅读调查结果公布[N].光明日报,2014-04-22(01).

[10] 构建集中高效权威国安体制[N].人民日报海外版,2014-04-16(01).

[11] 习近平.紧紧围绕坚持和发展中国特色社会主义学习宣传贯彻党的十八大精神[A].十八大报告辅导读本[M].北京:人民出版社,2012:3—5.

当代中国公共图书馆建设应从点的突破迈向系统创新

一、问题的提出

中国公共图书馆事业在20世纪末至21世纪初以来的发展中，取得了令人瞩目的成就，中国国家图书馆和各省市地县图书馆都先后推出了诸多创新的举措，无论是拓展特色文献的收集采访还是文献整序的信息技术创新，无论是讲座服务的主题策划还是展览内容的文化传承，无论是精彩纷呈的各类阅读推广活动还是因馆制宜的诸多自助服务设计，无论是数字图书馆的试验探索还是社交媒体的移动平台服务，无论是新馆设计的全新理念还是人力资源建设的创新举措，无论是各具特色的城乡图书馆一体化总分馆新模式还是公共图书馆法制建设持续不断的新进程，无论是文化走出去的品牌推广还是学术研究的系列成果，难以数计的建设成就可谓硕果累累，不一而足。面向第一个百年中国梦的发展目标，面向基本建成覆盖全社会公共文化服务体系的发展愿景，中国公共图书馆的未来发展如何以不息为体、确立新的发展理念和发展思路、克服尚存的短板并进一步创新发展？这是摆在我们面前需要回答的问题。

纵观中国公共图书馆近数十年的发展，我们可以发现，在以往的创新发展中，我们在顶层设计中较多着力于微观和中观的思考，而缺乏宏观的统筹协调；我们较多的是形成并聚焦于点的突破，而缺乏事业可持续发展的系统创新；我们较多的是注重于馆内和业界的发展，而缺乏对城乡和社会可持续发展的思考；我们较多的是热衷于技术和硬件的更新，而缺乏文化软实力和文化自信的培育和塑造。如果要用一句话来表达问题的存在和予以破解的路径，那就是：当代中国公共图书馆建设应从点的突破迈向系统创新。

二、为什么要从点的突破迈向系统创新

为什么要从点的突破迈向系统创新，这可以从以下三个方面来观察。

（一）从点的突破迈向系统创新是治国理政新理念新思想新战略提出的新要求

中共“十八大”以来，中国提出了一系列治国理政的新理念新思想和新战略。2015 年 10 月，中共十八届五中全会通过的《中共中央关于制定国民经济和社会发展第十三个五年规划的建议》和 2016 年 3 月两会通过的《中华人民共和国国民经济和社会发展第十三个五年规划纲要》中，都写入了这样一段话：“党的十八大以来，以习近平同志为总书记的党中央毫不动摇坚持和发展中国特色社会主义，勇于实践、善于创新，深化对共产党执政规律、社会主义建设规律、人类社会发展规律的认识，形成一系列治国理政新理念新思想新战略，为在新的历史条件下深化改革开放、加快推进社会主义现代化提供了科学理论指导和行动指南。”[1]有学者对新理念新思想和新战略进行了分析细化，认为治国理政新理念包括：以“中国梦”标定民族复兴总目标、以“五位一体”展开中国发展总布局、以“四个全面”明确改革发展总战略、以“两个一百年”确立中国前进大坐标、以“新常态”引领经济发展大逻辑、以“新发展理念”推动发展全局大变革、以“一带一路”携手世界共同圆梦、以“命运共同体”展望人类未来前景等；认为治国理政的新思想包括：以战略思维谋全局、以辩证思维解矛盾、以法治思维图善治、以系统思维聚合力、以底线思维定边界、以创新思维增活力、以开放思维拓视野等；认为治国理政的新战略包括：以京津冀协同发展引领区域发展战略、以自贸区建设完善对外开放战略、以军民深度融合发展开启改革强军战略、以“互联网＋”推动网络强国战略、以分类施策落实精准扶贫战略、以深化科技体制改革助力创新驱动发展战略、以培育和践行社会主义核心价值观实施文化强国战略、以贯彻总体国家安全观推进国家安全战略等。[2]这里所论述的新理念新思想新战略，充满了全面、协调、统筹、全域的系统思维的哲学，其中的新思想中就包括了“以系统思维聚合力”的思想。中国公共图书馆的未来发展创新就应当以治国理政的新理念新思想和新战略所倡导的系统创新为引领，从更高、更远、更广、更大、更深的视野对未来的创新发展进行谋划。以新发展理念的创新、协调、绿色、开放、共享来衡量，中国公共图书馆事业尚有许多不足需要克服，尚有很多短板需要弥补。

（二）从点的突破迈向系统创新是万物互联和万物智能发展趋势提出的新要求

笔者认为，人类社会现阶段已经进入了“两万时代”，即进入了万物互联和万物智能的时代。“两万时代”的特征及发展趋势可能会影响中国和世界未来10年、20年、30年甚至更长时间的发展。万物互联是当代社会的最重要特征，具体反映在物物互联、人物互联、人人互联。“万物互联”促进并催生了大数据、云计算、物联网、移动互联网的飞速发展，而大数据、云计算、物联网、移动互联网反过来又进一步将万物互联不断引向更高的能级和更深的程度。作为与万物互联同胞兄弟的“万物智能”则推进了可穿戴设备、智能制造、智能电网、智能机器人、虚拟现实、IT超融合的发展。万物互联和万物智能所呈现的科技革命和产业变革正在与中国公共图书馆的新一轮创新转型形成历史性的交汇，为公共图书馆在更高起点上造福广大读者提供了无限的想象力和发展空间，需要公共图书馆人顺应“两万时代”的发展趋势，从科技革命发展影响者的高度来积极谋划如何将公共图书馆从以往的局部变革走向通体革命，从点的突破和局部创新迈向综合性、整体性、系统性、协调性、一体性、共同性、合作性、共享性的发展，为迎接融合化、互动化、可视化、泛在化和智能化的智慧图书馆发展的高级阶段做好思想、理论、技术、管理、人力等方面的准备。[3]

（三）从点的突破迈向系统创新是四个自信提出的新要求

习近平总书记《在庆祝中国共产党成立95周年大会上的讲话》中首次将四个自信合为一体。习近平指出：“坚持不忘初心，继续前进，就要坚持中国特色社会主义道路自信、理论自信、制度自信、文化自信。”[4]这里，习近平将文化自信与道路自信、理论自信、制度自信并列并提，这对公共图书馆的系统创新是一个重要的指导。1949年以来特别是1978年改革开放以来，尽管中国公共图书馆事业走过一些弯路，但我们在坚持中国特色社会主义道路的进程中，初步走出了一条中国特色公共图书馆的发展道路。从中国特色公共图书馆发展道路的初步设计到中国特色公共图书馆发展道路的路径安排，从中国特色公共图书馆发展道路的制度设计到中国特色公共图书馆发展道路的理论探索，都体现出中国公共图书馆发展道路在顶层设计中的发展依据、发展定位、发展布局和发展宗旨。[5]但中国特色的公共图书馆发展的道路自信，需要通过理论自信、制度自信、文化自信来加以支撑和完善，特别是文化自信是“更基础、更广泛、更深厚的自信”。

三、如何从点的突破迈向系统创新

如何从点的突破迈向系统创新？笔者认为需要注重以下三个方面。

（一）以新发展理念予以指导引领

"十三五"期间我们应以"新发展理念"推动公共图书馆发展全局大变革。我国经济发展正表现出速度变化、结构优化、动力转换的三大特点，面对经济社会发展新趋势新机遇和新矛盾新挑战，谋划"十三五"时期经济社会和文化发展，必须确立新的发展理念，用新的发展理念引领发展行动。习近平总书记在关于《中共中央关于制定国民经济和社会发展第十三个五年规划的建议》的说明中指出："发展理念是发展行动的先导，是管全局、管根本、管方向、管长远的东西，是发展思路、发展方向、发展着力点的集中体现。发展理念搞对了，目标任务就好定了，政策举措也就跟着好定了。为此，建议稿提出了创新、协调、绿色、开放、共享的发展理念，并以这五大发展理念为主线对建议稿进行谋篇布局。这五大发展理念，是'十三五'乃至更长时期我国发展思路、发展方向、发展着力点的集中体现，也是改革开放30多年来我国发展经验的集中体现，反映出我们党对我国发展规律的新认识。"[6]因此，我们应当将新发展理念作为公共图书馆系统创新的指导和引领。坚持创新发展，就是把创新摆在公共图书馆事业发展全局的核心位置，让创新贯穿图书馆的全空间、全流程、全业务链、全服务链和全价值链，使创新成为引领公共图书馆在新环境下提质升级的第一动力，这样才能够实现文化发展动力的转换，并推进公共图书馆的系统创新。坚持协调发展，就是实现公共图书馆各项业务的辩证统一发展、线上线下的一体发展、区域协同的整体发展，解决发展中的不平衡问题，以弹性姿态不断吸收新一代信息技术等所带来的新鲜事物的柔韧性和灵活性，为图书馆进行各种改革提供新发展空间，改变单一点上的发展偏好，真正实现整体创新。坚持绿色发展，就是在公共图书馆界注入绿色生态的元素，解决不顾生态环境承载力而一味追求建筑体量大等短视行为，规避与绿色生态相违背的各类管理与服务做法，提升图书馆人和广大读者的环保意识，将绿色发展摆在更加突出的位置，为全社会的生态文明建设出一份力。坚持开放发展，就是要深度融入全球图书馆事业的大家庭，进一步接近国际图书馆事业的舞台中心，提高全球图书馆事业的参与度与话语权，以全球的视野拓展服务的空间，通过构建更大范围的文化共同体来优化图书馆服务，提升图书馆品质。坚持共享发展，就是着力构建覆盖全社会的公共图书馆服务体系，使公共图书馆的创新发展更加均衡和更加包容，特别是要通过文化精准扶贫的方法，将公共图书馆服务的阳光普照到所有农村地区和边远地区，让残疾人、老年人、留守儿童、进城务工者、外籍在华居住者等特殊读者群体增强公共图书馆均等化服务的获得感，真正实现在公共图书馆领域的“全面小康”，为解决社会公平正义问题添砖加瓦。可见，五大发展理念缺一不可，是一个整体，需要通过系统创新逐一落实。

（二）以全域服务进行谋划布局

所谓全域服务，就是公共图书馆服务的系统创新把公共图书馆的建筑服务空间、社会公共空间、家庭生活空间、网络数字空间融为一体，将图书馆员与广大读者融为一体，实现公共图书馆空间的全域服务。公共图书馆的服务要克服局限于单纯以图书馆建筑本身空间服务的理念，树立公共图书馆服务无边界的全域服务的大空间理念，无论是社区、地铁、机场、商厦、书店、医院、军营、家庭、监狱、农家书屋、文化中心以及网络空间等均可以为广大读者带去图书借阅、手机阅读、网络查询以及各类阅读推广活动。当今是读者需求迅速变化的时代，也是每个馆员乃至读者的潜能都有可能通过大众创业和万众创新以及“互联网＋”等得到充分挖掘的时代，因此，全域服务应以人为本，发挥图书馆馆员和广大读者的主动性和创造性，践行“人人都是图书馆服务参与者”的理念，打破图书馆服务一线二线、线上线下、前台后库、馆员读者的传统界限，通过互联、高效和便捷的智能互动服务平台，让公共图书馆服务渗透至公共图书馆的所有区域，将图书馆的各项服务外溢至工作中的读者、家庭中的读者、路途上的读者、休闲中的读者，让图书馆服务延伸至图书馆内外的所有空间，让馆员与读者的互动与参与成为服务的新模式和新形态，从而在系统服务创新中解决读者服务中需要面对和克服的“痛点”。

（三）以文化自信增强价值力量

习近平总书记指出：“文化自信，是更基础、更广泛、更深厚的自信。在5 000多年文明发展中孕育的中华优秀传统文化，在党和人民伟大斗争中孕育的革命文化和社会主义先进文化，积淀着中华民族最深层的精神追求，代表着中华民族独特的精神标识。我们要弘扬社会主义核心价值观，弘扬以爱国主义为核心的民族精神和以改革创新为核心的时代精神，不断增强全党全国各族人民的精神力量。”习近平总书记讲的“5 000 多年文明发展中孕育的中华优秀传统文化”很多就是通过各类文献载体珍藏在中国各级公共图书馆之中。公共图书馆作为文化场所和公共空间，为传承中华优秀文化、弘扬以爱国主义为核心的民族精神和以改革创新为核心的时代精神，提供了载体和平台，为培育和汇聚全党和全国各族人民的精神力量发挥着重要的作用。系统创新应以文化自信为支撑。因为坚定中国特色社会主义道路自信、理论自信、制度自信，说到底是要坚定文化自信。文化的核心是价值观，文化自信的内核是价值观自信。通过公共图书馆的各类服务，通过公共图书馆的场所和追求，无论是国家层面的富强、民主、文明、和谐，还是社会层面的自由、平等、公正、法制，或是个人层面的爱国、敬业、诚信、友善的社会主义核心价值观，都可以通过公共图书馆的系统创新来得到进一步的增强。

中国公共图书馆数十年的精彩纷呈迭出、不断自我完善的创新实践，正在多个领域逐步缩小与发达国家的差距，为文化自信提供了令人信服的实践创新的基础，使广大公共图书馆人具备了进一步实现公共图书馆的文化繁荣的能力和信心。系统创新就是要将文化自信与中国特色公共图书馆发展道路更紧密地结合起来，结合中国的实际，与时俱进地进行中国公共图书馆的理论总结与理论创新。文化自信需要秉持实事求是的精神和历史辩证的观点，既要学习借鉴发达国家公共图书馆的成功经验，也应总结具有时代特征、中国特色公共图书馆特点的路径探索、制度建设和服务案例。“历史从来不等待一切犹豫者、观望者、懈怠者、软弱者。”中国公共图书馆人应该以文化自信来增强价值力量，通过系统创新，将文化自信与道路自信、理论自信、制度自信紧密结合起来，以使命担当的精神努力探索全球图书馆事业未来的更好发展并提供中国方案。

参考文献

[1] 中共中央关于制定国民经济和社会发展第十三个五年规划的建议[EB/OL][2016-07-04]. http://news.xinhuanet.com/fortune/2015-11/03/c_1117027676.htm.

[2] 任仲平.标注治国理政新高度[N].人民日报，2016-05-03(01).

[3] 王世伟.融合图书馆初探[J].图书与情报，2016(1)：54—58.

[4] 习近平.在庆祝中国共产党成立95周年大会上的讲话[N].新华每日电讯，2016-05-03(01).

[5] 王世伟.中国特色公共图书馆发展道路初探(上)[J].图书馆杂志，2015(5)：4—9.

[6] 习近平.关于《中共中央关于制定国民经济和社会发展第十三个五年规划的建议》的说明[EB/OL][2016-07-04]. http://news.xinhuanet.com/politics/2015-11/03/c_1117029621.htm.

论公共图书馆的全域服务

公共图书馆的"全域服务"是2016年7月笔者在《当代中国公共图书馆建设应从点的突破迈向系统创新》一文中较早提出的。[1] 2016年11月,笔者在《新一轮中国城市图书馆的创新发展论略》一文中对此作了进一步的阐述。[2] 诚如《爆裂》一书所提出的现代世界生存的九大原则之一为"实践优于理论",[3] 当代公共图书馆的服务创新实践同样优于图书馆服务的理论研究。当代公共图书馆的服务创新需要由技术变革和理论创新来共同完成。如果说,当代中国的经济需要建设现代经济体系推动经济高质量发展的话,那么,中国公共图书馆也需要建设全域服务体系以推动公共图书馆服务的高质量发展。中国公共图书馆在进入21世纪以来丰富多样、精彩纷呈的全域服务的创新实践,智能连接、立体覆盖的全域服务的未来愿景呼唤理论工作者对全域服务进行更深入的实践总结和理论阐述,本文试图去完成这样的任务。

一、全域服务的提出与服务拓展提升

(一)全域服务的概念

所谓全域服务,就是在构建完善覆盖全社会的公共文化服务体系发展目标的指导下,在新一代信息技术的支撑和保障下,将公共图书馆的物理建筑服务空间、读者的学习工作空间、用户的社会公共空间、公众的家庭生活空间、网民的网络数字空间等融为一体,将公共图书馆员与广大服务对象融为一体,实现服务资源的全域连接共享,实现服务推广的全域整合协同,实现公共图书馆无时空边界的全域服务。全域服务为更多读者、更多群体、更多城乡带来了无限跨域的服务时间空间和服务资源内容,是对以往服务空间、服务资源、服务关系、服务秩序的完善与重构,是构建开放型公共图书馆服务的题中应用之义。全域服务是大数据时代和智能时代的新信息环境下进一步完善覆盖全社会的公共图书馆文化服务体系空间结构变革的必然发展,是新时代满足读者日益增长的文化需要动力机制变革的必然要求，也是拓展延伸公共图书馆服务空间、优化和提升公共图书馆服务链质量的创新理念和实践，将推动公共图书馆服务进入全域能级整体提升的新阶段。

（二）全域服务对单域多域服务的突破和超越

1. 全域服务最本质特征就是“全域”。多少年来，公共图书馆更多的是着力于单体建筑内物理空间的各类服务，或将各单体图书馆联合成服务共同体，也有走出物理空间的流动图书馆，但基本上还是物理空间的延伸，还未形成真正意义上的与社会协同融合共建共享的社会空间的多域服务。当自动化浪潮来临之际，图书馆开始打破单域服务的围墙，逐步跨出传统物理空间服务的藩篱，将公共图书馆的服务向线上拓展，但限于图书馆自身技术的局限和广大馆员读者的信息素养的水平，单域服务向多域服务的发展还相对有限，单域和多域服务的树木尚未形成全域服务的森林。现在提出的全域服务并不是对单域和多域服务的否定，而是一种新空间和新境界的升华。物理空间和社会空间不仅互相促进，而且两者又为网络空间服务创造了丰富内容和现场体验等服务的基础，网络空间又为物理空间和社会空间的服务提供了超越时空无边界的信息服务平台和知识传播通道。全域服务较之单域和多域服务是一种更高视野、更广范围、更高水平、更高效率的融合型、共享型、协同型、智能型的新服务域。

2. 大阅读时代。全域服务是一种大服务，是对以往局部空间、局部时间、局部群体、局部网络的小服务和中服务的超越和升级。上海图书馆馆长陈超用“大阅读时代”来形容全域服务的新境界，可谓十分形象贴切。[4]全域服务正在形成公共图书馆阅读推广的全空间立体覆盖、全社会关注协同、全民参与助力、全要素动能转换、全流程开放互动的服务新形态，成为公共图书馆服务内外资源进一步整合的重要理念和方法。

全域服务不仅提升了服务理念和服务管理，也将倒逼公共图书馆服务全要素的转型升级，促使公共图书馆进一步打破边界，以更开放的姿态融入连接一切的时代，以实现由单域和具体吸引向全域和综合吸引的服务提升，由“公共图书馆＋”到“＋公共图书馆”的机制转变，构筑协同一体的公共图书馆服务新生态，形成公共图书馆服务设施的全域建设、服务资源的全域配置、服务内容的全域共享、服务项目的全域共推、服务数据的全域连接、服务效能的全域提升、服务管理的全域覆盖，从而使公共图书馆服务品质得到全域优化提高。全域服务在公共图书馆基于专业性的主体创新的基础上，将进一步推动公共图书馆将读者服务做大、做强、做好，从而为公共图书馆的服务创新带来面向全域的大空间、大格局、大连接、大统筹、大服务的新思路和新路径。

3. 向社会和网络空间的突破和超越。全域服务推动了自循环和闭环的公共图书馆服务向开放共享转型，打破了公共图书馆服务的孤岛围墙，推倒了公共图书馆服务资源的独体烟囱，开辟了公共图书馆与社会广泛连接的康庄大道，充分体现出公共图书馆社会化的文化价值与专业价值。突破了公共图书馆以往单域和多域服务的局限，营造出物理社会网络都是服务区，业内业外都是服务链、城乡处处都是服务点，人人都是服务员的全新服务新业态。

中国互联网络信息中心（CNNIC）发布的第 41 次《中国互联网络发展状况统计报告》显示，截至 2017 年 12 月，中国网民规模达 7.72 亿，普及率达到 55.8%，超过全球平均水平 4.1 个百分点。其中手机网民规模达 7.53 亿。与此同时，台式电脑、笔记本电脑、平板电脑的使用率均出现下降，手机不断挤占其他个人上网设备的使用。中国网民人均周上网时长已达 27 小时。[5]互联网的发展不断为公共图书馆服务带来挑战和机遇。美国哈佛大学研究员戴维·温伯格在《知识的边界》一书中将网络化的知识比作最聪明的房间："当知识变得网络化之后，房间里最聪明的那个，已经不是站在屋子前头给我们上课的那个，也不是房间里所有人的群体智慧。房间里最聪明的人，是房间本身：是容纳了其中所有的人与思想，并把他们与外界相连的这个网。这也并非是说，网络正在变成一个具有意识的超级大脑；而是说，知识正在变得与网络不可分离。"[6]当网络空间已经不可或离并逐渐成为更多人的工作学习与生活方式之际，全域服务直面网络空间的挑战，顺应了日新月异的互联网发展趋势，在发展定位上破解了公共图书馆需要不断提升网络空间运维能级的难题。

2018 年 1 月，《人民日报》以《上海图书馆的数字进化论》为题进行了相关的访谈。1996 年上海图书馆新馆开放，在全国首批引进了国外较为先进的图书馆系统管理软件。2000 年开始，上海图书馆又在全国率先开始建设中心图书馆"一卡通"借阅系统，之后又先后推出了手机图书馆服务以及微博、微信和客户端。2010 年底，上海市中心图书馆"一卡通"实现市区（县）、街道（乡镇）基层服务点的全覆盖。上海图书馆 2017 年度的文献采购资金为 1.3 亿元，仅次于国家图书馆，其中 30%—40%用于数字资源。[7]上海图书馆的数字进化为公共图书馆由物理空间向社会和网络空间的突破和超越提供了具有示范引领作用的实践解读。

（三）全域服务是社会历史对公共图书馆服务提出的新要求

1. 全域服务体现了新时代完善公共文化服务体系的新要求。中共“十九大”报告中指出：“要完善公共文化服务体系，深入实施文化惠民工程，丰富群众性文化活动。”[8]完善公共文化服务体系，就需要在服务性、公益性、均等性、便利性的基础上，突出全覆盖性这一最重要的特征，这也是解决新时代中国公共图书馆事业发展中读者日益增长的对美好文化生活需要与现阶段公共图书馆服务发展不平衡不充分之间矛盾的关键所在。全域服务针对这一公共图书馆服务发展中的重点、难点和痛点，精准发力，是公共图书馆服务在新时代的创新发展。现阶段中国公共图书馆服务正面临物理空间和传统服务局限带来的挑战，如传统的入馆外借量持续增长方式已难以为继；由于物理空间有限，诸多公共图书馆继续维持新馆落成和总分馆一卡通后的读者服务数据高速增长率也已难以为继；由于不同馆的物理空间环境和各类服务资源的落差，一些公共图书馆形成了门庭若市与门可罗雀现象并存的“贫富悬殊”现象。对于公共图书馆服务中城乡和地区的差异、对于仍在日益增长的读者文化阅读和知识学习的新需要，全域服务将为完善新时代公共文化服务体系提供解决现实矛盾的新理念、新路径和新举措。

2. 全域服务体现了当代经济社会和学术文化整体性发展的特征。当代人类社会物理空间、社会空间和网络空间正呈现交叉汇聚的关联性发展，呼唤经济、社会和文化进行全局性综合创新和整体性全面发展。公共图书馆倡导并实施全域服务，正是顺应了这样的发展趋势和发展环境。随着互联网的发展和公共图书馆与社会关系的关联度不断加深，全域服务在整体性发展中可以更好地体现公共文化事业发展的统筹性、协调性、均衡性、包容性、可持续性，并以此更好地体现公共图书馆服务中所秉持的人本理念。总体优于要素、系统优于个体，全域优于单域和多域，这是当代公共图书馆服务发展必须遵循的创新逻辑。全域服务将服务的所有时空和要素加以连接和整合，提供了当代公共图书馆服务的空间规模效应和最优模式。全域服务是加强公共图书馆服务创新的顶层设计，体现了统筹协调物理空间、社会空间和网络空间的关联性与协调发展，体现了全域深度融合服务的整体性发展，彰显了公共图书馆服务基于供给侧结构性改革的创新思维，将推动公共图书馆在迈向未来中实现服务战略和服务路径的优化和重构，将成为人的全面发展和社会的全面进步的助推引擎。

对于公共图书馆的全域服务的体系建设，既要有物理空间点线全域布点的具象，也应有读者感知与体验为切入点的关键要素全域布局的意象，即要通过关键空间区域、重要时间节点、痛点所在通道、短板所处空间、主体服务品质等，在全域服务的时空中体现出具象和意象的有机结合，为读者带去更多的深层满足感和意外惊喜。

3. 全域服务是新环境下公共图书馆肩负的社会责任。公共图书馆作为向社会公众免费开放，收集、整理、保存文献信息并提供查询、借阅及相关服务的公共文化设施，理应树立关怀人类社会命运的长远眼光，即超越个体、关怀人类，超越当下、关怀未来，这应当是公共图书馆服务创新发展应有的境界。而全域服务正是新环境下公共图书馆肩负的社会责任的体现。

全域服务正在成为公共图书馆服务发展的新潮流，而这种新潮流正在为业界内外的学者所认知。英国大英图书馆在展示未来发展时提出了作为国家图书馆的新定位，即作为巨大的原生数字内容和数字化内容的管理者；作为新的数据集合和数字内容集合的创造者和分析者；作为完善复杂数字环境中数据与知识关联标准的专家；作为跨领域以及连接研究与企业创新的中心。[9]随着智慧图书馆新理念和新实践的不断进步，有学者认为智慧图书馆应在四个方面肩负起社会责任，一是支持社区与城市建设，二是支持行业领域发展，三是支持国家发展战略，四是支持人类文化传承与发展。[10]而全域服务正是公共图书馆承担这样社会责任的理念和举措。

（四）全域服务将带来难以估量的溢出价值

1. 全域服务的正能量和潜在价值。全域服务的带动效应将产生巨大的溢出价值。公共图书馆全域服务优化了物理空间，拓展了社会空间，渗透了网络空间，延伸了家庭空间，它带来的是时间的节约、效率的提升、空间的融合、社会的协同。从历史观察，它前所未有地提升了公共图书馆服务的效率和效能；从未来观察，它为人类社会的知识学习和文化空间发展提供了以往无法比拟的服务品质，将给社会的进步和个人的发展带来难以估量的正能量和潜在价值。全域服务提供了更多的连接和互动，不仅在公共图书馆服务的物理空间，而且在公共图书馆服务的社会空间和网络空间提供了数量急剧增长的社会互动，人际交互的密度从来没有像现在这样走高，为人际知识的更多外溢提供了机会和可能，也为持续创新和人的教育水平的提高发挥了公共图书馆的作用。美国图书馆从 20 世纪 90 年代起创建了连接式学习空间，秉持兴趣驱动、同伴互助和学业导向三大基本原则，这一新学习空间的创新，与全域服务的创新理念和信息环境异曲同工。[11]

2. "Z 一代"与"α 一代"。2035 年,我国将基本实现社会主义现代化;到本世纪中期,我国将建成富强民主文明和谐美丽的社会主义现代化强国。"Z 一代"(一般指 1994—2010 年出生)到 2035 年,正好是 25 岁至 55 岁,到本世纪中期,他们将步入中老年期,他们可以说是强国一代,也是公共图书馆在新时代服务的主要读者群体。这一群体出生在完完全全的数字时代,他们每天都盯着目光所及的屏幕:手机、平板电脑、电子阅读器、电子游戏机。他们普遍具有创造力和创新能力。这一代人几乎不看报纸和电视,如果公共图书馆仍然用原来物理空间的服务方式,显然无法满足他们的文化需要。而公共图书馆的全域服务正是适应了他们的信息行为习惯和知识信息获取的方式。还有学者把出生于 2010 年之后的一代称为"α 一代"。"α 一代"自出生以来就拥有 iPad 和智能手机,在网络论坛上他们能够在短短几秒钟内将一个想法变现。颠覆性的技术变革让"α 一代"成为最具有改造能力的一代。"α 一代"的整个成长年月都受到技术快速迭代的深刻影响,社交媒体的体验正从视觉和听觉转变到触觉中去,平台可能与原来一样,但已从带有键盘的电脑上转移至一个个触摸屏上,他们将这些技术极其自然地融入到他们的生活中。[12]面对日益成为公共图书馆服务主体的强国一代,全域服务不仅顺应了他们的工作与生活方式,也将引导青少年读者跨空间、跨领域、跨学科学习,为他们创造一种新型的学习环境并为他们走向社会做好准备。

3. 终身学习与全域服务。终身学习的广泛新需要和信息技术的新环境为全域服务提供了无限的想象力,推动公共图书馆服务与文化、科技、互联网、房地产、出版发行、商业购物、城市交通、工青妇群团组织等多行业多维度的融合,把公共图书馆服务融入全域服务的大格局,变"孤岛式服务"为一体式服务、融合式服务、协同式服务、嵌入式服务。在全球大都市图书馆中,新加坡公共图书馆有不少在商场和购物中心设立图书馆的经验,有的设在商业中心的公共图书馆名字中带有@的标识,如乌节图书馆、唐城图书馆、滨海艺术中心图书馆等,新加坡政府通过适当增加商业建筑的容积率的政策来鼓励支持在商业中心预留空间提供公共图书馆服务,形成了公共图书馆服务与商业空间的有机融合。[13]这样的全域服务也在中国不少城市中涌现,为市民带来了微阅读、轻生活、慢休闲、诗意学习,既提升了城市品质和市民素养,也为市民的终身学习提供了处处可读的学习空间,彰显了全域服务的社会文化价值。

二、全域服务的时间与空间逻辑

全域服务体现出线性时间与立体空间的延伸、穿越、塑造、融合、选择、感知，为公共图书馆的服务带来了时间与空间的丰富逻辑。

(一) 时空延伸

全域服务之“域”，既有时间概念，也有空间概念。全域服务为社会提供了永不闭馆、无边界服务的公共图书馆。当一个个图书馆在早上开馆之前以及傍晚或晚上闭馆之后，各类自助服务、24 小时服务、线上服务将服务的时间延伸至一天的 24 小时、一月的 30 天或 31 天，以及一年的 365 天的所有时段；当公共图书馆在物理空间的基础上不断通过“图书馆＋”向社会空间和网络空间延伸之际，人们对于传统到馆服务的空间概念开始发生改变。人们发现并看到，原来城市和乡村的公共图书馆随处随时都在，原来公共图书馆还可以有创意空间、虚拟体验、科普教育、技术展示、音乐欣赏、艺术展览、学术演讲、网络直播、有限印刷、跨境检索、馆际互借、联合参考咨询、儿童玩具出借、城乡文脉阅读行走，等等，人们对于公共图书馆全域服务开始有了新的认识。

全域服务的时空延伸，形成了公共图书馆服务加 N 的服务新业态，将形成一生二、二生三、三生万物的服务链的无限延伸，形成了公共图书馆馆舍内外一体化、城市乡村一体化、读者馆员一体化，线下线上一体化，形成了四通八达的公共图书馆服务体系，体现了服务空间布局真正意义上的全覆盖。

杭州拱宸书院通过“＋阅读”推进了公共图书馆阅读服务的时空延伸。该书院位于京杭大运河杭州沿岸，近旁就是玻璃幕墙高耸的商业综合体和桥西历史街区，拱宸书院通过两层小木楼将公共阅读服务与现代商业文明与古老传统文化巧妙连接，并以大运河上著名的拱宸桥命名。书院内设置的藏书，皆与大运河有关。书院左侧一间约 20 平方米的小屋命名为“廿四书弄”，其寓意即为二十四小时全天开放，让阅读更有温度。[14]不仅如此，杭州图书馆还通过“玩具借阅”延伸“信用＋”空间。2018 年 2 月，杭州图书馆的“玩具图书馆”推出的“玩具借阅”活动，短短一个多小时，160 件玩具就被“抢借”一空。自 2017 年 4 月 23 日杭州图书馆率先推出“信用借还图书”服务并开启“图书馆＋信用”新模式后，杭州市所有公共图书馆现已实现以互联网信用系统为凭证的无证借阅，全国数十家公共图书馆也已加入这一信用服务体系。[15]

（二）时空穿越

全域服务不是一个平面概念，而是一个立体概念，不是一个微观独体概念，而是一个宏观综合概念。全域服务带给读者的是公共图书馆空间服务的连贯性和整体感，让广大读者感悟时空压缩和距离缩小甚至零距离连接。全域服务的时空穿越克服了诸多服务点线圈群的局限与困境，使服务环节的颗颗珍珠形成了贯穿性，在全域的视野下让服务更为流畅。互联网（移动互联网）、知识库、智慧数据的发展，使图书期刊、档案文物、人物资料、地理数据、事件信息、学术知识等可以实现时空穿越，形成跨时间、跨空间、跨载体、跨语言的深度关联并形成读者所需要的知识图谱。在公共图书馆的网络服务空间，读者与馆员和文献资源之间似乎只差一次鼠标点击和一下手指滑动。公共图书馆全域服务的时空穿越将为读者提供"现场云"服务，这种服务依据大数据、云计算和智能连接技术，突破了传统媒体只依靠一种或几种元素的表现形式，音频、视频、文图各显神通，公共图书馆既保证了信息知识的即时性，又为线上读者营造了感性直观的现场感，为读者营造了载体即时转换、时空瞬间穿越的神奇感受。上海图书馆在线上服务中与上海东方广播中心的"阿基米德"电台节目APP进行音频服务的合作，为用户提供24小时不间断的高品质广播节目个性化推荐服务，并在上面开设了"上海图书馆社区"，用户可以上传自己的朗读片断，其中经专家评选后的部分内容将会固化至有声读物之中，让读者在时空穿越中有沉浸式的体验。[16]

当万物感知、万物互联、万物智能、万物计算、万物赋能日益深入之际，公共图书馆所提供的全域服务为读者提供了计算化的过去、现在、未来的知识逻辑，为读者展现可视化的城域、业域、线域、网域、外域的知识图谱。需要指出的是，全域服务的"空间"所指不仅是社会、文化、地缘和网络的外在空间，也同样包括公共图书馆建筑内的物理空间。随着数万至十万平方米巨型公共图书馆建筑的不断出现，公共图书馆全域服务也应实现在建筑物理空间的时空穿越，这对于读者和馆员而言也显得十分必要。

（三）时空塑造

全域服务的时空塑造打破了时间古今的线性逻辑和固定时空的前后界限，塑造了新的时间和空间的渗透，体现了时间和空间的生产性质，让读者享受空间的时间感和时间的空间感。2018年春节期间，国家图书馆创意设计了抄写《永乐大典》的文化体验，精选馆藏《永乐大典》中一些寓意吉祥的书叶，制成抄书纸，内容包括新年祝福、情人节专属“相思铺”等，在面向读者开放展示的同时，邀请读者一起临摹抄写《永乐大典》中的经典篇章，[17]使“文献源头、民俗文化、当下体验”三个时空层面交汇叠映，是一次成功的公共图书馆全域服务的时空塑造。

公共图书馆全域服务的时空塑造借助于新一代信息技术将为人们带来融媒体的信息交流传播新形式，如电子咖啡馆、线上阅读沙龙、网络讲座社区、手机游戏平台、公共创意空间、文化经典朗读亭、传统文化体验场。公共图书馆全域服务通过音频录播、视频录播、图文分享、在线问答、视频直播等，将为读者塑造更多的服务形态和模式。

为国家和各省市人代会和政协提供公共图书馆的决策咨询服务是国家图书馆和各省市公共图书馆在全域服务时空塑造方面的积极探索。如辽宁省图书馆自 2000 年开始为省“两会”提供服务至今，已连续开展了 18 年。2018 年 1 月下旬，辽宁省图书馆组织参考咨询馆员分赴省政协委员、省人大代表主要驻地，设置信息咨询服务台，开展现场专题资料推送、期刊借阅、阅读推广、课题咨询、信息检索、电子书借阅等综合文化信息服务，并将流动图书馆开进人大代表驻地辽宁大厦，为代表现场办理图书证，开展图书借阅服务。[18]

全域服务的时空塑造也在公共图书馆形成了“空间转换”的现象。如红遍网络的朗读亭，2017 年前后曾先后来到北京、广州、杭州、上海等城市，为广大读者塑造了新的学习体验的微空间。又如一些公共图书馆在塑造创意空间方面进行了积极而有益的尝试，将原本是企业界、科技界、教育界的众创空间转换转移至公共图书馆的建筑空间内，为大众创业、万众创新发挥了公共图书馆的空间塑造功能。据统计，我国至 2017 年 12 月已建成 4 298 家众创空间，[19]但如何在创意空间中提供专业化和差异化服务，这是公共图书馆在时空间塑造中应当思考的问题。全域服务的空间转换也表现在公共图书馆空间人性化设计和智慧服务上，当读者步入公共图书馆并在书吧内设置的“太空舱”里读书时，就如同感觉来到了家庭空间；读者在物理空间的虚拟现实技术的体验中，又瞬间如身临网络空间。

（四）时空融合

全域服务揭示了各大服务空间互相交叉融合及彼此渗透交融的发展特点，体现出公共图书馆与其他社会行业的磨合、组合、整合与融合，实现了公共图书馆全域服务的横向融合、纵向贯通。不论是物理空间还是社会空间抑或网络空间，读者和馆员可以在各大空间中穿梭，交流信息，进行互动，激发创意，产生灵感。

全域服务是一种发展的哲学和辩证思维，顺应了服务的所有空间是普遍矛盾又普遍联系的发展逻辑，将各大空间的矛盾运动作为全域服务发展的内在动力，为公共图书馆带来了特定空间和无特定空间相结合的读者服务。

中国公共图书馆的创新实践为我们展现了多样性的时空融合的服务案例。上海嘉定区图书馆创造性地设计了一种微阅读的形式——“微阅读·行走”，以区内园林艺术和历史人文为载体，组织部分读者在特定的时间和空间中行走，通过实地参观探访和专家专场讲解相结合来探索学知行融合式的阅读学习，以全新的方式打开嘉定的文化和园林内景，并深入学习其中的历史文化和科技知识的篇章。[20]这是馆内外学知行合一式的时空融合服务例子。广东湛江足荣村2016年以来大力发展乡村生态文化旅游，原本废弃的村小学，也被改建修饰成一个集图书馆、咖啡厅、手工坊、青年旅社于一体的“昌公书局”，其中图书馆共有五间，收藏有文学、历史、经济、政治等各类书籍上万册。[21]这是农村基层公共文化服务中通过“＋图书馆”模式而形成的时空融合服务的例子。

全域服务的时空融合已远远超出公共图书馆领域自身的意义，全域服务推动了出版业、新华书店、物流业、电子信息产业、房地产业、城市交通行业等与公共图书馆的深度协同和合作，形成公共图书馆业界内外互相促进，推动了城市乡村整体文化品质的提升，增进了人民群众在文化服务上的获得感。

（五）时空选择

全域服务是一种精准思维，即通过全域服务充分满足读者的自由个性，为广大读者提供自主型、个体化、自适应的服务选择，在主客互动中实现更加精准化和更加精细化的服务。全域服务也是一种人性化的服务空间，全域服务在空间上所展示的自然的邀请、区位的密度、气场的吸引、家庭的温馨、身心的自由、动态的张力，体验的感悟，令读者有一种向往的冲动，并为读者提供了随遇而读般的自由选择和全域触达般的方便快捷，“每个人的自由发展是一切人的自由发展的条件”，这一思想在公共图书馆全域服务中得以体现。

在时空选择上，全域服务为读者提供了以时间换空间或空间换时间的更多选择，24小时的自助服务，永不闭馆的线上服务，手机、电子阅读器、微博微信和公众号服务，地铁、商厦、公园、医院、书店、机场、公交车、咖啡馆等公共空间的服务，全域服务如水银泻地般地无缝嵌入到了城市乡村的公共空间和家庭空间，为读者提供了阅读学习的丰富的选择性和便捷性；公共图书馆和城乡的社会阅读空间通过创意设计和微更新吸引了更多读者作阅读的停留。

全域服务时代需要服务升级。老年人的休闲阅读，中年人的提高阅读，青年人的就业阅读，少年儿童的校外阅读，反映了不同年龄层读者的不同阅读要求；而不同读者群和个体也具有不同服务空间的认同性和习惯性，有的更加喜欢公共图书馆的物理空间，甚至于每天按时到访，也有的则是更多选择社会阅读空间的方便和随意，还有的则几乎沉浸于网络空间的学习交流之中。作家张爱玲的寓所中没有书房，起居间也没安排书桌，只有餐桌和椅子，她认为这样方便些，有了书桌，反而显得过分正式，写不出东西来。[22]张爱玲对写作空间的认知对全域服务是一个很好的注解，即每位读者对于学习阅读和思考研究环境的要求是各自不同的，全域服务正可以满足这些不同群体和个体的多样化需要。同时，不断数据化、可视化、可计算化的图书馆资源在提供与利用方面已可以按照个性化的需求度身定制，自由选择进入路径、阅读载体和知识工具。在读者自主把控时间和地点的基础上，公共图书馆的全域服务将以更精准的方式为读者提供他们感到合适的信息与知识服务。需要补充的是，全域服务的时空自由选择还要和时空相对约束相结合，即读者的时空选择要建立在读者的阅读时空轨迹与信息获取规律的基础上来发展，要建立在文明上网与遵纪守法的基础上来引导，公共图书馆服务大数据的分析应用将为这样的时空约束提供数据支撑。

（六）时空平衡

全域服务是一种系统思维，注重文化资源的分布和空间组合，将服务的点、线、圈、面视为一个整体和统一的系统，在发展中平衡，在平衡中发展，并不断通过时空统筹协调实现新环境下的时空再平衡。全域服务的时空平衡体现了公共图书馆服务的均等化和全覆盖，使图书馆服务资源发挥更大效益和效能，也使空间有所局限的物理空间向社会空间和网络空间扩容，使局部空间矛盾向更广范围疏解扩散，使各独体空间的读者承载压力得到缓解，也使更多的读者可以就近得到公共图书馆的服务。

如河南省许昌市在全市推进建设智慧阅读空间，分别在广场、学校、公园、高铁站、迎宾馆等地建成 12 个智慧阅读空间，每个阅读空间藏书量为 2 000 余册，可实现 24 小时免费开放及各网点之间、网点和市图书馆之间的通借通还。2017 年，许昌市在市区再次建设 70 个电子图书借阅点，为市民提供了更加优质便捷的数字阅读服务，构建了“15 分钟阅读圈”。[23]2018 年初，南昌市首个城市 24 小时自助图书馆在青山湖区罗家镇文化广场正式启用开放。自助图书馆占地面积150平方米，藏书8 000余册，设有电子书刊借阅机自动办证设备。市民只要刷身份证就可进入，使公共图书馆服务空间在市中心广场实现布局。[24] 2017年11月，杭州首个医院书吧在杭州市妇产科医院投入使用，该书吧由杭州市妇产科医院和杭州图书馆利用医院的门诊大厅联合推出，在医院门诊大厅提供公共图书馆的阅读服务。书吧面积约600平方米，共有60余个阅读专座，免费提供妇幼保健类科普类图书千余册和无线上网等服务。[25] 在浙江省杭州市淳安县，这样的“新安书屋”服务点已按照“均衡布点，化整为零”的思路，在社区、医院、行政办公楼等人群相对集中且安全便捷的区域建成了11处。[26] 使公共图书馆里的阅读推广服务从公共图书馆延伸拓展至更多社会空间。以上例子都说明了公共图书馆全域服务体系的构建，有效地推进了公共图书馆服务资源的时空动态平衡。

随着智能时代的到来，公共图书馆全域服务的时间和空间逻辑已经和还将形成时空感知的逻辑，如人脸识别、绿色建筑以及数据全域感知基础上的数据计算和数据分析等。

三、全域服务在中国公共图书馆的实践与创新

全域服务在中国公共图书馆界已有了多年成效卓著的实践探索，创造了公共图书馆全域服务的不同新模式。通过馆内外和城乡一体的公共图书馆全域服务的新框架，正在实现并不断完善公共图书馆文化服务体系的全覆盖。

（一）城乡一体总分型

20世纪90年代末和21世纪初，关于在中国公共图书馆推行总分馆制已经有了初步的理论研究和实践探索，在积极的实践探索中逐步形成了城乡一体总分型的全域服务创新模式。2007年8月，中共中央办公厅和国务院办公厅下发了《关于加强公共文化服务体系建设的若干意见》，特别强调了城乡一体全域服务的发展思路：“鼓励具备条件的城市图书馆采用通借通还等现代服务方式，推动公共文化服务向社区和农村延伸。”[27] 在此前后，长三角的上海、嘉兴、苏州、杭州等城市，珠三角的深圳、广州、东莞、佛山等城市以及东中西部诸多不同规模的城市先后推出了各具特色的总分馆城乡一体服务模式，公共图书馆的城乡全域服务体系逐步形成了统一规划、统一标准、统一配置、统一管理、统一开放时间，并构建起统一的开放共享平台，为公共图书馆的全域服务创造了新经验。2015年1月，中共中央办公厅和国务院办公厅又印发了《关

于加快构建现代公共文化服务体系的意见》,特别强调了县级公共图书馆在全域服务中的作用,指出要“建立公共文化服务城乡联动机制。以县级文化馆、图书馆为中心推进总分馆制建设,加强对农家书屋的统筹管理,实现农村、城市社区公共文化服务资源整合和互联互通”[28]。

继上海图书馆2000年提出建设特大型城市中心图书馆的发展目标之后,深圳图书馆于2003年提出打造“图书馆之城”。经过十多年的实践探索,如今深圳公共图书馆已在全城遍地开花。据统计,深圳全市已建成公共图书馆620个,其中市级图书馆3个,区级图书馆8个,街道及以下基层图书馆609个,城市街区24小时自助图书馆240台,形成了覆盖全市的公共图书馆服务网络体系。深圳从创办深圳读书月到建设图书馆之城,从实现市民文化权利到推动全民阅读立法,公共图书馆全域服务所倡导的全民阅读已成为这座城市的文化符号和价值追求。2010年11月和2017年5月,《图书馆之城建设指标体系研究》和《深圳模式——深圳“图书馆之城”探索与创新》先后出版,对深圳图书馆之城的全域服务创新实践进行了指标体系创建、实践经验阐述和理论研究总结。[29]

县级公共图书馆在全域服务中起着承上启下的关键作用,在国家政策的指导和引领下,中国县域总分馆制正在全国普遍推行,形成公共图书馆全域服务的中国经验。如山东省广饶县2015年建立了以县图书馆为总馆、各镇街图书馆和县直部门图书室为分馆的总分馆体系,形成了覆盖全县、城乡一体、功能完善、资源共享、管理规范的图书馆服务网络,在全县9个乡镇街道各分馆图书资源统一纳入到总馆的服务链中,全县实现“一馆办证、多馆借书、多馆还书、通借通还”。各乡镇分馆还在60多家村农家书屋设立了村级服务点,扩大了图书资源共享范围。[30]

(二)主题活动推进型

主题活动推进型是基于“图书馆+”的全域服务创新发展模式。如深圳福田区公共图书馆联合社会阅读组织、各街道以及基层公共图书馆,通过2016年启动的“社区阅读激活活动”,逐步建立社区阅读服务体系。这一活动形成了几个特点:一是创新公共文化供给机制,让阅读资源、公共文化服务产品和文化志愿者下基层,形成“阅读+公益+社会力量”模式;二是联合市区阅读推广人资源,形成“领读人+社区读书会”特色,提升阅读推广品质;三是建立基层“阅读志愿者”队伍,开展小书架进家庭和换书活动,引导更多社会力量共同参与阅读推广,培育全域空间的阅读氛围。[31]

城市轨道交通是城市人流最密集流动的空间。不少图书馆都进行了地铁阅读推广活动。如 2017 年 8 月 8 日，由浙江图书馆、浙江新闻客户端、杭州市地铁集团联合推出了“彩虹悦读在浙里”的地铁阅读专列主题活动。杭州地铁 2 号线中专设了阅读地铁专列，共分有六节车厢，每节车厢有一种颜色，代表着一种阅读主题，分别有儿童“相约童话梦”、爱情“关于我爱你”、武侠“相忘于江湖”、科幻“未来的未来”、推理“真相只有一个”、历史“历史的天空”六个主题，将每天循环行驶在杭州地铁 2 号线上，专列车厢门还精心设计两位“地铁导读人”。在一个月的时间里，这趟以阅读为主题的地铁专列将每天循环行驶在杭州地铁 2 号线上，形成了公共图书馆全域服务主题活动推进型的新模式。[32]

（三）社会协同共建型

如果说全域服务中“城乡一体总分型”和“主题活动推进型”更多的是基于“图书馆＋”发展模式的话，那么，全域服务中的“社会协同共建型”则更多的是基于“＋公共图书馆”发展模式。从“公共图书馆＋”到“＋公共图书馆”、从“阅读＋”到“＋阅读”，公共图书馆的全域服务正在形成社会积极主动协同共建的新格局。

书店成为近年来“＋公共图书馆”和“＋阅读”的重要社会空间。如内蒙古呼和浩特市图书馆 2017 年 11 月正式启动了“鸿雁悦读”计划活动，探索公益性文化机构与营利性文化企业的深度融合，建立了公共图书馆＋书店的合作模式，充分发挥新华书店网点资源优势，将新华书店的卖书与图书馆的看书功能整合起来，读者既可在书店买书，又能办理读者卡、借书还书，阅读学习。创建了覆盖全市的公共图书馆服务体系，搭建起以读者需求为基础的包括图书馆、新华书店在内的三方共享数据、共享需求、共享渠道，实现了在图书业务、借阅、阅读活动等方面的无缝对接。“鸿雁悦读”计划 2018 年底将全部实现全市 9 个旗县区政府城关镇、公共图书馆、新华发行集团网点、政务服务中心等网点全部联通，并在全市及旗县、村的各社区文化室、居委会、书店、图书馆、咖啡屋、基层综合文化服务中心等文化场所投放“阅读共享书箱”。[33] 又如，由上海市徐汇区图书馆牵头，依托区域优质公共文化服务，联合区域内具有阅读元素的实体空间和社会阅读推广组织及个人于 2017 年成立了“汇悦读书香联盟”，成员涵盖咖啡馆、民营书店、企业书屋、楼宇白领中心等十多家“书香驿站”，并在各个社区构建起 76 家“书香坊”，诸多红色阅读亭也将成为联盟新成员，以打造“没有边界”的全民阅读新格局，让书香飘散到城市的每个角落。[34] 这是公共图书馆与书店等多机构多行业协同共建进行阅读推广的例子。

也有许多书店主动融入全民阅读推广的行列，不仅是对公共图书馆全域服务的补充，也提供了诸多有益的启示。如集图书、咖啡、文化沙龙等为一体的阅潮书店 2017 年在广东珠海斗门区商圈开启，为居民带来新阅读、新美学、新生活，为人们展示了“边喝咖啡边读书”的学习生活方式，涵盖了诸多休闲元素。[35]不仅如此，近年来还相继出现了“快闪书店”“24 小时书店”“共享新书”“飞鸽传说”“住宿书店”，可谓精彩纷呈。如上海思南书局・概念店，被誉为“人文心脏”的“快闪书店”在 2017 年 11 月 5 日正式揭幕后的 60 天内，将邀请 60 位作家每天驻店与读者面对面；60 天后概念店将全部拆除，作别市民。思南书局・概念店以构建晶莹剔透的人文心脏为造型设计创意，打造温馨又梦幻、环保又现代的建筑空间；在 30 平方米的空间中，有 1 046 个书籍品种，3 000余本书，100 多个文创品种，30 余张 1970 年代的经典唱片，旨在推广全民阅读和推动城市公共文化空间的内容建设。[36]

除书店外，还有不少体制内外的行业也加入了公共图书馆服务和阅读推广的行列，特别是民间图书馆的大量涌现，为全域服务提供了丰富性、多样性和多元化，如荒岛图书馆、悠贝亲子图书馆等。又如内蒙古呼和浩特市玉泉区青少年宫于 2017 年 11 月推出的公益书吧“如斯书吧”，[37]上海环球港大型商厦 2017 年新辟了一平方米的图书馆，[38]上海市长宁区愚园路历史风貌区阅读点 2017 年 7 月揭牌，旨在探索市民阅读、风貌保护、街区更新、产业发展并举之路。[39]这些体制内外社会协同共建的例子为全民阅读提供了处处能读、时时可学、屏屏皆通、行行加入、人人享用的阅读新空间和新形态。2018 年 1 月 18 日，《人民日报》发表了《书店也是图书馆》的文章，这从一个侧面反映了当下各行各业“＋图书馆”的发展趋势。[40]

社会协同的多方合作共建，使公共图书馆的全域服务融入了人们的日常生活，使阅读学习成为人们的生活方式。

（四）物流配送便捷型

这是基于大数据、物联网和物流业快速发展环境下的全域服务的创新发展模式。物流配送作为公共图书馆全域服务供应链的一部分，其宗旨就是以最快的速度、保证把好的服务内容精准便捷就近送达读者手中。人工智能带来的万物感知、万物互联和万物智能的发展趋势为网上预约下单、快递送书到家的创新服务提供了信息环境。苏州图书馆、杭州图书馆、浙江省图书馆等近年来都已先后开启了这样的全新服务项目。

2014 年 9 月，苏州图书馆率先推出了"网上借阅、社区投递"服务。在这一新服务项目的试点区域，每个点安装有 36 个智能书箱、1 个 24 小时还书机，并配有无线上网和自助网上借阅设备。读者通过苏州图书馆网上借阅平台和"书香苏州"APP 应用软件与邮政的物流配送相联系，所借阅的图书在两天内便送达读者指定的就近图书服务点，使借书就像下楼取份报纸一样简单。[41] 此后，杭州图书馆于 2016 年 12 月在其微信公众号上推出在线淘宝购物式的"悦借"服务。读者在手机上选书、下单、支付，杭州图书馆则与当地邮政的合作，实现图书快递上门。[42]类似的服务 2017 年 3 月在浙江图书馆的微信号上开通，读者在线上下单"买"书，物流以最快的速度送书到家。[43]

物流配送便捷型的公共图书馆全域服务顺应了读者对公共图书馆服务便捷性的新需要，以物流配送为依托，以线上线下相结合的新模式，创造了公共图书馆全域服务的新路径和新经验，折射出中国特色公共图书馆全域服务创新发展的中国智慧。

值得一提的是，上海市嘉定区图书馆自 2016 年起将"全域服务"明确为该馆"十三五"期间服务升级的发展思路和举措。2017 年，该馆在迎接全国公共图书馆第六次评估定级的汇报材料标题即为《以评促建，全域书香》，其经验体会分为四个方面：一是全域覆盖，均等化布局保障文化民生；二是全域服务，多元推广共筑阅读之城；三是全域均等，数字化探索对标精准便捷；四是全域参与，社会化实践凝聚升级合力，成为中国公共图书馆中以全域服务作为服务整体创新的先行者。[44]

四、全域服务与公共图书馆的未来发展

（一）公共图书馆法制建设与全域服务

2012 年以来，中国公共图书馆服务的法制建设不断深化，通过一系列软法和硬法的施行，全域服务在依法实践中不断提升。

1.《公共图书馆服务规范》。2012 年 5 月 1 日起施行的国家标准《公共图书馆服务规范》(GB/T28220-2011)，成为我国文化领域第一部服务规范的国家标准。[45]《公共图书馆服务规范》在"总则"第二条中规定：公共图书馆服务应体现以人为本的原则，为读者提供就近、便捷、可选择、温馨的服务，这里已蕴含了全域服务的思想。《公共图书馆服务规范》在"服务资源"的"网络与宽带接入"条款、"服务效能"的"远程服务"条款、"总分馆服务"条款、"电子文献

使用量”条款中分别对电子服务资源、网络服务的基础设施、电子文献的使用等作了具体规定，明确提出公共图书馆应利用互联网、手机等信息技术手段和载体，开展不受时空限制的网上服务。这些具体标准为公共图书馆开展全域服务提供了规范标准的软法引导。

2.《中华人民共和国公共文化服务保障法》。2017 年 3 月 1 日起施行的《中华人民共和国公共文化服务保障法》(以下简称《公共文化服务保障法》)，成为我国文化领域综合性、全局性、基础性的重要法律，与《公共图书馆服务规范》相比，其全域服务的思想更为全面、更为深化、更为具体，在各章多项条款中均有所体现。如在第一章“总则”第四条提出的公益性、基本性、均等性、便利性的公共文化服务要求；第八条对国家扶助革命老区、民族地区、边疆地区、贫困地区的公共文化服务均衡协调发展的要求；第十一条鼓励和支持发挥科技在公共文化服务中的作用的要求；第九条对未成年人、老年人、残疾人和流动人口等群体提供相应的公共文化服务的要求；第十三条鼓励和支持公民、法人和其他组织参与公共文化服务的规定。在第二章“公共文化设施建设与管理”第十五条对县级以上地方人民政府应合理确定公共文化设施的种类、数量、规模以及布局，形成场馆服务、流动服务和数字服务相结合的公共文化设施网络的要求；第二十五条国家鼓励和支持公民、法人和其他组织兴建、捐建或者与政府部门合作建设公共文化设施的规定。第三章“公共文化服务提供”第二十七条各级人民政府应支持开展全民阅读的要求；第三十条基层综合性文化服务中心应当加强资源整合、建立完善公共文化服务网络、为公众提供互联网上网等公共文化服务的要求；第三十三条关于统筹规划公共数字文化建设，实现基层网络服务共建共享，推动利用宽带互联网、移动互联网、广播电视网和卫星网络提供公共文化服务，提高数字化和网络服务能力的要求；第三十四条因地制宜提供流动文化服务的要求；第三十五条重点增加农村地区公共文化产品供给，促进城乡公共文化服务均等化的要求；第四十二条国家鼓励和支持公民、法人和其他组织通过兴办实体、资助项目、赞助活动、提供设施、捐赠产品等方式，参与提供公共文化服务的规定。第四章“保障措施”第四十八条对鼓励社会资本依法投入公共文化服务，拓宽公共文化服务资金来源渠道的规定等。[46]这些都为全域服务提供了多方面多层次多维度的国家法律支持和保障。

3.《公共图书馆法》。2018 年 1 月 1 日施行的《公共图书馆法》在历经十几年后终于出台，标志着我国的公共图书馆事业有了根本的法律保障。无论是明确公共图书馆的地位和发展方针还是加强公共图书馆服务体系建设的规定；无论是提升公共图书馆的服务质量还是对社会参与的公共图书馆服务的要求，对中国公共图书馆事业和全域服务的健康发展提供了国家法律制度层面的保障。

在《公共文化服务保障法》的基础上，《公共图书馆法》在公共图书馆的全域服务方面规定得更为明确和具体。如第一章“总则”第三条对公共图书馆应当将推动、引导、服务全民阅读作为重要任务的要求；第四条对鼓励公民、法人和其他组织自筹资金设立公共图书馆，县级以上人民政府应当积极调动社会力量参与公共图书馆建设，并按照国家有关规定给予政策扶持的规定；第七条对国家扶持革命老区、民族地区、边疆地区和贫困地区公共图书馆事业的发展的要求；第八条鼓励和支持发挥科技在公共图书馆建设、管理和服务中的作用、提高公共图书馆的服务效能的要求。在第二章“设立”第十三条对建立覆盖城乡、便捷实用的公共图书馆服务网络，公共图书馆服务网络建设坚持政府主导，鼓励社会参与，县级以上地方人民政府应当根据本行政区域内人口数量、人口分布、环境和交通条件等因素，因地制宜确定公共图书馆的数量、规模、结构和分布，加强固定馆舍和流动服务设施、自助服务设施建设的规定。第三章“运行”第三十一条中对县级人民政府应当因地制宜建立符合当地特点的以县级公共图书馆为总馆，乡镇（街道）综合文化站、村（社区）图书室等为分馆或者基层服务点的总分馆制，完善数字化、网络化服务体系和配送体系，实现通借通还，促进公共图书馆服务向城乡基层延伸，总馆应当加强对分馆和基层服务点的业务指导的规定等。[47]可以预见，随着《公共图书馆法》的宣传贯彻，将进一步推动全域服务走向广度和深度；同时，以全域服务理念深入宣传贯彻《公共图书馆法》，也将进一步创新和提升新时代公共图书馆全域服务的境界和品质。

（二）全域服务与图书馆深化改革

全域服务推动了公共图书馆事业的蓬勃发展，但同时公共图书馆领域还存在着服务体系建设有待加强，服务功能和作用有待进一步发挥，各方力量参与积极性有待进一步调动，数字化阅读服务水平有待提升等问题。[48]以上这些公共图书馆全域服务发展中的不均等不充分的现实问题和短板，需要在深化改革中予以破解。新时代、新思想、新征程呼唤公共图书馆要有全域服务的新作为。《公共文化服务保障法》《公共图书馆法》等为我们深化改革提供了法律指引和保障。当今世界正处于大发展大变革大调整时期，同样，公共图书馆也面临着大发展大变革大调整的问题。张晓林在《颠覆性变革与后图书馆时代——推动在识服务的供给侧结构性改革》一文中认为:“……那就必须跳出对固有模式的幻想性依赖,直面这场‘灰犀牛危机’,从纷杂变化中把握行业演变的重大趋势,利用变革带来的颠覆力、洞察力对行业本质及其服务形态进行创新性思考和设计,主动前置变革措施,为我们服务的对象以及我们自己创造新的未来。”[49]我们必须认识到,只有构建并提升公共图书馆全域服务体系的水平才能进一步推动公共图书馆文化服务体系在新时代的发展。更高质量的覆盖全社会的公共文化服务体系必须有全时空、全要素、全连接的服务链为基础,公共图书馆服务体系的可持续的良性循环,必须跟上科技与信息技术的革命的节拍并顺势而为,才能书写新时代引领公共图书馆服务创新的新篇章。全域服务是一种全新的发展理念和服务模式,必须从进一步深化公共图书馆的改革入手,用全域服务重新审视公共图书馆的文献资源、人力资源、服务技术和服务环境,用智慧数据和智慧工匠全面激活文献资源和人力资源,以全域融合破除阻碍和影响全域服务发展的体制机制障碍,释放公共图书馆服务的主体活力,以全域视野不断创新平衡全域服务布局并科学设计安排服务资源,为新时代公共图书馆的深化改革和服务创新注入新的活力和动能。

数据显示,截至 2017 年,我国县级以上政府设立的公共图书馆达到 3 162 个,年流通人次从 2012 年的 4 亿多增长到 2017 年的 72 641 万人次。[50]但随着人民美好生活需要日益广泛和深入,不仅要图书馆服务,还要有更高质量,有更多的文化服务的获得感、幸福感、安全感,期盼得到更好的学习教育、更优美的阅读环境、更丰富的精神文化生活,公共图书馆的全域服务正是顺应了人们这种日益增长的对美好文化生活的新要求。全域服务是新发展理念在公共图书馆服务创新中的体现,折射出公共图书馆创新发展的引领性,协同发展的带动性,绿色发展的友好性,共享发展的协同性,开放发展的连接性,是落实国家文化系列发展战略的创新举措和有效路径,也体现出进入大数据信息发展新阶段和智能时代公共图书馆服务自身转型升级的内在要求。对公共图书馆服务而言,全域服务不是权宜之计和战术谋划,而是长远眼光和战略要求。

如果说推动高质量发展是当前和今后一个时期中国经济社会发展的根本要求的话,那么同样,全域服务也将是当前和今后一个时期中国公共图书馆推动高质量发展的战略思路和服务路径。全域服务开启了由中国公共图书馆在向发达国家学习借鉴阶段的“数量追赶”逐步转向彰显中国智慧和中国经验的“质量追赶”的新阶段,将引领中国公共图书馆在面向未来的进程中通过全域服务主动地解决服务不平衡不充分的矛盾，以文化自信步入创新驱动的新征程。全域服务在发展理念和发展实践上是对全球公共图书馆事业发展和读者服务的新贡献。公共图书馆的全域服务体现了中国公共图书馆从模仿式创新、渐进性创新正在迈向原创性创新、深度创新，将在进一步深化改革中演奏中国智慧和中国道路的华彩乐章。

（三）全域服务与大数据和人工智能

大数据是信息技术发展的新阶段。大数据被认为有六大特点，一是数据的规模（Volume），二是数据的流传速度（Velocity），三是数据的类型多样（Variety），四是数据的易变性（Variability），五是数据的真实性（Veracity），六是数据的巨大价值（Value）。所谓智慧数据，即通过对任何规模的可信的、情境化的、相关切题的、可认知的、可预测的和可消费的数据的使用来获得重大的见解和洞察力，揭示规律，给出结论和对策，简单来说，智慧数据就是从大数据中得出有意义的信息。[51]大数据的这些特点为人工智能时代的到来奠定了信息基础，也为公共图书馆的全域服务和管理提供了信息技术支撑。

人工智能将重构公共图书馆的文献资源、人力资源、读者用户、服务空间、服务项目等，形成从宏观到微观各服务链智能化的新需要，不断催生新方法、新内容和新项目，引发公共图书馆服务形态和服务样态的变革转型，实现公共图书馆服务能级的跨越提升。这就需要大力推进新时代公共图书馆线上服务和智能服务力量的建设，培养公共图书馆的大批智慧工匠，重视形成精通文化服务的人工智能顶尖研究馆员。美国麻省理工学院在 2017 年发布的关于图书馆未来的报告中描绘了未来图书馆的定位与场景：图书馆将成为一个能够被人、机器和算法利用与分析的知识与数据仓储；图书馆将不再只是甚至不再主要是直接地为人类读者服务，而是同时服务于内容创建者、社群知识管理者、文本挖掘程序、机器学习算法和可视化工具；图书馆将作为一个开放的数字化平台，服务于校园内外各类研究与开发项目。[52]这在一定程度上为人们展示了全域服务发展的未来愿景。互联网与人工智能的发展也为公共图书馆服务的可视化提供了技术支撑。视觉要素是全域服务的重要切入点。移动互联网时代对服务的可视化提出了新要求，所谓一图胜千言，读者通过图像资料、视频或直播所获的信息的到达率可大幅提升。需要指出的是，在全域服务的发展中，应当注重人工智能的扬长避短，增加人类社会的和谐，规避人工智能可能带来的危险和威胁。

“图书馆＋互联网”的时代尽管还在延续，但“图书馆＋AI”才真正体现出现在和未来全域服务的发展趋势和服务特点。公共图书馆服务应从借阅平台、信息平台走向连接平台。大数据和云计算的云端流量将为公共图书馆带来新的智慧数据。如从全域智能数据入手，构建起数据、信息和知识点之间的联系，利用智能算法深度分析读者在资源检索和知识学习中的盲区，并有针对性地进行专门的个体咨询、视频讲解、专项练习等；利用大数据来打通知识点间的逻辑和认知，构建馆内馆藏资源和馆外共享资源检索学习的全新的知识图谱，让读者更快速地获取并掌握相关的知识与信息；通过基于算法技术以及感应器，在全面抓取、分析个人的学习情况和知识掌握能力的基础上，开展“千人千面”的定制式个性化服务；通过全域增量的大数据分析，成千上万的读者的画像将越来越清晰，数据算法预测将为公共图书馆服务不断完善个性化服务提供信息支撑，以达到更为精准的个性化服务的效果。人工智能首席服务官于 2018 年 2 月春节过后在上海徐汇区的政府服务中首次出现，这对于人工智能重塑图书馆服务也是一个有益的启示。[53]

（四）全域服务与文化精准扶贫

打好脱贫攻坚战是中共“十九大”提出的三大攻坚战之一，对如期全面建成小康社会、实现第一个百年奋斗目标具有十分重要的意义。2017 年 7 月，国家文化部发布了《“十三五”时期文化扶贫工作实施方案》，确立了包括因地制宜、精准扶贫、精准脱贫，以人为本、激发群众内生动力，重心下移、突出重点，讲求实效，统筹推进，改革创新、激发活力等原则。实施方案中所提出的八项主要任务中包括推动贫困地区公共文化服务体系建设，实施贫困地区民族自治县、边境县村综合文化服务中心覆盖工程，推动贫困地区文化交流互通，实施文化睦邻工程，支持边境贫困地区与周边国家开展文化交流活动，推动贫困地区与国内发达地区的文化交流等。[54]如何提高脱贫质量，聚焦深贫地区，扎扎实实把脱贫攻坚战推向前进？公共图书馆的全域服务为破解这一现实难题提供了新思路和新渠道。推动贫困地区与国内发达地区的文化交流的空间对接，通过网络空间的各类服务，充分发挥大数据、云计算、移动互联网、人工智能、社交媒体的集成平台和互连互通，向贫困地区精准提供相应的文化资源和教育培训，并将支持老少边穷地区加快发展摆在更加重要的位置，并纳入公共图书馆全域服务的发展路线图之中，使公共图书馆的全域服务在文化精准扶贫中发挥攻坚力量的重要作用。

宋代郭熙在《林泉高致》中采用仰视、俯视和平视的多维视角，认为山有三远：自山下而仰山巅，谓之高远；自山前而窥山后，谓之深远；自近山而望远山，谓之平远。公共图书馆的全域服务正是体现出了公共图书馆服务创新中高远的高度、深远的深度和平远的广度，将为公共图书馆开辟面向未来的服务新愿景，展现公共图书馆服务奋力创新前行的新境界。

参考文献

[1] 王世伟.当代中国公共图书馆建设应从点的突破迈向系统创新[J].图书馆研究与工作，2016(2)：7—8.

[2] 王世伟.新一轮中国城市图书馆的创新发展论略[J].图书馆建设，2017(1)：10—11.

[3] [美]伊藤穰一、杰夫-豪著，张培，吴建英，周卓斌译.爆裂：未来社会的 9 大生存原则[M].北京：中信出版社，2017：157—177.

[4] 陈超.用设计思维建设，用连接战略发展——大阅读时代公共图书馆发展战略思考[J].图书馆杂志，2018(1)：4—5.

[5] CNNIC 发布第 41 次《中国互联网络发展状况统计报告》[EB/OL][2018-02-04]. http://www.cac.gov.cn/2018-01/31/c_1122346138.htm.

[6] [美]戴维·温伯格著，胡泳，高美译.知识的边界[M].太原：山西人民出版社，2014，序：11—12.

[7] 曹玲娟.上海图书馆的数字进化论[EB/OL][2018-02-26]. http://society.people.com.cn/n1/2018/0123/c1008-29779895.html.

[8] 习近平.决胜全面建成小康社会　夺取新时代中国特色社会主义伟大胜利[N].新华每日电讯，2017-10-28(03).

[9] 张晓林.颠覆性变革与后图书馆时代——推动在识服务的供给侧结构性改革[J].中国图书馆学报，2018(1)：011.

[10] 夏立新、白阳、张心怡.融合与重构：智慧图书馆发展新形态[J].中国图书馆学报，2018(1)：45—46.

[11] 陈乙南、靳娟、陈利俊.美国图书馆创建连接式学习空间的启示[J].图书馆学研究，2017(1)：82—87.

[12] “Z 一代”的下一代被称为“α 一代”这一代人如何被技术影响着[EB/OL][2018-01-18]. http://www.jiemian.com/article/464874.htm.

[13] 王世伟，冯洁音，金晓明等.国际大都市图书馆服务体系述略[M].上海：上海人民出版社，2013：140—143.

[14] 蒋萍，刘海波.捧起承载大运河记忆的读本[EB/OL] [2018-02-23].http://whb.news365.com.cn/zhuzhan/jjl/20180204/188585.html?from=groupmessage&isappinstalled=0.

[15] 蒋萍，刘海波.借玩具，图书馆门前一早排起长队[EB/OL][2018-02-23]. http://whb.news365.com.cn/zhuzhan/jjl/20180122/187279.html.

[16] 段宇锋,熊泽泉.上海图书馆市民数字阅读计划[J].图书馆杂志,2018(1):40.
[17] 周渊.抄《永乐大典》赏名家画作[EB/OL][2018-02-26]. http://wenhui.whb.cn/zhuzhan/jjl/20180208/188956.html.
[18] 汤龙.辽宁省图书馆为省“两会”提供综合文化信息服务[EB/OL][2018-02-21]. http://ln.people.com.cn/n2/2018/0129/c378489-31193269.html.
[19] 魏艳,李岳岳.科技部部长万钢:打造“双创”升级版[EB/OL][2018-02-26]. http://www.most.gov.cn/ztzl/qgkjgzhy/2018/2018mtbd/201801/t20180111_137650.htm.
[20] 微阅读·行走——打开嘉定文化和园林的正确方式[EB/OL][2018-02-22]. http://www.sohu.com/a/198326992_741674.
[21] 罗艾桦.广东湛江乡村老屋书香浓[N].人民日报,2018-02-21(02).
[22] 谢其章.幸福的书房都是相似的[EB/OL][2018-02-24]. www.chinawriter.com.cn/n1/2018/0223/c404018-29829472.html.
[23] 丁艳.在这里看书,真是一种享受——河南许昌打造家门口的“24小时智慧阅读空间”[EB/OL][2018-02-26]. http://news.gmw.cn/2017-12/21/content_27146366.htm.
[24] 帅,自助图书馆![EB/OL][2018-02-26]. http://news.163.com/18/0119/03/D8G1QDKV00018AOP.html.
[25] 门诊大厅变书吧[EB/OL/][2017-11-21]. http://zj.people.com.cn/n2/2017/1121/c186806-30944850.html.
[26] 郑海鸥,方敏等.公共图书馆 走心+出新[N].人民日报,2018-01-18(12).
[27] 中共中央办公厅和国务院办公厅关于加强公共文化服务体系建设的若干意见[EB/OL][2018-02-24]. http://www.360doc.com/content/11/1113/17/5170494_164042510.shtml.
[28] 中共中央办公厅、国务院办公厅印发《关于加快构建现代公共文化服务体系的意见》[EB/OL][2018-02-24]. www.xinhuanet.com/ttgg/2015-01/14/c_1113996899.htm.
[29] 图书馆之城建设指标体系研究课题组.图书馆之城建设指标体系研究[M].北京:国家图书馆出版社,2010;张岩,王林主编.深圳模式:深圳“图书馆之城”探索与创新[M].北京:中国社会科学出版社,2017.
[30] 刘成友.这个图书馆,分身有术[EB/OL][2018-02-22].http://edu.people.com.cn/n1/2018/0122/c1053-29778240.html.
[31] 傅春平.2017年福田区“社区阅读激活行动”综述[J].公共图书馆,2018(1):85—90.
[32] 李月红.8月8日相约杭州地铁2号线 乘上全国首趟阅读主题专列[EB/OL][2018-02-22]. http://js.zjol.com.cn/ycxw_zxtf/201708/t20170804_4741054.shtml.
[33] 你在书店看书,图书馆买单——“鸿雁悦读”打通公共文化服务最后一公里[EB/OL][2018-02-21]. http://inews.nmgnews.com.cn/system/2018/02/19/012454759.shtml.
[34] 顾一琼.逛“最美书店”时还能当“图书买手”[EB/OL][2018-02-26]. http://www.sh.chinanews.com/bdrd/2018-02-06/35091.shtml.
[35] 郝雪梅.用时代元素唤醒“阅读情怀”[EB/OL][2018-02-26]. http://reader.gmw.cn/2017-11/24/content_26887509.htm.

[36] 徐明徽，李娇.60 天“快闪书店”思南书局开业了，60 位作家轮流驻店[EB/OL][2018-02-19].http://www.thepaper.cn/newsDetail_forward_1851457.

[37] 丁根厚.公益书吧[N].光明日报，2017-11-24(04).

[38] 程亚男.一平米图书馆：闹中取静独风雅[J].公共图书馆，2018(1)：91.

[39] 舒抒.愚园路如何守护上海“老家底”[N].解放日报，2017-07-13(01).

[40] 鲍红.书店也是图书馆[EB/OL][2018-02-26]. http://blog.sina.com.cn/s/blog_5941d93d0102x5jh.html.

[41] 苏州图书馆推出“网上借阅、社区投递”服务[EB/OL][2017-12-21]. www.suzhou.gov.cn/ztlm_1645/whsz_1646/whdt_1647/201409/t20140923_422011.shtmlfq.

[42] 董小易.网上借书，快递到家　杭州图书馆推出在线“悦借”服务[EB/OL][2017-12-21]. http://zjnews.zjol.com.cn/zjnews/hznews/201612/t20161212_2178493.shtml.

[43] 你选书　图书馆买单！浙图近日推出“U 书”快借服务[EB/OL][2017-12-21]. http://hznews.hangzhou.com.cn/wenti/content/2017-03/15/content_6491611.htm.

[44] 嘉定图书馆.以评促建，全域书香——上海市嘉定区图书馆第六次评估定级工作汇报材料，2017.

[45] 中华人民共和国国家标准公共图书馆服务示范 GB/T28220-2011[S].北京：中国标准出版社，2012.

[46] 中华人民共和国公共文化服务保障法[EB/OL] [2018-02-26]. www.npc.gov.cn/npc/xinwen/2016-12/25/content_2004880.htm.

[47] 中华人民共和国公共图书馆法[EB/OL][2017-11-08]. http://www.npc.gov.cn/npc/xinwen/2017-11/04/content_2031427.htm?from=groupmessage&isappinstalled=0.

[48] 刘华东.全民阅读有保障　书香中国有质量——有关部门负责人和专家学者座谈公共图书馆法[EB/OL][2018-02-26]. http://www.legaldaily.com.cn/index/content/2018-01/28/content_7460434.htm?node=20908.

[49] 张晓林.颠覆性变革与后图书馆时代——推动在识服务的供给侧结构性改革[J].中国图书馆学报，2018(1)：005.

[50] 中华人民共和国国家统计局.中华人民共和国 2017 年国民经济和社会发展统计公报[1][N].人民日报，2018-03-01(10-12).

[51] 曾蕾，王晓光，范炜.图档博领域的智慧数据及其在数字人文研究中的角色[J].中国图书馆学报，2018(1)：019.

[52] 张晓林.颠覆性变革与后图书馆时代——推动在识服务的供给侧结构性改革[J].中国图书馆学报，2018(1)：011.

[53] 郑莹莹，徐明睿.上海徐汇启用“人工智能首席服务官”[EB/OL] [2018-02-24]. http://news.sina.com.cn/o/2018-02-22/doc-ifyrvnsw7029361.shtml.

[54] 文化部发布《“十三五”时期文化扶贫工作实施方案》[EB/OL][2018-02-26]. http://www.xinhuanet.com/city/2017-06/08/c_129628260.htm.

为中国城市图书馆的创新发展导夫先路

由张岩、王林主编的《深圳模式——深圳“图书馆之城”探索与创新》一书即将问世，令人高兴和感动！六年前，深圳图书馆课题组曾出版了《图书馆之城市建设指标体系研究》（国家图书馆出版社 2010 年版），如今从指标体系研究发展至模板样式研究，充分体现出深圳图书馆人不息为体、创新为要的进取精神，充分体现出深圳图书馆人构建现代公共文化服务体系的文化自觉，充分体现出深圳图书馆人开创中国特色中国城市图书馆发展道路的文化自信。说起深圳图书馆事业的创新发展，不能不从深圳这座城市的创新理念活力与文化机理动能说起。

一、创新与创意是深圳这座城市的灵魂与精髓

2001 年，深圳市在规划未来发展时就形成了“建设具有中国特色、中国风格、中国气派的社会主义示范市”的新理念，把追赶目标定在香港、首尔和新加坡。2003 年，深圳市提出打造“图书馆之城”“钢琴之都”“设计之都”的两城一都发展思路。2005 年，深圳公布了《深圳 2030 城市发展策略：建设可持续发展的全球先锋城市》，让人眼睛一亮。2016 年 4 月，深圳又公布了“十三五”规划纲要，提出了深圳率先全面建成小康社会、加快建成现代化国际化创新型城市的发展愿景，主要目标任务是努力建成更具改革开放引领作用的经济特区，更高水平的国家自主创新示范区，更具辐射力带动力的全国经济中心城市，更具竞争力影响力的国际化城市和更高质量的民生幸福城市，让人感受到深圳这座城市与时俱进的活力与创意。

深圳也是改革开放的排头兵和试验田，其创新创意硕果累累。深圳先后被联合国教科文组织评为“设计之都”“全球全民阅读典范城市”，培育了“文博会”“创意十二月”“读书月”“市民文化大讲堂”“百课下基层”等文化品牌，被评为全国“最互联网城市”，涌现出华为、中兴、腾讯等一批网络信息领军企业。

深圳服装、深圳钟表、深圳珠宝、深圳消费电子、深圳眼镜、深圳手机等传统业态都在“创新”精神、“创意”理念的引领下，实现了从“深圳加工”到“深圳制造”，再到“深圳创造”的跨越。以新移民为主的人口结构，决定了深圳人的创新基因与生俱来，大众创业、万众创新蔚然成风，在践行创新驱动发展战略中起到了排头兵的示范作用。

二、深圳创新创意发展的文化机理与文化动能

深圳之所以能取得如此巨大的成功，在30年的发展中从一个小渔村跃居为与北京、上海和广州等超大城市比肩并列的中国最具影响力城市，不能不从其城市的文化机理与动力中寻找深层次的原因。2016年6月，深圳首次举办的“十大文化名片”评选活动，结果莲花山邓小平塑像、深圳义工、深圳十大观念、深圳读书月、文博会等当选。但深圳人以不息为体、日新为道的精神与时俱进，一个个新的文化品牌和节庆活动正在不断涌现出来。第68届联合国大会主席、全球可持续发展基金会荣誉主席约翰·阿什博士，联合国副秘书长南威哲在观看完深圳原创文艺精品《人文颂》的演出后表示：“《人文颂》所阐释的仁、义、礼、智、信既是中国儒家文化的思想精髓，也代表联合国追求的最高价值，更是全人类的共同追求。”深圳的高品质系列文化活动为深圳城市图书馆文化服务体系的创新提供了良好的文化环境和文化基础。

通过2016年1月公布的《深圳文化创新发展2020(实施方案)》我们可以看到深圳人在文化上的不懈追求。该方案确定了深圳未来的文化发展愿景，即将深圳打造成国际文化创意先锋城市和文化强市。深圳文化立市层出不穷的新创意、新模式、新载体、新项目、新品牌，日就月将地形成了深圳创新和可持续发展的文化机理，并释放出城市健康发展的内在文化动能。

三、深圳为中国城市图书馆的创新发展导夫先路

正是在深圳城市创新创意的环境中，在深圳文化立市的氛围中，深圳图书馆事业始终走在中国城市图书馆的创新发展的前列。在人才高地建设、图书馆之城建设、图书馆信息系统管理、创建城市街区24小时自助图书馆、图书馆开放和公益服务、公共图书馆理论研究、智慧图书馆实践探索、全民阅读促进条例等方面在全国都起到了导夫先路的示范和引领作用，而作为城市图书馆的创新发展模式——深圳“图书馆之城”的探索与创新，成为其中最具示范和

引领作用的创新理念和路线图。

在深圳，图书馆遍地开花，已成为这个城市独特的文化景观，截至2015年年底，全市现共有公共图书馆620个，其中市级图书馆3个、区级图书馆8个、街道及以下基层图书馆609个、城市街区24小时自助图书馆240台，形成了覆盖全市的公共图书馆网络体系。深圳"图书馆之城"的探索与创新形成了图书馆空间与社会空间互动协同的模式。深圳活跃着大批民间阅读组织和阅读推广人，现全市已拥有民间阅读组织30多个，经过专业培训并取得合格证书的阅读推广人达119人。深圳读书会、三叶草故事家族、彩虹花公益小书房、后院读书会等民间阅读组织活跃在城市的每个角落。"互联网＋阅读"模式的普及，则让深圳这座"最互联网城市"里的阅读门槛越来越低，让图书馆更加方便快捷地走近千万读者。深圳"图书馆之城"的探索与创新也形成了图书馆行业与社会其他行业融合发展的模式。在不断完善公共文化服务体系方面，深圳致力于"一区一书城、一街道一书吧"全面布局，已运营的大型书城有罗湖书城、南山书城、中心书城及宝安书城，龙岗书城将于2018年建成；未来还将规划建设湾区书城、龙华书城、光明书城、大鹏书城及配套服务基地等五个市级公共文化设施；街道一级的简阅书吧迄今已建成11家，2016年年底前将新增9家特色书吧；书城模式还走出深圳，在合肥等城市落地。深圳从创办"深圳读书月"到建设"图书馆之城"，从"实现市民文化权利"到推动全民阅读立法，全民阅读已成为深圳这座城市的文化符号与价值追求，成为这座城市不断创新发展的动力源泉。

《深圳模式——深圳"图书馆之城"探索与创新》为深圳图书馆之城的建设作了一个系统性的总结，从探索、创新、成就与展望等维度，为深圳城市图书馆发展过去、现在与未来勾勒了历史画卷，描绘了未来愿景。2016年8月15日，《人民日报》在第一版发表了《从"深圳速度"到"深圳质量"》的记者报道，体现出深圳在新的历史起点上的新追求。在深圳图书馆六十周年庆典之际，感谢并祝贺深圳图书馆所做出的令人激动的业绩，并期待深圳图书馆事业在未来中国城市图书馆新一轮的发展中继续提供示范和引领，为全球城市图书馆的未来发展提供中国智慧、中国经验和中国道路。

略论中国图书馆事业改革开放新起点的历史方位

1978年起始的中国改革开放，被认为是20世纪十分重要的历史事件之一，也是21世纪历史中决定性现象之一。随着1978年中国改革开放拉开大幕，中国图书馆事业也迎来了发展的春天。改革开放对世界而言最显著的变化无疑是经济上的成就，但包括中国图书馆事业在内的文化方面的显著变化也是中国特色社会主义道路不可或缺的重要方面。刘季平馆长正是在这样的历史背景下走上了北京图书馆馆长的岗位，领导了国家图书馆创新开拓的发展，并对中国图书馆事业在改革开放的初始阶段作出了导夫先路的卓越贡献，为中国图书馆事业改革开放这篇大文章开了一个好头。回顾历史进程，我们可以看到，在20世纪70年代末80年代初，历史展示了中国当代图书馆事业开启了走向兴盛新起点的历史方位，开启了中国图书馆事业发展的崭新境界。这一历史方位，是以大视野开启中国图书馆事业走向奋起追赶的新起点，是以大格局谋划中国图书馆事业走向科学管理的新起点，是以大战略协调中国当代图书馆事业走向开放共享的新起点，是以大趋势推动中国图书馆建筑走向新馆建设的新起点。无论是图书馆事业发展目标的初步确立还是图书馆管理体制改革的顶层设计，无论是资源共建共享理念的实践探索还是图书馆事业社会组织管理的尝试，中国改革开放的大潮激发了中国图书馆事业发展的活力，为中国图书馆事业注入了创新的动力。在刘季平馆长的领导和中国图书馆人的共同努力下，中国图书馆事业高举改革开放的大旗，准确把握时代脉搏，直面当代中国图书馆事业存在的突出问题，富有远见地谋划了中国图书馆事业未来发展的一系列重大问题，取得了许多具有开创性意义的重要突破和进展，为改革开放初期中国图书馆事业的发展书写了重彩浓墨的历史篇章。

一、以大视野启动中国图书馆事业走向奋起追赶的新起点

1978年5月,《光明日报》头版刊发了《实践是检验真理的唯一标准》的特约评论员文章,从而引发了真理标准大讨论,而全国各大图书馆门前排队入馆的盛况也传递出图书馆巨大的潜在需求和图书馆改革开放已刻不容缓的重要信息。图书馆事业的改革开放已成为决定当代中国图书馆事业发展命运的关键抉择。随着解放思想、实事求是思想路线的重新确立,历史呼唤并推动着中国图书馆从传统型向现代型、从封闭型向开放型的演进发展。

1980年的中国,百废待兴。1980年5月26日,中共中央书记处举行了第23次会议,听取并讨论通过了北京图书馆馆长刘季平所作的《图书馆工作汇报提纲》,并于1980年6月1日由中共中央办公厅秘书处发出了相关的通知。中央最高决策层专门讨论图书馆工作,并通过相关政策文件,这是中华人民共和国成立以来绝无仅有的第一次。

坚持问题导向,着眼长远发展,描绘中国图书馆事业全面深化改革的新蓝图和新愿景,正是《图书馆汇报提纲》以大视野启动中国图书馆事业走向奋起追赶新起点的显著特点。在中央书记处的会议上,在对1949年以来的中国图书馆事业所取得的成绩予以肯定的同时,明确指出了当时图书馆事业存在的一些突出问题,包括:事业规模亟须发展,图书馆的物质条件困难,图书馆之间缺乏必要的协作协调,专业干部缺乏,有些主管部门不重视图书馆工作。[1]以上这些问题个个都切中当时中国图书馆事业发展的痛点和难点。通过全面的调研和深入的分析,通过对全局的观察和清醒的判断,《图书馆汇报提纲》针对中国图书馆事业发展中的关键问题和要素提出决策建议,这些决策建议是基于对图书馆事业与国家经济、政治、社会、文化发展的不相适应的深刻认识,是基于对图书馆事业发展内在规律的深刻认识,是基于对广大人民群众对图书馆事业发展潜在需要的深刻认识,是基于对中国图书馆发展水平与世界发达国家图书馆发展比较中的巨大落差的深刻认识,也是中国国家图书馆作为国家文化高端智库的使命担当。正是有了这些深刻认识,才形成了改革开放再次出发的中国图书馆事业发展的新目标,开启了中国特色图书馆的发展道路的新起点,也启动了中国图书馆事业走向奋起追赶的新起点,在勇于实践的大胆探索中,中国图书馆事业迈向发展新阶段的纲领性架构初步形成。[2]在中国图书馆事业改革开放新起点的历史方位中,刘季平馆长在其中发挥了应势而

谋、勇于担当、积极推进的重要作用,使中国图书馆事业发展从位居世界图书馆事业整体发展水平的低端开始努力前行,迈向中高端水平。

二、以大格局谋划中国图书馆事业走向科学管理的新起点

由于长期以来体制机制的局限,中国图书馆事业存在着多龙戏水的管理格局。图书馆在各行各业中有公共图书馆、科学院图书馆、大学图书馆、中小学图书馆、部队图书馆、工会图书馆等,这些图书馆分属于国家的各部委,由文化部、中科院、社科院、教育部、军委、总工会以及各企业和事业单位等主管,机构管理上各自为政,事业发展上单打独斗,整个中国图书馆事业缺乏总体协同和统筹归一的管理模式。

思想解放就是要摆脱传统的藩篱。图书馆事业管理体制和机制的改革开放是一个复杂的系统工程,单靠国家图书馆或某几个大学图书馆或科学院图书馆往往力不从心,这就需要建立更高层面的领导机构加强统筹部署、上下联动。如何以大格局谋划中国图书馆事业走向科学管理的新起点,如何在中国图书馆事业管理体制改革中进行科学的顶层设计,这一直击中国图书馆事业管理老大难的问题被摆上了议事日程。中央书记处根据《图书馆工作汇报提纲》做出的决定中,明确了在文化部设图书馆事业管理局,管理全国图书馆事业。这一新机构的设立,体现了统筹总揽中国图书馆事业改革开放的新战略,体现了从多龙戏水到一体协同的图书馆科学管理的新路径,体现了各行业系统形成管理合力平台的图书馆改革开放新举措,也体现了直面痛点坚定果敢的图书馆改革开放破解难题的新智慧。正是在文化部图书馆事业管理局的统筹协调之下,在20世纪80年代之后三十多年的发展中,中国图书馆事业的各项工作呈现出勃勃生机。文化部设图书馆事业管理局的创新改革举措,开启了中国图书馆事业趋向科学管理的新起点。

《图书馆工作汇报提纲》针对中国图书馆事业管理孤岛和发展烟囱所带来的种种弊端,明确提出"将来可考虑把北京图书馆搞成一个中心,建立全国性的图书馆网,把图书馆办成一个社会事业,不一定设行政管理机构"。这一登高望远的图书馆事业发展政策导向,为中国图书馆事业在跨世纪的发展中指明了康庄大道。经过改革开放四十年的发展,在国家图书馆的引领下和全国各层级图书馆的创新发展下,在全域服务理念和信息技术的指导和支撑下,中国的图书馆事业正在办成一个社会事业,正在形成较之原来更高水平的资源

共建共享网络，正在走出具有中国特色的公共图书馆发展新路。[3]

三、以大战略创新中国当代图书馆事业走向开放共享的新起点

刘季平馆长曾担任《中国古籍善本书目》的编委会主任。顾廷龙先生在《中国古籍善本书目编辑经过》一文中说："整个工作先是在国家文物局后在文化部图书馆事业管理局领导下进行的，刘季平同志则始终主持其事。"[4]冀淑英先生在《中国古籍善本书目》后记中写道："这项工作，从1978年3月文化部国家文物局在南京召开会议到1995年3月《书目》全部完稿，由于得到各级党政领导的重视和支持，参与单位的大力协作，工作同志的积极努力，在编委会的领导下，全部完成。它将是一个重要方面体现我国古代光辉灿烂的文化和丰富珍贵的典籍，有利于古为今用，为四化服务，为促进两个文明建设发挥作用；对了解现代所存古籍善本概貌和流传情况，对今后鉴别和整理古籍善本，都有很大的参考价值。……同年底(1979——作者注)在南昌召开会议，会上听取各大区巡回小组工作汇报，讨论了存在的问题。这次会议决定组成中国古籍善本书目编辑委员会，刘季平任主任委员，顾廷龙为《书目》主编，冀淑英、潘天桢为副主编。……1980年底，经编委会主任委员刘季平同志征求各副主任委员和编委意见，并和各分编室负责人协商后，与文化部图书馆司负责同志共同决定，实行正副主编分别在京、沪、宁就地复审办法。"[5]字里行间，充分肯定了刘季平馆长作为编委会主任在《中国古籍善本书目》编纂进程中，所起的重要领导和协调作用。《中国古籍善本书目》从1978年3月启动，至1998年3月全部印制完成，历时二十年之久。其中经部(全一册)于1989年10月由上海古籍出版社出版(其中经部线装本于1986年出版)，丛部(全一册)于1990年12月出版，史部(全二册)于1993年4月出版，子部(全二册)于1996年12月出版，集部(全三册)于1998年3月出版。之后由南京图书馆编纂了《中国古籍善本书目索引》(全二册)，2009年8月出版。《中国古籍善本书目》共收录全国781个图书馆等文化机构所收藏的古籍善本5.75万多种，约13万部，成为中国现代图书馆发展史上最具影响的联合目录和图书馆古籍整理成果。顾廷龙先生认为："这样大规模的访求遗书，编入书目，是空前的大事。……这个书目是一个简目，有了简目就可以按图索骥，为学术研究，求书之导旨，为目录版本学的研究，为整理古籍提供了大量线索，对国内外学术界必将产生很大的影响。"[6]可以说，《中国古籍善本书目》作为前所未有的大型的全国性的古籍

善本联合目录,顺应了文献资源共知、共建、共享的图书馆发展战略,创新了中国当代图书馆事业走向开放共享的新起点,也为包括中国台港澳在内的历史文献共建共享,乃至在全球推进历史文献的共建共享发挥了重要的影响、辐射和启示作用。

四、以大趋势推动中国图书馆建筑走向新馆建设的新起点

1980 年中央书记处根据《图书馆工作汇报提纲》做出的几个重大决定中专门提到了新建北京图书馆问题,要求按原来周恩来总理批准的方案列入国家计划,由北京市负责筹建,由时任北京市主要负责人的万里同志抓这件事。诚如英国学者迈克尔-布劳恩在《图书馆建筑》一书中所指出的:"大概不可能将图书馆建筑同一个象征性外貌分离开。它使我们铭记知识是文化的基本元素。……我们愿意呆在一个地方,在那里知识是受赞扬的。这种赞扬可以通过建筑很好地表现自己;通过对空间的安排处置,对光线、声音和活动的控制,以及通过深思熟虑地运用材料的创造意识来表现自己。"[7] 1987 年正式启用的北京图书馆主楼设计采用了双重檐的对称布局,无论是孔雀蓝琉璃瓦层顶还是淡乳灰色的瓷砖外墙,无论是花岗岩基座的石阶还是汉白玉栏杆,其建筑的象征性外貌无不融入了中国古代朴素的建筑风格的文化元素。新馆高耸的建筑物与周边的花园和庭院环境完美协调,其中蓝色的通体基调寓意用水慎火,体现出中国古代藏书楼文化中的防火思想。这一成功的建筑曾荣登 20 世纪 80 年代北京十大建筑的榜首。成为北京城市的文化地标,其文化展示、用材高质、多层通透、绿色生态、公共空间、多样功能的设计思想,成为 20 世纪八九十年代兴起的中国图书馆新馆建设高潮中全国各地竞相进行学习、模仿和参照的标杆,成为改革开放以后中国图书馆界顺应全球图书馆发展大趋势、在结合中国文化和地域特点的基础上推动中国图书馆建筑走向新馆建设的新起点。在改革开放的后三十年中,上海图书馆(1996)、首都图书馆(2001)、深圳图书馆(2006)、重庆图书馆(2007)、南京图书馆(2007)、国家图书馆二期工程暨数字图书馆工程(2008)、上海浦东新区图书馆(2010)、天津图书馆(2012)、广州图书馆(2012)、湖北省图书馆(2012)、辽宁省图书馆(2015)等一大批图书馆新馆先后落成,不断掀起一波又一波的百舸争流的新馆建设高潮,大大缩小了中国图书馆事业与世界发达国家图书馆事业在硬件上的差距,其发展的源头正是 1987 年落成的北京图书馆新馆所起的引领示范效应,而刘季平馆长在

推动北京图书馆新馆建设项目落地实施中起到了临门一脚的关键作用。随着国家图书馆二期工程暨数字图书馆工程于2008年9月对外开放，中国国家图书馆以25万平方米的建筑面积跻身全球各大图书馆的前三位。

回顾改革开放四十年的发展历史，在第一个十年中，《图书馆工作汇报提纲》问世，国家图书馆新馆落成开放；在第二个十年中，上海图书馆新馆等落成开放，第96届国际图联大会在北京举行；在第三个十年中，一系列重大文化惠民工程和文化项目推出并得到加强，图书馆公共文化服务体系不断完善；在第四个十年中，坚持社会主义核心价值观被列入新时代中国特色社会主义思想的十四个坚持之中，坚定文化自信、推动社会主义文化繁荣兴盛被确定为新的发展目标。据2018年2月公布的《中华人民共和国2017年国民经济和社会发展统计公报》，在四十年中，全国县级以上公共图书馆从1980年的1 732个发展至2017年的3 162个。[8]

今天，我们纪念改革开放40周年和刘季平馆长诞辰110周年，就是要站在更高起点谋划和推进图书馆事业的改革，下大气力破除体制机制弊端，不断解放和发展文化服务力、传播力和影响力，形成更高层次改革开放新格局，探索实现更高质量、更有效率、更加公平、更可持续的发展。中国特色社会主义已进入了新时代，新时代开启改革新征程，中国图书馆事业需要站在更高起点谋划和推进改革，标注新的改革起点，将全面深化改革推向更高境界。回顾中国图书馆事业改革开放新起点的历史方位，面向两个一百年的奋斗目标，我们需要把握改革方向，保持改革定力，争创并谱写新时代中国特色图书馆事业新一轮奋进前行的生动范例。

参考文献

[1] 张树华，张久珍.20世纪以来中国的图书馆事业.北京：北京大学出版社，2008：165.
[2] 王世伟.中国特色公共图书馆发展道路初探(上).图书馆杂志，2013(05)：5.
[3] 王世伟.论公共图书馆的全域服务.图书馆建设，2018(4)：39—52.
[4] 顾廷龙.顾廷龙文集.上海：上海科学技术文献出版社，2002：657.
[5] 冀淑英.中国古籍善本书目后记.上海古籍出版社，1990：761—765.
[6] 顾廷龙.顾廷龙文集.上海：上海科学技术文献出版社，2002：658.
[7] [英]迈克尔-布劳恩等著，金崇磐译.图书馆建筑.大连：大连理工大学出版社，2003：8—9.
[8] 中华人民共和国国家统计局.中华人民共和国2017年国民经济和社会发展统计公报[EB/OL][2018-05-27]. www.stats.gov.cn/tjsj/zxfb/201802/t20180228_1585631.html.

图书馆应当弘扬智慧工匠精神

“工匠精神”自2016年上半年以来成为一个热词，这是2016年3月李克强总理在《政府工作报告》中首次提及的。《政府工作报告》指出：“鼓励企业开展个性化定制、柔性化生产，培育精益求精的工匠精神，增品种、提品质、创品牌。”[1]2016年4月26日，习近平总书记在安徽合肥主持召开知识分子、劳动模范、青年代表座谈会时曾提出了“弘扬工匠精神”的要求，习近平指出：“人类是劳动创造的，社会是劳动创造的。劳动没有高低贵贱之分，任何一份职业都很光荣。广大劳动群众要立足本职岗位诚实劳动。无论从事什么劳动，都要干一行、爱一行、钻一行。在工厂车间，就要弘扬‘工匠精神’，精心打磨每一个零部件，生产优质的产品。在田间地头，就要精心耕作，努力赢得丰收。在商场店铺，就要笑迎天下客，童叟无欺，提供优质的服务。只要踏实劳动、勤勉劳动，在平凡岗位上也能干出不平凡的业绩。”[2]笔者认为，当大数据、云计算、移动互联网、人工智能、虚拟现实等新一代信息技术层出不穷地出现在我们面前，并改变着我们的工作方式和生活方式以及管理与服务格局之时，图书馆应当与时俱进地弘扬“智慧工匠”精神，以新理念加强图书馆员队伍建设，主动顺应社会信息化的深入持续发展，不断满足广大读者用户更加个性化、精准化和便捷化的服务需求。

一、什么是智慧工匠精神

（一）何谓工匠

所谓工匠，主要可以从专精和创新两个方面进行解读：首先，工匠是专注于某一领域、针对这一领域的产品研发或加工过程全身心投入，精益求精、一丝不苟地完成整个工序的每一个环节并世代相传的劳动者；其次，工匠是既能利用现有技术做到心手合一、出神入化，又能创造解决问题的办法、不断追求更加完美更高境界的产品和服务、从而形成生生不息的源泉的劳动者。《周礼·冬官·考工记》总序曰："知者创物，巧者述之，守之世，谓之工。"意思是讲，智慧的人创造器物，心灵手巧的人循其法式，守此职业世代相传，称为工。[3]这里以概括的语言为人们解读了工匠的寓意内涵。

（二）工匠的字源追溯

我们还可以从中国汉字的造字源流对工匠字作进一步解读。东汉许慎的《说文解字》卷五工部记载："工，巧饰也。象人有规矩也。"唐代徐锴进一步解释道："为巧必遵规矩、法度，然后为工。"[4]《说文解字》卷十二"匚"部记载："匠，木工也。从匚从斤。斤，所以作器也。"[5]清代学者段玉裁在《说文解字注》中进一步解释道："工者，巧饬也。百工皆称工、称匠。独举木工者，其字从匠也。以木工之称引申为凡工之称也。"[6]可见，匠人重在心灵手巧与规矩法度。在某种程度上，"巧"是工匠的代名词，能称之为工匠的人就是一个心灵手巧的人。人们多用"巧夺天工""能工巧匠""鬼斧神工""巧同造化"等词语来表达对工匠的赞美称誉。今天的"匠"字，已从古代木工的本义演变为心思巧妙、技术精湛、造诣高深的代名词，指有一定工艺专长的匠人。

中国古代《庄子·养生主》篇中记载有"庖丁解牛"的故事，生动地描述了古代工匠庖丁：庖丁为文惠君解牛，手之所触，肩之所倚，足之所履，膝之所踦，砉然响然，奏刀騞然，莫不中音。合于桑林之舞，乃中经首之会。庖丁之刀用之十九年，所解数千牛。当庖丁刚开始解牛之时，所见无非牛者。三年之后，未尝见全牛也。十九年之后，达到了以神遇而不以目视、官知止而神欲行的崇高境界，形成了依乎天理、批大郤、导大窾、因其固然的高超技艺，以十九年而刀刃若新发于硎。虽然，庖丁依然不敢有丝毫懈怠，每至于族，见其难为，怵然为戒，视为止，行为迟。动刀甚微，謋然已解，如土委地。提刀而立，为之四顾，为之踌躇满志，善刀而藏之。这是多么令人敬佩的工匠技艺和精神！中华文明的发展与繁荣也集中体现在能工巧匠创作的各种各样精致细腻的物品之中，闻名中外的中国古代青铜器皿、丝绸茶叶、刺绣陶瓷、漆器雕版等，都从不同侧面为人们展示了古代内化而成的工匠精神。

（三）何谓智慧工匠

如果说，"庖丁解牛"生动具体并深刻形象地诠释了古代的工匠，那么，在社会信息化深入持续推进的今天，我们提倡工匠精神应当在前面加上"智慧"两字。瑞士的钟表、德国的锅具、日本的拉面……这些都体现了代代传承、精雕细刻的专精的匠人精神。随着时代的发展和社会的进步，匠人精神需要注入新的内涵，这就是“智慧”理念和“智慧”技术。

“智慧工匠精神”是一个兼具历史刻度与现实温度的新名词。所谓智慧工匠，简言之就是在传统工匠专精世传的基础上掌握新一代智慧理念与技术的工匠，这种精神将穿越传统与现实，其匠心应体现出“劳动光荣”与“创造伟大”相结合、“爱岗敬业”与“互联网＋”相结合、“辛勤劳动”与“数字智能”相结合的时代特点。就是说，要把互联网＋的精神中的自由、开放、创新，与传统工匠精神中的严谨、钻研和专注紧密结合起来。智慧工匠，就是要秉持三百六十行，行行出状元的理念，专精于工作岗位，肯学肯干肯钻研；同时不断学习并掌握新一代信息技术，践行创新的新发展理念，在劳动中不断发现广阔的天地，在服务中不断提升服务的质量，在传统图书馆服务和管理的基础上，面向智慧图书馆的未来发展，努力在文献采访、文献编目、文献修复、参考咨询、讲座展览、阅读推广、在线服务、服务体系、后勤保安等项工作中融入数字化、网络化、智能化、泛在化、可视化等项新技术，创新服务新动能，提升服务新品质。

二、为什么要在图书馆弘扬智慧工匠精神

图书馆之所以需要弘扬智慧工匠精神，主要可以从以下三个方面来观察。

（一）图书馆弘扬智慧工匠精神，是图书馆迈向新一代智慧图书馆的需要

20世纪90年代中期发端的中国数字图书馆经过20年的发展，现正迈向新一代的智慧图书馆。当代社会发展的一大特点就是社会信息化持续深入的推进和发展。因此，图书馆的新一轮创新发展必须与社会信息化同步规划、同步发展，与新一代信息技术环境下图书馆业务流程重组升级、技术更新换代需求更加契合，以顺应新技术革命的发展潮流，适应智慧图书馆对图书馆结构调整的需要，不断满足广大读者用户的新需求，创造和提供优质的图书馆管理和服务。这就需要在各级各类图书馆中培养一大批具有智慧工匠精神的图书馆员。

在可以预见的未来，人工智能将在包括图书馆在内的生产和服务领域被广泛应用。如何帮助更多的图书馆员迎接、适应人工智能时代，这需要我们用智慧工匠的理念和措施予以应对，发挥人工智能给图书馆可能带来的发展红利，防范和化解其对图书馆人力资源建设带来的负面影响，这正是智慧工匠赋予我们应该具备的思想准备和行动计划。

社会信息化的深入发展和持续推进是动态的，这需要我们在弘扬智慧工

匠精神中也需要以不息为体，以日新为要。据 2017 年 1 月 22 日中国互联网络信息中心（CNNIC）在京发布第 39 次《中国互联网络发展状况统计报告》的数据显示，截至 2016 年 12 月，中国网民规模达 7.31 亿，相当于欧洲人口总量，互联网普及率达到 53.2%。[7]中国互联网的飞速发展以及移动互联网带来并推动的消费模式共享化、设备智能化和场景多元化对图书馆在新形势下的创新升级不无启示。线下服务与线上服务深度融合现正在图书馆普遍展开。2017 年春节期间，中国国家图书馆开启了“同筑中国梦，共度书香年”春节系列活动，活动中的一大特点就是通过线上线下的互动，将以楹联活动为主打的新春文化“大礼包”推送至全国各级图书馆和海外中国文化中心图书馆，为全国读者及海外华人奉上新春文化盛宴。[8]线下服务与线上服务的深度融合也在图书馆业界外展开。2017 年 1 月 13 日，“中华经典古籍库”第四期暨个人专业版联合上线仪式举行。该古籍库 2014 年 6 月问世以来，前 3 期发布数据共 5 亿字。同时，应专业读者的要求，《中华经典古籍库》微信专业版发布，用户可在手机端和电脑端使用原书图像页码、引用自带格式等功能。“中华经典古籍库”微信公众号是目前唯一一款面向移动端开发的古籍数据库。[9]这种线下服务与线上服务的深度融合需要图书馆员弘扬智慧工匠精神来加以积极应对。

（二）图书馆弘扬智慧工匠精神，是进一步提升图书馆服务质量的需要

提高图书馆的服务质量永远在路上。弘扬智慧工匠精神，其着眼点和着力点正是从图书馆最重要的人力资源建设切入，把改善图书馆供给侧结构作为主攻方向，从服务端入手，提高图书馆服务体系的质量和效率，扩大个性、有效、精准和便捷的服务，增强图书馆服务方对读者需求变化的适应性，推动我国图书馆服务朝着更高质量、更有效率、更加智能、更加个性的方向发展。

智慧工匠精神本质上强调的是一种爱岗敬业、精益求精、追求卓越的精神品质和价值导向。精业与敬业是智慧工匠精神的核心，精业与敬业体现着每位图书馆员对职业的敬畏、对工作的执着、对服务的负责。智慧工匠精神不仅需要倾力专注、精益求精，也需要转型升级、破旧立新，既不能有“假大空”，也不能有粗心浮躁的作风。在图书馆的各个业务部门和服务流程中，需要克服浮躁松弛、马虎随意的工作作风，形成细致严谨、专注精准的业务氛围。在网络技术飞速发展的进程中，图书馆服务更需要强调环环相扣的服务细节，更需要秉持锲而不舍的为读者排忧解难的服务精神，更需要融入方便快捷的服务技能，使智慧工匠精神成为图书馆服务品质和服务品牌的保证。

智慧工匠精神体现着对完美事物和高尚人格的不懈追求，体现出至精至善至美的追求，在落实、落小和落细上下功夫。智慧工匠所体现出的图书馆职业操守和图书馆专业技能，是新形势下图书馆服务品质提升的重要标志。近年来中国图书馆年会所评选出的十大年度人物中，都从图书馆的不同岗位上展示出了智慧工匠的素质和精神，这正是我们当下弘扬智慧工匠精神的现实楷模。

古希腊哲学家柏拉图在《理想国》中写道："为了把大家的鞋子做好，我们不让鞋匠去当农夫，或织工，或瓦工。同样，我们选拔其他的人，按其天赋安排职业，弃其所短，用其所长，让他们集中毕生精力专搞一门，精益求精，不失时机"。[10]智慧工匠精神正是体现了柏拉图所讲的集中毕生精力专搞一门、对产品精益求精的追求，也体现了人力资源建设中用人所长的发展理念。

（三）图书馆弘扬智慧工匠精神，是图书馆提升文化软实力的需要

体现一个国家综合实力最核心的、最高层的，还是文化软实力，这事关一个民族精气神的凝聚。在坚持道路自信、理论自信、制度自信和文化自信中，最根本的还是文化自信，这是更基础、更广泛、更深厚的自信。习近平总书记指出："中华文化延续着我们国家和民族的精神血脉，既需要薪火相传、代代守护，也需要与时俱进、推陈出新。要加强对中华优秀传统文化的挖掘和阐发，使中华民族最基本的文化基因同当代中国文化相适应、同现代社会相协调，把跨越时空、超越国界、富有永恒魅力、具有当代价值的文化精神弘扬起来，激活其内在的强大生命力，让中华文化同各国人民创造的多彩文化一道，为人类提供正确精神指引。"[11]图书馆弘扬智慧工匠精神，正是注重提升图书馆文化软实力并在弘扬优秀传统文化中寻找精气神，从转型升级中寻找创新发展的新动能。

图书馆新一轮的创新发展，需要在人力资源的文化软实力上"补短板"。当下图书馆的创新转型中，正面临由大变强的各种压力。在公共图书馆服务体系新一轮的创新进程中，不仅要提高图书馆的基础设施规模、各类新技术水平的融入等"硬实力"指标，也要传承和弘扬优秀中国传统文化，吸收借鉴国际先进经验，以智慧工匠精神提升我国图书馆服务与管理的软实力，推动我国匠人精神文化的传承与创新，将这些资源优势充分转化成为强大的图书馆服务力。工匠精神曾为中华民族的历史增添了光辉的篇章，其中也包括了中国图书馆和文献的发展史。无论是工匠鲁班，还是造纸术的发明者蔡伦，抑或是众

多的宋元雕版刻工，他们都曾为人类文化的传承添砖加瓦。如今，智能时代的来临使基于互联互通的智能平台的智慧工匠成为未来图书馆服务的重要软实力。

智慧工匠精神也应体现在图书馆管理的文化软实力之中。2016 年 5 月，习近平总书记在黑龙江考察调研时对领导干部弘扬工匠精神提出了具体要求，指出："要倡导精细化的工作态度，掌握情况要细，分析问题要细，制定方案要细，配套措施要细，工作落实要细。领导干部对待工作也要有'工匠精神'，善于在精细中出彩。"[12]智慧工匠精神要求图书馆管理者在管理工作中将智慧工匠精神融入图书馆管理的每一个细节之中，更加细致，更加个性，更加精准，更加智能。图书馆管理者对待工作有了智慧工匠精神，必然会少一些急功近利，多一些持重远虑；少一些表面文章，多一些脚踏实地；少一些短期行为，多一些专注持久，在图书馆的管理中融入"独具匠心"智慧头脑和十年磨剑的求实创新。

三、如何在图书馆弘扬智慧工匠精神

图书馆弘扬智慧工匠精神，需要着力在三个方面下功夫。

（一）注重践行敬业的社会主义核心价值观

社会主义核心价值观从个人层面提出了"爱国、敬业、诚信、友善"的要求，从图书馆服务和管理而言，敬业就是要弘扬智慧工匠精神，在图书馆的每一个岗位上持之以恒，有所担当，爱岗敬业。图书馆的许多服务日复一日，年复一年，需要图书馆员秉持十年板凳精神，抓好服务的每一个细节，精益求精每一个服务项目，精雕细琢每一个服务流程，以勤劳、创新、效率、质量的价值观引领服务的发展方向，提升服务的价值观支撑，规范馆员的道德行为，凝聚图书馆服务群体的发展共识，把践行敬业的社会主义核心价值观建设真正落到实处。

智慧工匠精神所体现的敬业价值观的养成，必须有与之相适应的良好机制和社会文化氛围。首先，要在图书馆内外崇尚劳动，尊重服务一线图书馆员的劳动。其次，要在图书馆中崇尚技能，让古籍修复、智能网络、数据挖掘等技能人才有地位，积极采取各类激励举措，让他们有向上发展的通道并过上体面的生活。第三，要在图书馆中崇尚创新，有强烈的创新理念和意识，这种创新，包括理论创新、服务创新、技术创新、流程创新、形态创新等。第四，要在图书馆崇尚“十年板凳”的理念，高品质和高水准的信息技能和服务品牌，是要靠时间来精心打磨的，并非一朝一夕所能成功。

不仅如此，图书馆弘扬智慧工匠的精神还应体现在世代传承的匠人情怀之中。在传统的工匠生涯中，多数手工技艺，皆由口传心授，手把手地指导。师傅与学徒朝夕相处，耳提面命，在传授技艺的过程中也传授了做人的道理，彰显了坚韧、耐心、专注、精益求精的工匠精神。

（二）注重谋划图书馆发展的三大转变

弘扬智慧工匠精神需要注重三大转变，即推动我国图书馆从数量增长型向质量提升型转变，从一般服务向品牌服务转变，从跟跑并跑型向跟跑并跑领跑型转变。实现以上三大转变需要一大批具备智慧工匠精神的图书馆员的辛勤耕耘，他们是实现文化全面小康和覆盖全社会的图书馆公共文化服务体系建设的真正筑梦人。

无论是图书馆的服务质量提升还是打造品牌服务或是实现在跟跑基础上的并跑乃至领跑，都需弘扬图书馆的智慧工匠精神。图书馆是与读者用户打交道的公共文化服务行业，必须讲求以人为本，服务先导，而服务的要义之一就在于细节，细节决定品质。要在图书馆服务中倡导温馨亲切的服务态度、一丝不苟的服务精神、物超所值的服务素质、严谨细致的服务作风，对于每一位线下和线上的读者，从读者一走进图书馆或进入网络服务空间平台，在每一个细节上，都能淋漓尽致地体会到图书馆人的智慧工匠精神，扎扎实实地把每一个服务元素做到极致。

1994年在中国开始发展的互联网正在以令人难以置信的速度和范围快速发展。中国数量众多的网民和日益完善的信息基础设施以及巨大的图书馆网络服务发展空间为图书馆的创新服务、品牌服务创造了全新的信息和社会环境，也为中国图书馆在全球图书馆中实现网络服务的领跑提供了可能。这就需要图书馆中涌现出成千上万的智慧工匠，为实现具有中国特色的图书馆发展道路添砖加瓦，为中国图书馆跻身于世界图书馆之林贡献智慧和才华。

（三）注重融入网络智能技术

在数据驱动、人工智能、网络空间成为图书馆和社会发展的最重要元素的环境下，弘扬智慧工匠精神就应与时俱进，注重融入网络智能技术。随着信息网络技术迅猛发展和移动智能终端广泛普及，移动互联网以其泛在、连接、智能、普惠等突出优势，有力推动了互联网和实体经济深度融合，已经成为创新发展新领域、公共服务新平台、信息分享新渠道。随着互联网技术、平台、应用、商业模式与移动通信技术紧密结合，移动互联网新技术快速演进、新应用层出不穷、新业态蓬勃发展，网络空间的工具属性、媒体属性、社交属性日益凸显，越来越成为人们学习、工作、生活的新空间。2017 年 1 月 16 日，中共中央办公厅、国务院办公厅公布了《关于促进移动互联网健康有序发展的意见》(以下简称《移动互联网发展意见》)，《移动互联网发展意见》特别强调了“推进信息服务惠及全民”，指出：“加快实施信息惠民工程，构建一体化在线服务平台，分级分类推进新型智慧城市建设，促进移动互联网与公共服务深度融合，重点推动基于移动互联网的交通、旅游、教育、医疗、就业、社保、养老、公安、司法等便民服务，依托移动互联网广泛覆盖和精准定位等优势加快向街道、社区、农村等延伸，促进基本公共服务均等化。”[13]《移动互联网发展意见》中还对如何实施网络扶贫行动计划提出了要求。以大数据为例，这是一种本质上为自己赢得主动的思维方式和管理方式，大数据分析能提前发现不少图书馆服务中的堵点、痛点，从而为精准化、精细化服务奠定基础。在大数据技术迅猛发展的时代背景下，网上服务、流动服务、泛在服务、开放服务等新内容和新形态更加成熟，充分认识并开展基于网络智能技术的服务，是推进图书馆服务现代化的内在要求。移动互联网时代的图书馆员在保证服务质量的同时，要求具有网络环境下的快速服务独当一面的能力，即具备快速整合图书馆的各项服务功能，从一个服务窗口切换至别一个服务窗口，从一个咨询问题联动至另一个咨询问题，保持多个活跃窗口操作，在图书馆工作的电脑上是如此，在图书馆员的头脑中也应如此。

2014 年以来文化部认定并公布的 18 家重点实验正是体现了在公共文化服务中注重融入网络智能技术的理念和实践。继 2014 年 12 月文化部认定公布了第一批重点实验之后，2017 年 1 月，文化部又认定公布了第二批重点实验室，这是对文化与科技融合发展局面的生动注解。两批共 18 个重点实验室已涵盖文化艺术资源保护与开发、文化艺术生产和创作、文化装备设计与研发、文化科技基础性工作、传统工艺研究与利用、文化传播与服务等文化科技的各个领域，形成了文化与科技交相辉映、深度融合的新形态和新局面。[14]

注重融入网络智能技术，就要进一步扩大图书馆员终身学习的机会。如果说，以往的图书馆专业教育模式是在青年时代集中时间大量进行专业学习然后通过图书馆的在职培训加以提升的话，那么随着新一代信息技术的发展，图书馆服务需要新的不断升级的智慧技能，从而向图书馆业界呼唤需要形成图书馆终身教育的新模式。在信息技术更新迭代层出不穷的当下，每位图书馆员必须以智慧工匠的理念树立起终身学习的理念和机制，让以往人们观念中的学校教育成为人生学习的一个阶段，让图书馆员真正成为图书馆技术变革和服务创新的赢家。

大力弘扬智慧工匠精神，就要在图书馆学专业教育和在职教育中办好中国特色、世界水平的现代图书馆专业教育，为全面建成文化小康社会提供充足图书馆专业人才支撑。习近平总书记在庆祝“五一”国际劳动节暨表彰全国劳动模范和先进工作者大会上的讲话中指出：“劳动是人类的本质活动，劳动光荣、创造伟大是对人类文明进步规律的重要诠释。……劳动者素质对一个国家、一个民族发展至关重要。劳动者的知识和才能积累越多，创造能力就越大。……要实施职工素质建设工程，推动建设宏大的知识型、技术型、创新型劳动者大军。”[15]我国图书馆事业要实现新的繁荣发展，就必须以智慧工匠精神培养人才、发现人才、珍惜人才、凝聚人才。要将智慧工匠精神列入图书馆大学教育、职业教育和在岗培训，更加注重智慧图书馆专业技术人才的培养。建立健全有利于智慧工匠精神养成的图书馆管理制度，营造滋养智慧工匠精神价值体系的良好环境。

图书馆的新一轮创新发展，呼唤成千上万的高水平的智慧型的能工巧匠的涌现，经过图书馆业界内外的共同奋斗，这样的发展愿景必将实现！

参考文献

[1] 李克强.政府工作报告——2016年3月5日在第十二届全国人民代表大会第四次会议上[OL][2017-01-20]. http://news.xinhuanet.com/fortune/2016-03/05/c_128775704.htm2.

[2] 习近平：在知识分子、劳动模范、青年代表座谈会上的讲话[OL][2017-01-19]. http://news.xinhuanet.com/politics/2016-04/30/c_1118776008.htm.

[3] 杨天宇.周礼译注[M].上海：上海古籍出版社，2004：600.

[4] [汉]许慎.说文解字[M].北京：中华书局影印，1963：100.

[5] [汉]许慎.说文解字[M].北京：中华书局影印，1963：268.

[6] [清]段玉裁.说文解字注[M].上海：上海古籍出版社，1981：635.

[7] CNNIC发布第39次《中国互联网络发展状况统计报告》[OL][2017-01-22]. http://www.cac.gov.cn/2017-01/22/c_1120362500.htm.

[8] 周渊.国家图书馆启动春节系列活动[N].文汇报，2017-01-19(06).

[9] 刘新.经典古籍库推出微信个人专业版[N].人民日报海外版，2017-01-20(07).

[10] [古希腊]柏拉图.理想国[M].北京:商务印书馆,1986:66.
[11] 习近平.在中国文联十大、中国作协九大开幕式上的讲话(2016 年 11 月 30 日)[N].人民日报,2016-12-01(02).
[12] 领导干部要有"工匠精神"——十七论深入学习贯彻习近平总书记重要讲话精神【OL】【2017-01-25】http://heilongjiang.dbw.cn/system/2016/07/08/057286741.shtml.
[13] 中共中央办公厅、国务院办公厅印发《意见》促进移动互联网健康有序发展[N].人民日报. 2017-01-16(06).
[14] 韩业庭.做文化与科技的"红娘"——第二批文化部重点实验室诞生记[N].光明日报,2017-01-22(05).
[15] 习近平.在知识分子、劳动模范、青年代表座谈会上的讲话[EB/OL][2017-01-19].http://news.xinhuanet.com/politics/2016-04/30/c_1118776008.htm.

论数字阅读

在数字化、网络化、智能化的环境下，数字阅读正在成为全社会新的学习方式，成为图书馆服务新的服务模式，成为千百年来阅读新的发展趋势。对数字阅读的特点及其新进展和面临的问题进行分析研究，对于我们进一步认识和把握数字阅读的发展趋势，科学理性地应对数字阅读带来的机遇与挑战，进一步营造构建书香社会，都具有理论意义和实践价值。

一、如何界定数字阅读时代

2015 年 1 月，“全民数字阅读论坛”在首都图书馆举行，向人们传递着数字阅读时代到来的信息。20 世纪末至 21 世纪初以来，数字阅读的数量与规模与日俱增，“数字阅读时代”也时常出现在字里行间。如何界定数字阅读时代的到来？回答这一问题，可以用几个数据来加以衡量与判断。数字阅读的数据正在形成从量变到质变的发展进程。2014 年 4 月，由中国新闻出版研究院组织实施的第 11 次全国国民阅读调查结果显示：2013 年我国数字化阅读方式的接触率为 50.1%，较 2012 年上升 9.8 个百分点，首次超过纸本阅读方式。[1]这一数据可以视为数字阅读与纸本阅读比较发展的一个拐点。从一些图书馆特别是大学图书馆的采访经费而言，其中的数字资源采访经费比例也已逐渐超过了纸本资源。以清华大学图书馆为例，年度图书采购经费中，电子资源已占到了 65%，其中 20%用于购买国内的数字资源，80%用于购买国外的数字资源。[2]互联网普及率的大幅提高和手机网民数的剧增，为数字阅读创造了良好的信息环境。2015 年 2 月，中国互联网络信息中心发布的第 35 次《中国互联网络发展状况统计报告》显示，截至 2014 年 12 月，我国网民规模达 6.49 亿，互联网普及率为 47.9%，网民规模和互联网普及率均已逼近半数；我国手机网民规模达 5.57 亿，较 2013 年底增加 5 672 万人；网民中使用手机上网人群占比由 2013 年的 81.0%提升至 85.8%。手机端即时通信使用率为 91.2%。报告还显示，54.5%的网民对来源于互联网的信息表示信任，相比2007年的35.1%有较大幅度提高。网络信任成为社会信任的重要组成部分，也将成为开放获取、数字阅读等图书馆深层次网络应用发展的重要社会基础。[3]2015年3月召开的世界移动通信大会发布了全球移动通信协会《移动经济2015》，该报告显示，全球移动通信用户数将从2014年末的36亿增加至2020年的45亿，使用宽带网络的移动用户数将从2014年的40%增加至2020年的70%，智能手机的覆盖率将从2014年的37%增加至2020年的65%，[4]说明了世界各国的移动通信用户、宽带用户和智能手机用户在未来若干年中也将不断增长。据统计，在新浪微博网站上，中国图书馆界已有1 000多个微博开通。据不完全统计，截至2015年3月8日，在腾讯和新浪网的微博上，湖北省图书馆的粉丝和听众数为28.5万，杭州图书馆的粉丝和听众数为27.2万，贵州省图书馆的粉丝和听众数为22.9万，中国国家图书馆的粉丝和听众数为18.8万，上海图书馆的粉丝和听众数为16.3万，陕西省图书馆的粉丝和听众为14.8万，深圳图书馆的粉丝和听众数为14.6万。同时，诸多图书馆均开启了微信公众号作为推广阅读的新载体和新平台。网络空间为图书馆的服务开启了一个跨越时空并充满想象力的服务新空间。虽然微博作为社交新媒体与微信相比已呈式微的趋势，有些图书馆粉丝和听众数有所下降，但也有不少图书馆的粉丝数在上升，社交新媒体至今仍能对广大读者保持如此的吸引力和传播力，足以证明数字阅读带给广大读者的魅力。

数字阅读数的过半，网民规模、互联网普及率、移动用户数的逼近半数，手机网民规模及手机上网数的大幅度攀升，对互联网信息的表示信任的网民数过半，图书馆微博粉丝和听众数的保持和增加，图书馆微信公众号的不断开启和服务，这些都预示着数字阅读时代的到来，并展现出数字阅读的发展趋势与无限活力。

二、数字阅读是对纸本阅读的颠覆

数字阅读理念的开放化与平等化，数字阅读内容的数字化、智能化，数字阅读方式的网络化、泛在化，数字阅读形态的多载体化、融媒体化，数字阅读效能的便捷化、分享化，数字阅读服务的融合化、互动化，这些使数字阅读与原本的纸本阅读形成了鲜明的自身特点。数字阅读对纸本阅读具有颠覆性，它在诸多方面形成了与纸本阅读有所不同的阅读度。

（一）阅读的广度

数字阅读的网络化和泛在化，使原本需要定点阅读的内容开始不受空间的限制。拥有 450 万页、8 亿汉字的《四库全书》原来只有北京的中国国家图书馆、杭州的浙江图书馆、兰州的甘肃省图书馆以及台湾的“中央图书馆”保存了四部，后来虽经过多种版本的影印，但数量不多，收藏机构的开放阅读时间有限，阅读还是受到了空间的限制。而数字化的《四库全书》全文检索版使读者能够在任何时间和地点，在指间屏幕中便能完成所需文献的阅读和全文检索。网络的全链接化更使看书读报有了更多的选择和比较，有了更多的互联和整合；而某一主题知识点的链接和推送，使知识点在网上进行了聚合，为读者提供了更为拓展的广阔视野。

（二）阅读的宽度

这种宽度包括阅读客体的宽度和阅读主体的宽度。从阅读客体的宽度而言，数字阅读的融媒体化就是重要的体现。电信网、广播电视网、互联网的三网融合与互联互通，使读者的基本文化需求，包括看书、读报、看电影、欣赏音乐、上网娱乐等都能通过数字阅读予以实现。与纸本阅读相比，数字阅读的载体多样化、空间的移动化和泛在化、媒体的融合化、内容的可视化和丰富性，使数字阅读越来越成为较之纸本阅读更为流行的阅读形态。从阅读主体的宽度而言，微博粉丝的数以百万和千万计，纸本阅读已难以望其项背。《穹顶之下》是一部时长 103 分钟的纪录片，由前央视著名主持人、记者柴静自费拍摄，聚焦雾霾及空气污染的深度调查，2015 年 2 月 28 日上午，人民网发布了《柴静调查：穹顶之下》的专题和专访柴静的文章，由此引爆了公众对该纪录片的关注和对雾霾的讨论。中午时分，《穹顶之下》上线各大视频网站，由此形成全民阅读的热浪，仅两天的时间，视频阅读量就破亿；截至 3 月 2 日上午 9 点，新浪微博的热门话题柴静雾霾调查的阅读数已经达到 3 亿。[5] 这些数字阅读覆盖宽度的天文数字是原来纸本阅读难以想象的，也展现出数字阅读主体前所未有的宽度。

（三）阅读的深度

微博与微信平台的万众的创造性和互动性，使知识点有了更多的视角和维度；数字阅读平台的协同与整合，也带给读者更多的数据信息和更多的分享，这些数据与信息跨越了时间与空间限制，穿越了语言与学科的障碍，使阅读更加深入、思考更加深入、研究更加深入。数字阅读被批评为具有碎片化、浅层化以及难以阅读经典，被视为浅阅读；但这种批评也逐渐为数字阅读的实践所改变。如 2014 年 4 月 23 日，在第 19 个“世界读书日”到来之际，中国国家图书馆举办了世界读书日优秀图书推介暨第九届文津图书奖颁奖活动，并正式发布了文津阅读微信公众号。文津阅读以每日一书的形式推送历届文津图书奖的获奖图书和推荐图书，为广大读者提供互动平台，与大家一起通过数字阅读来感受经典，回味书香。[6]每日经典诵读现已成为中国国家图书馆微博平台的品牌栏目。阅读是一种习惯的养成，数字阅读原本不太习惯的论文著作和经典文献的阅读，现在正在渐渐发生微妙的转变。随着日益丰富的数字化、网络化和智能化文献的便捷获取，数字阅读正在从新闻、短信、视频逐步拓展至论文、经典等内容的阅读，正在逐渐成为包括众多学者在内的阅读方式。

（四）阅读的速度

与纸本阅读相比较，数字阅读可以实现第一时间的推送与获取。以 2015 年 3 月全国人大和政协两会上总理所做的《政府工作报告》为例，当纸本阅读的报纸还在准备排版印刷之际，数字阅读平台上的报告全文已上线，且创造性地为读者提供了以数据和图像为主的“干货版”，既方便了读者对报告的获取，也推动了广大公众对报告的阅读与理解。不仅如此，一些学者和媒体工作者将计划出版的著作和发表的论文率先在网络平台上发布，与读者或微信群中的同仁进行探讨并进一步修改，使阅读呈现一种初始化和动态性，克服了纸本阅读受研究成果的完整性和印刷出版后才能阅读的限制，使知识分享的速度加快，大大缩短了知识传递的时滞期。

（五）阅读的便利度

数字阅读有各种载体和方式，如电脑、手机、数字阅读器、平板电脑、多重触控屏等，读者可以根据需求和习惯进行选择与使用，既可以在公共空间进行阅读，也可以随身携带，随触随读，随处随读，随时随读，十分便捷。在纸本阅读环境下的“他助获取”正在为数字阅读环境下的“自助获取”所取代。与纸本阅读相比较，数字阅读原本具有书本不能弯曲、屏上不方便进行批注、长时间的数字阅读对眼睛有所损伤、不具备书本装帧的美学要素、字里行间没有印本的墨香等不足；而随着信息技术的日新月异的进步，通过信息载体的弯曲技术、数字阅读屏的光度调整、数字阅读的批注技术、数字阅读墨香的散发等，这些不足正在不断被克服并改进和完善。

与数字阅读相比，纸本阅读也面临着机遇与挑战。随着上海中小学生电子学生证新增借阅功能，2014 年的上海图书馆的持证读者数已从 2013 年的 192 万增至 310 万；而 2014 年全年中，包括 255 家公共分馆在内的上海市中心图书馆“一卡通”纸本书通借通还流通量高达 5 741 万册次，同比增长超 30%。上海图书馆普通外借室的藏书总量为 36 万多本，其中被外借过的图书近 35 万本，流通率超 95%，一半以上的持证读者年外借量达 14 册。[7]设计座位只有 540 个的宁夏贺兰县小图书馆，2014 年全年的读者流量竟突破了 36 万人次。[8]2014 年 11 月 29 日，美国总统奥巴马和两个女儿一起光顾了华盛顿的知名的“政治与散文”书店，一口气买了 17 本书，其中包括描述中国的新作和畅销小说等。[9]2015 年 1 月，以提供纸本阅读的成都方所实体书店逆势开业，平时每天的人流量约七八千人次，节假日最多达到 2 万人次。[10]世界发达国家图书馆的纸本阅读也有类似的例子。据统计，2014 年大英图书馆访问量超过了 160 万，较之 2013 年 147 万的访问量增加了 13 万；而大英图书馆的特别之处，是所有的书籍只能在馆内阅读，这在一定程度上增加了访问频率；善于利用独家的历史资源，营造出具有厚重文化氛围的阅读观赏空间也是其吸引众多读者到馆的成功秘诀。[11]以上数据和事实从某个侧面说明了纸本阅读在当下依然有着其广泛的需求。与此同时，数字阅读正影响、改造甚至颠覆着纸本阅读，近年来出现的地铁和公交车阅读向人们展示了这种发展趋势：在地铁和公交车上，人们可以持纸本阅读，也有的城市将书架和自助借阅延伸至地铁站和公交车上，但更多的乘客在利用智能手机或平板电脑阅读，电子书通过二维码也走进了地铁。在数字阅读各种新模式和新形态的影响下，传统纸质阅读的生存空间有所减少，纸质阅读吸引力和服务力也有所消解。在数字阅读成为一种发展趋势的环境下，纸本阅读应当顺势而为，主动拥抱日新月异的变化，与数字阅读进行深度融合，化传统以神奇，使纸本阅读与数字阅读各得其所，相得益彰，这将是图书馆服务未来创新发展需要思考和实践的问题。

三、数字阅读的前沿性、渗透性和实践性

数字阅读体现了信息技术的最新发展，是网络社会在文献阅读领域的新的发展形态，具有前沿性、渗透性和实践性的特点。

（一）前沿性

数字阅读的前沿性是指数字阅读体现了科技创新日新月异的最新进展，体现了信息化在阅读推广中的主导力量和创新源泉，体现了全球图书馆范围

内的阅读新发展领域、新阅读模式、新获取方式和诸多阅读的新概念。如手机图书馆、掌上图书馆、移动图书馆、电子阅读终端外借服务、微阅读、微服务、微信机器人、微信公众平台、语音找书、图书馆服务 APP 等。

（二）渗透性

渗透性是指数字阅读向全社会、全方位、全视角、全链条的渗透，形成深度融合，跨网渗透，交叉汇聚，相互促进的数字阅读新形态。采用二维码等信息技术，图书馆和新闻出版机构等将数字阅读延伸至各网站、电视、地铁、商厦、机场，延伸至各纸质版的图书、报纸、期刊，数字阅读与纸本阅读深度融合，个人阅读与社会阅读交叉互动，线上阅读与线下阅读叠加促进，读者与作者相互转换，为全民阅读时代和大阅读时代创造了良好的信息技术环境和数字阅读文化环境。2015 年 3 月，上海图书馆富有创意地在巧克力上印上了“上图爱悦读”字样和二维码图样，读者拿出手机“扫一扫”，就进入“市民数字阅读”APP 的下载页面，成为推广数字阅读别具一格的创意，也体现了数字阅读的渗透性。[12]

（三）实践性

实践性是指数字阅读具有探索性、动态性的特点，需要在实践中总结提高，又要在总结提高下进一步实践探索，在多样性的实践中不断探索或固化合适的方法和规制。以数字阅读所涉的版权为例，国际图联等机构不断推出有关条例，如《国际图联关于在数字环境下版权问题的立场》(2000)、《数字环境下著作权及邻接权的限制与例外：国际图书馆界的视角》(2004)、《国际图联与知识存取条约》(2005)、《图书馆与档案馆例外与限制条款建议条约》(2011，与图书馆电子信息联盟、国际档案理事会等组织共同提出，2013 年又提出了新版)。近年来网络信息资源的著作权侵权的案例时有发生，成为阻碍数字阅读推广的障碍，需要通过国内外的实践进一步探索更好的发展路径。再以数字环境下以电子阅读终端外借服务为例，早在 2009 年上海图书馆便推出了此项服务。2013 年，上海图书馆推出 iPad 外借后，读者反响强烈，截至 2015 年初 iPad2 仍有 400 多人排队预约，而 iPad3 更是已经因为人数太多而停止预约。2015 年 1 月上海图书馆又推出了 Kindle 阅读器外借服务，尽管未作宣传，但首批共 77 台 Kindle 阅读器设备已经全部借出，尚有预约的 55 位读者未借到设备。[13]在“上海图书馆市民数字阅读”APP 上，可以实现在移动设备上阅读上海图书馆的 2 万多种电子图书、600 多种电子期刊，且所有资源均对持读者证的读者免费开放。这些数字阅读的主动积极的探索实践应当得到点赞。

四、数字阅读的伦理与道德

数字阅读虽然是一种阅读的方式，但其中也带来了伦理与道德的问题。英文的 ethical 和 moral 被认为是意义相近的形容词，都有“伦理学的”“道德的”等意义。Ethics 源于希腊文 ethos，本意是品质、人格；moraity 源于拉丁文 moralis，本意是风俗或礼貌。[14]在中国古代文化中，“道德”也多与伦理礼义的智慧相联系，如《礼记・曲礼》有“道德仁义，非礼不成”的话，在《荀子・劝学》中也有“故学至乎礼而至矣，夫是之谓道德之极”的话。数字阅读的社会性和网络传递的特点，需要人们从伦理与道德的维度进行思考与践行。

数字阅读给伦理道德带来了正能量。诚如爱因斯坦所说：“每个人都必须有机会发展其可能的天赋。只有这样，个人才能得到应该属于他的满足感；也只有这样，社会才能最大限度地繁荣。”[15]数字阅读正是为大众阅读提供了相对平等的平台和获取知识信息的便捷通道，能够激发人的潜能并为万众创新营造向善的道德社会。

但数字阅读也给伦理道德带来了负效应的种种挑战。如数字阅读中的微信圈的群体学习讨论，就会涉及人与人之间的关系，也即社会道德问题，这种伦理关系展开于阅读空间、公共领域和社会规制等不同的社会空间，彰显着一定的律条、规则、规范和程序。当博客撰文在粉丝群中传播阅读之时，当一个个微信群形成并形成小众阅读圈之时，读者之间结成了社会团体，人类的道德问题也随之产生，自由与责任也如影随形。当人们在线上进行阅读之时，必须对自己的阅读行为和言行负起道德的责任；需要依法上网，因为依法上网的规定是公众的道德汇编，这些法律条文为数字阅读文明的所有读者开列了在该数字阅读空间得到公认的合乎道德的行为方式，成为对社会道德的公开表述和支持。无论是传播谣言还是采用网络语言暴力恶意中伤阅读群内的他人，无论是侵犯个人隐私和著作权还是阅读不道德的文献信息，对于数字阅读的伦理与道德而言，都是需要加以否定的。在线上阅读或发表言论不能任性。《礼记・中庸》中讲：“诚者，非自成己而已出发，所以成物也。成己，仁也，成物，知也。性之德也，合外内之道也。”意思是讲，作为诚信的伦理道德追求，不仅局限于为己的一面，不能停留在以自我为中心，还必须具有为他人的一面，成己与成物、合外内之道，要很好地统一起来，体现出对人际关系的相互尊重与确认。这种言行之善对数字阅读的伦理道德是一个很好的启示。坚守数字文明阅读的道德原则，使广大读者在数字阅读的过程中感到幸福、快乐，充满创造性和有所收获。数字阅读提供了人的全面发展的空间环境，颠覆了纸质阅读的文化生态链；在数字阅读空间，读者、作者、编辑者、出版者、发行者形成了统一，呈现出全新的社会文化结构和社会关系，需要善的伦理道德的引领与感召，需要进行文明的文化认同与立场协调，从知善、行善到扬善，这正是数字阅读所要倡导的伦理与道德。

五、数字阅读的显性与潜在功能

数字阅读具有诸多显性功能和潜在功能。

（一）缩小数字鸿沟

以互联网平台为基础，利用信息通信技术与各行业进行跨界融合被称为"互联网＋"。数字阅读通过"互联网＋"，也即将互联网与传统的纸本阅读深度融合，将互联网物理化，特别是通过智能手机，使原本文化较为落后地区的读者能够通过手机屏等阅读大量的知识信息。早在 1997 年，欧洲委员会发表的《公共图书馆与信息社会》的报告中就提出：信息社会中图书馆的终极目标是为任何人在任何时间、任何地方提供获取任何类型的信息。[16]但数字阅读在缩小这种数字鸿沟的同时，也面临数字鸿沟进一步扩大的挑战。由脸书网站推动成立的"Internet.org"组织于 2015 年 2 月公布的一项研究显示，截至 2015 年初，世界上有大约 30 亿人在使用互联网；世界人口中只有 38％接入了网络。其中，发展中国家与发达国家相比差别巨大。在发达国家中，接入互联网的人占总人口的 78％；而在发展中国家，这一比例仅为 32％。目前存在着三个影响互联网接入的主要障碍，包括基础设施、价格以及对接入网络的价值的认识。[17]从中国的数字阅读发展而言，就要通过构建覆盖全社会的公共文化服务体系的发展目标，通过数字包容的发展理念，通过文化惠民工程和智慧图书馆等路线图，将数字阅读的阳光普照至革命老区、少数民族地区、边远地区和贫困地区的所有公众，让包括中西部地区在内的所有读者能够共享数字阅读的便利，共同走上全面小康的文化惠民之路。地处西部地区的贵阳市图书馆于 2014 年 6 月开通微信公众服务，成为贵州第一家拥有微信公众号的公共图书馆，其微信公众服务平台分为借阅查询、服务指南、微筑图三个板块，读者可在线阅读近百万册图书，成为中国西部地区拓展数字阅读的有益尝试。[18]

（二）提升读者的信息素养

通过数字阅读的各种方式，将推动读者对信息技术的学习和掌握，将提升读者综合有效利用所需各类信息资源的能力，提升对知识信息的重要意义和重要价值的认知，也将有助于提高读者对信息的重要功能的把握。在数字阅读过程中所提升的信息素养，包括信息意识、网络技能、数据素养等，成千上万的读者将这种认知、态度和能力较为自觉地融入经济活动和工作生活之中，将助推经济和社会的创新发展。

（三）助推书香社会

继2011年中共十七届六中全会提出开展全民阅读活动、2012年中共“十八大”报告中提出开展全民阅读活动、2014年政府工作报告提出倡导全民阅读之后，2015年政府工作报告中首次将“书香社会”列入政府工作报告。这为数字阅读的进一步推广普及带来了新机遇。数字阅读的普惠性、零门槛、跨时空、融媒体、多样化的阅读特点，使阅读能够便捷地延伸至社会的每一个群体、每一个角落，来到每一个读者的身边。数字阅读不仅增加阅读的丰富性，也成为书香社会充满活力的新生机和重要元素，为创建全民阅读时代增添了重要的引擎和助推器。但数字阅读也要扬长避短，要倡导快读慢思、速读冥想，以克服数字阅读受到的快餐化与碎片化的批评。

（四）数字阅读的潜在功能

数字阅读具有一些潜在功能，尽管这种功能尚待科学的进一步研究证实。如数字阅读有助于人们思维方式的转变，使人变得更聪明。如果说，纸本阅读的信息展示多呈线形状，如古代纸本的“册”字，其编连的丝绳就呈线形，现在纸本的横排文字也较多地呈线状形和平面形；而数字阅读的融媒体、全文检索、跨语言交互、即时的共同阅读等功能，使阅读更多地呈网状形和立体形。数字阅读的这种网状形较之线状形，对于人脑的进步可能会起到意想不到的效果。据神经科学家的研究，较聪明的大脑神经元之间似乎存在更多高效的网络，而人脑中信息传递步骤的多少将影响人的智商，而数字阅读为人们提供了较之纸本阅读具有更多高效网络的阅读元素。数字阅读为读者提供了更多的并行思维、共同思维和协同思维。数字阅读的这种潜在功能有待进一步研究与认识。

数字阅读与纸本阅读将长时间共存，习惯于纸本阅读方式的中老年读者将趋向纸本阅读与数字阅读的融合。曾有媒体在报道中生动地描述了著名历史学家庞朴（1928—2015，字若木，原名声禄，江苏淮阴人）在研究中将两种阅读有机地融合为一体的场景:“老先生是敏感而时尚的人,记得当时他已经用电脑写作了,转椅放在书桌和电脑桌之间,毛笔和键盘、线装书和硬盘,切换自如。”[19]著名藏书家潘景郑(1907—2003,苏州人,原名承弼,字良甫,号寄沤)家中床头挂有一副对联:“无事此静坐,有福方读书。”无论是纸本阅读还是数字阅读,以上两位世纪老人的阅读态度与阅读方式,都是我们所应追求的阅读境界和阅读情趣,这也是对2015年世界读书日(世界图书与版权日)的主题“阅读,请到图书馆”的最好注解。

参考文献

[1] 刘彬.第十一次全国国民阅读调查结果公布[N].光明日报,2014-04-22(01).
[2] 杜羽.图书馆倒逼出版社融合发展[EB/OL][2015-01-10]. http://epaper.gmw.cn/gmrb/html/2015-01/10/nw.D110000gmrb_20150110_6-07.htm.
[3] 中国互联网普及率达到47.9%[EB/OL][2015-02-03]. http://news.xinhuanet.com/info/2015-02/04/c_133968614.htm.
[4] 报告称未来五年将新增10亿移动用户[N].光明日报,2015-03-04(13).
[5] 穹顶之下的“互联网”[EB/OL][2015-03-08]. http://www.bianews.com/news/65/n-444465.html.
[6] 国家图书馆发布文津阅读公众微信号[EB/OL][2014-04-23]. http://news.xinhuanet.com/book/2014-04/23/c_126423934.htm.
[7] 许旸.聪明的数据当起图书馆“参谋”[N].文汇报,2015-01-29(09).
[8] 朱磊、刘峰.贺兰图书馆咋就这么火[N].人民日报,2015-02-03(12).
[9] 阎洁.奥巴马逛书店一口气买17本书[N].新华每日电讯,2014-12-01(08).
[10] 沈小根.方所不仅仅是书店[N].人民日报,2015-03-02(12).
[11] 童薇菁.数字时代,图书馆更是诺亚方舟[N].文汇报,2015-02-11(10).
[12] 颜维琦、曹继军.让图书馆变“聪明”[N].光明日报,2015-03-08(10).
[13] 夏逸平.可以去上海图书馆借Kindle啦!需网上预约,得等一个月[EB/OL][2015-01-19]. http://www.thepaper.cn/newsDetail_forward_1295019.
[14] [美]雅克-P.蒂洛、基思-W.克拉斯曼著,程立显、刘建等译.伦理学与生活[M].北京:世界图书出版公司北京分公司,2008:5.
[15] 爱因斯坦.道德与情感,爱因斯坦晚年文集[M].海南出版社,2000:21.
[16] [美]F.W.兰开斯特著,梁奋东译.对“无纸社会”的再思考[J].公共图书馆2009(1):75.
[17] 姜涛.2/3世界人口没上过网 网络普及速度4连降[EB/OL][2015-03-01]. http://world.cankaoxiaoxi.com/2015/0301/684674.shtml.
[18] 李蓓.加贵阳市图书馆微信号[EB/OL][2014-06-10]. http://gzsb.gog.com.cn/system/2014/06/10/013580091.shtml.
[19] 徐萧.“庞朴先生骨子里是儒家士大夫”[N].东方早报,2015-01-12(A25).

科技革命和产业变革下的融合发展趋势及对图情工作的启示

20世纪末和21世纪初正在展开的科技革命和产业变革的发展大潮一浪接着一浪，新一代信息技术正在向人们工作和生活的各个领域广泛渗透，智能元素更为密集地来到人们的身边，一个全连接的万物互联和万物智能的世界正展现在人们的面前。万物互联意味着价值的创造已经转向连接能力，即转向从各类数据联接中创造智能的能力。这种互联将通过人、流程、数据以及事物的汇聚融合——万物互联而实现。笔者认为，万物互联的时代，为人们提供了更宽广的网络，更高效的连接，更及时的交互，更深度的计算，更便捷的操作，更智慧的管理，更个性的服务，并力图建立更绿色化和可持续的发展环境。"互联网＋"向全领域、全行业和全时空的渗透、延伸、拓展，这一过程所形成的互联的数据，使基于网络化、数字化和智能化的海量、动态和多样的大数据正在建构起一个崭新的数据互联的世界新形态；这种新形态具有"四无"特点：即"无时不联网、无处不上网、无物不在线、无人不数据"。这一发展的进程深刻持续地改变着全球的经济、政治、社会、文化和生态，其所体现出来的融合发展趋势，对图情工作的创新发展具有重要的启示意义。

一、融合发展的国内外趋势与特征

（一）无线连接的特殊世纪正在到来

随着经济全球化的发展，创新要素加速流动，创新资源全球配置，创新合作成为各国面临的共同需求。信息流、人才流、技术流、资金流、物流等在全球范围内的加速流动，使世界范围内的创新活动互相交叉融合，形成了合作性与整体性特征。2016年3月1日，英国《金融时报》网站发表了专栏作家约翰·凯《准备迎接第二个特殊世纪的黎明》的文章：认为1870—1970年人类实现了"有线连接"的"特殊世纪"，而如今人类即将迎来"无线连接"的"特殊世纪"，即全球正在从连线世界趋向无线世界。[1]科技革命所呈现的新一代信息技术为人们带来了连接为基、数据为魂、智能为王的发展新环境。一个大规模产生、挖掘、应用和共享数据的大数据时代已经到来。

（二）超融合理念与架构

科技革命与产业变革催生了计算存储融合理念的产生，并形成了相应的超融合架构。这种超融合解决方案将传统的计算、存储、网络等融为了一体，将云计算应用所需的硬件与软件打包封装在一个系统中，形成了更为快捷、更低成本、更为包容等方面的优势，用户只需开箱就可获得整套解决方案。有数据统计显示，与传统 IT 架构相比，超融合架构的部署时间缩减了 75%。其运维成本也比传统 IT 架构降低了 60%之多。在系统灵活性和可扩展性方面，超融合架构的资源池可通过节点的增加，实现无限的横向扩展，因而在业务上线、业务扩展、系统迁移等方面也有着得天独厚的优势。2016 年 1 月，诸多超融合产业链领衔企业、机构共同发起的超融合产业联盟在北京正式宣告成立。成为当代融合发展的一个缩影。[2]中国工程院院士、浪潮集团执行总裁王恩东在 2016 年 5 月 18 日召开的第八届中国云计算大会上发表了《融合架构引领云计算数据中心》的主题演讲，认为随着云计算、大数据和深度学习的相互促进、相互融合、共同发展，使得科学计算与商业计算再次走到一起，催生了智慧计算这种新的计算类型，这实际上是计算技术发展分而后合的一种选择。对于融合架构的发展，王恩东认为应该大力发展高速互联技术、新型存储与内存计算、可重构技术和软件定义四个方面的关键技术，最终实现硬件重构与软件定义的完全融合。[3]

（三）融合发展成为全球聚焦的重点

2014 年以来的全球重大经济政治活动中，融合发展成为聚焦的主题（见下表）。

全球的重大经济政治活动聚焦融合发展的主题(2014—2016)

会议（论坛）	时间	主　　题	备　　注
2015 世界经济论坛	2015-01	全球新局势	重点关注社会融合等挑战
2016 世界经济论坛	2016-01	掌控第四次工业革命	第四次工业革命的特点就是多种技术相互融合，物理世界、数字世界和生物世界间的界限变得越来越模糊

续 表

会议(论坛)	时间	主　　题	备　　注
20 国集团首脑第 11 峰会(G20)	2016-09	构建创新、活力、联动、包容的世界经济	旨在建立新型的全球性合作机制，构建平等合作共赢的新型国际关系和全球命运共同体
亚太经合组织领导人非正式会议(APEC)22 次会议	2014-11	亚太互联互通	互联互通包括基础设施上的连接，也包括“软件”部分，如制度的协调等
亚太经合组织领导人非正式会议(APEC)23 次会议	2015-11	打造包容性经济，建设更美好世界：亚太大家庭愿景	会议宣言第七部分为“全面系统地推进融合的大家庭建设”
2015 金砖国家领导人会晤	2015-07	金砖国家伙伴关系——全球发展的强有力因素	推动金砖国家继续向着建设“一体化大市场、多层次大流通、陆海空大联通、文化大交流”的目标迈进
博鳌亚洲论坛 2015 年会	2015-03	亚洲新未来：迈向命运共同体	论坛主旨演讲提出“通过迈向亚洲命运共同体，推动建设人类命运共同体”
博鳌亚洲论坛 2016 年会	2016-03	亚洲新未来：新活力与新愿景	论坛开幕演讲提出“共同深化融合发展”

（四）融合发展成为中国“十三五”时期发展的新理念与新战略

2015 年 10 月召开的十八届五中全会提出了新发展理念，其中的创新、协调、绿色、开放、共享的理念，都体现了融合发展的治国理政新理念、新思想和新战略。2015 年 3 月 13 日，中共中央、国务院发布了《关于深化体制机制改革加快实施创新驱动发展战略的若干意见》，要求实现科技创新、制度创新、开放创新的有机统一和协同发展，并专门提出了“推动形成深度融合的开放创新局面”的新要求。[4]

融合发展也成为近年来《政府工作报告》和国务院常务会议讨论的重要议题。2015 年 3 月，政府工作报告首次提出“互联网＋”概念，旨在通过互联网带动传统产业发展。2016 年 5 月 4 日，国务院总理李克强主持召开国务院常务会议，部署推动制造业与互联网深度融合，加快“中国制造”转型升级。2015 年至 2016 年上半年，国务院密集出台了诸多融合发展的政策文件。(见下表)

国务院发布的有关融合发展的政策文件(2015—2016)

时　　间	政策文件名	文件号	备　　注
2015-01-06	关于促进云计算创新发展培育信息产业新业态的意见	国发〔2015〕5号	发布时间为文件成文日期
2015-05-08	《中国制造2025》的通知	国发〔2015〕28号	同上
2015-07-01	关于积极推进"互联网+"行动的指导意见	国发〔2015〕40号	同上
2015-08-25	国务院办公厅关于印发三网融合推广方案的通知	国办发〔2015〕65号	同上
2015-08-31	国务院关于印发促进大数据发展行动纲要的通知	国发〔2015〕50号	同上
2015-09-18	国务院办公厅关于推进线上线下互动加快商贸流通创新发展转型升级的意见	国办发〔2015〕72号	同上
2015-10-31	国务院办公厅关于促进农村电子商务加快发展的指导意见	国办发〔2015〕78号	同上
2016-04-15	国务院办公厅关于深入实施"互联网+流通"行动计划的意见	国办发〔2016〕24号	同上
2016-05-13	国务院《关于深化制造业与互联网融合发展的指导意见》	国发〔2016〕28号	同上。意见要求到2018年,重点行业骨干企业互联网"双创"平台普及率达到80%;到2025年实现制造业与互联网融合"双创"体系基本完善

(五)数字议程和人工智能正在深度融入国内外的工业发展

2016年4月底在德国举办的汉诺威工业博览会,其主题即为"融合的工业——发现解决方案"。德国总理默克尔在博览会开幕式上表示,工业成为德国经济的引擎,世界正处于将"数字议程"融入工业生产的特殊时期。机械、汽车等行业产生大量数据,数据经过处理产生附加值,并催生智能系统,给工业发展带来了全新机遇。[5]2016 年 4 月 8 日，由中国电子学会承办的 2016 亚洲智能机器人论坛暨亚洲智能机器人联盟成立大会的主题为“创新融合，智能未来”；同一天举办的第四届中国电子信息博览会的主题为“创新、融合、智能”。融合已成为当代中国产业发展的重要特征之一。[6]

二、融合发展的多形态特征

（一）融合发展多形态特征的多维度观察

国内外融合发展的趋势呈现出多种形态的发展特征，为人们展示了多姿多彩的融合生态群落。从融合发展的方式和形态分析，有复合交叉式融合、连接嵌入式融合、渗透交互式融合、水乳交融式融合、一体整合式融合等。从融合发展的性质和内容分析，有技术主导性融合，如大数据战略、智能＋、硬件和软件的融合等；有文化主导性融合，如文化＋；有经济主导性融合，如工业 4.0、旅游＋；有多项功能的融合，如上海浦东金领之都园区新近设置了几十盏 LED 路灯，这些路灯杆可搭载智能安防、移动基站、充电桩等系统，集灯控管理、显示屏管理、充电桩管理、广播管理等多功能于一体，被认为是一盏灯，也是一张网，同时也是一朵云。[7]此外也有综合性融合，如创新、协调、绿色、开放、共享的新发展理念，网络强国战略等。融合发展已从粗放叠加趋向精深交互。如中国浙江省运用信息技术着力推动“文化＋互联网”，利用世界互联网大会永久落户浙江的契机，建设起了乌镇、仓前、云栖等互联网文化产业集聚区，文化与互联网的深度融合，推动浙江成为互联网文化企业的集聚高地，成为文化创新发展新引擎。

（二）融合发展主体对象的多形态特征

从融合发展的主体和对象分析，有行业融合、领域融合、学科融合、人机融合、跨域融合、城市融合、五大空间融合、政产学研用融合等。

1. 行业融合。工业化与信息化的深度融合成为中国当代行业融合发展的典型案例，即以信息化促进工业化，以工业化带动信息化，形成了产品、服务、企业、产业等的不同主体的多层次融合。随着物联网和服务网渗透到所有关键领域，在工业化和信息化的深度融合过程中，将形成“网络物理融合式生产系统”。传统行业与新兴行业实现交叉与互动的媒体融合是行业融合的一个侧面。媒体融合通过不同形态的新旧媒体相互汇聚、交融，使多种媒体日益趋向一体化。这一进程既包括多种媒体形态在实体和技术层面的融合，也包括不同形态内容的融合、媒体市场的融合、媒体价值的融合，以及媒体与通信、文化、出版等相关行业的融合，从而形成了开放、合作、多元的媒体工作流程新格局。[8]2015 年 12 月 25 日，习近平主席在视察解放军报社时强调指出：要研究把握现代新闻传播规律和新兴媒体发展规律，强化互联网思维和一体化发展理念，推动各种媒介资源、生产要素有效整合，推动信息内容、技术应用、平台终端、人才队伍共享融通。[9]为媒体全方位的深度融合指明了方向。

2. 领域融合。军民融合是领域融合的重要方面。2016 年初发布的《中央军委关于深化国防和军队改革的意见》中专门设置了军民融合发展的条文，意见要求着眼形成全要素、多领域、高效益的军民融合深度发展格局，构建统一领导、军地协调、顺畅高效的组织管理体系，国家主导、需求牵引、市场运作相统一的工作运行体系，系统完备、衔接配套、有效激励的政策制度体系。分类推进相关领域改革，健全军民融合发展法规制度和创新发展机制。[10]

3. 学科融合。多学科交叉和多领域突破成为从 20 世纪末至 21 世纪新一轮科技创新发展的特征之一，其中信息技术正在对人类社会发生全领域、全行业、全方位的渗透与影响，形成了对方方面面的叠加，使原本相对独立的学科和领域形成了复杂多样的现象，跨学科、多领域、边缘创新成为信息社会发展的新特点。如中国考古学会成立有 13 个专业委员会，除旧石器、新石器、夏商、两周等 7 个考古专业委员会外，近两年新成立了动物、植物、人类骨骼、新兴技术、文化遗产保护和公共考古 6 个专业委员会，体现出考古学多学科融合的发展新趋势。科技部部长万钢在论述中国“十三五”创新驱动发展战略时曾对现阶段全球学科融合的发展特点进行了论述：从国际看，新一轮科技革命和产业变革加速推进。学科多点突破、交叉融合趋势日益明显，物质结构、宇宙演化、生命起源、意识本质等科学领域正在或有望取得重大突破，信息网络、人工智能、生物、新材料、新能源等领域展现出群体跃进态势。[11]

4. 人机融合。机器人被誉为制造业皇冠顶端的明珠，随着智能机器人的发展，人类智能与机器智能正在实现深度融合，有学者认为人类社会正在进入“智人时代”。[12]中国科幻作家刘慈欣的《三体》作品，就是描写了未来智人的进化，即人、半机器人、机器人的三体人的融合。麻省理工学院人工智能实验室的负责人罗德尼·布鲁克斯预测：“到 2100 年前，我们的日常生活中将充满智能机器人，而且人类无法将自己同它们区分开来，我们也将是机器人，同机器人互相联系。”[13]在 2016 年 5 月举行的全球移动互联网大会上，首次出现了人形机器人手机，该机器人定位为“可以通过对话回应使用者想法的新型电话”，成为人机融合的趣味型全新形态。

5. 跨域融合。德国的“工业 4.0”的灵魂就是“融合”与“集成”，瑞士 ABB 集团将“工业 4.0”名之为“物、人和服务的互联网”，正是体现了信息化与工业化的深度融合。在 2016 年 4 月德国汉诺威工业博览会开幕式当天，中德工业城市联盟正式宣布成立，将联合以中国佛山、株洲与德国乌珀塔尔、亚琛等为代表的两国工业城市，促进彼此有效对接，充分发挥“德国制造”与“中国制造”的优势。[14]清华大学依托新一代信息技术推出的慕课远程教育，形成了跨域合作的新模式，使不同国籍的数十万人成为同学，他们不仅可以在家选修清华大学学分课程，也可同时接受欧美一流大学的课堂授课。以上这些正是跨域融合的例子。

6. 城市融合。在科技革命和产业变革环境下，许多区域的城市正在以城市群和都市圈的形态实现更紧密型的城市融合。2016 年 3 月发布的《中华人民共和国国民经济和社会发展第十三个五年规划纲要》中的第九篇就是“推动区域协调发展”，要求以区域发展总体战略为基础，以“一带一路”建设、京津冀协同发展、长江经济带发展为引领，形成沿海沿江沿线经济带为主的纵向横向经济轴带，塑造要素有序自由流动、主体功能约束有效、基本公共服务均等、资源环境可承载的区域协调发展新格局。[15]这些要求正是城市融合发展的新理念。2016 年 5 月 11 日召开的国务院常务会议通过了《长江三角洲城市群发展规划》，会议提出培育更高水平的经济增长极，要创造联动发展新模式，发挥上海中心城市作用，推进南京、杭州、合肥、苏州、无锡、常州、宁波等都市圈同城化发展，构建以铁路、高速公路和长江黄金水道为主通道的综合交通体系，促进信息、能源、水利等基础设施互联互通。到 2030 年，全面建成具有全球影响力的世界级城市群。[16]为中国当代城市融合发展描绘了新愿景。

7. 五大空间融合。如果说陆海空三大空间是人类活动相对传统的三大疆域、太空成为继之而起的第四疆域的话，那么网络空间正在成为人类活动的第五疆域。全球陆海空天网五大空间融合竞争新格局正在形成。如在海军的发展战略上，美国提出了“全域进入”的新理念和新战略。2015 年 3 月 13 日，美国海军联合发布了名为《前沿、接触、准备：21 世纪海上力量合作战略》的新版海上战略。这是美军时隔近 8 年后首次对其 2007 年版海上战略进行修订。新版海上战略首次提出了“全域进入”新概念，明确将其列为美国海上力量必备的新的5项基本能力之首。这一新理念的提出就是要确保美军在海、陆、空、天、网络空间和电磁频谱6个领域空间的行动自由。[17]这一军事上的融合案例折射出五大空间融合发展的综合性特点。

五大空间中的网络空间的信息化已超越了其单一空间的边界,正在以"网络空间+"的全覆盖路径向多领域、多空间、多范围渗透拓展,全球正在形成网络空间与陆海空天四大空间渗透融合发展的新形态,正在形成网络空间与经济、政治、社会、文化、军事、外交以及非传统安全的反恐等渗透融合发展的新形态。自20世纪下半期以来,网络空间的信息化与空间科技领域不断加深融合,从人类发射第一颗人造地球卫星发端,这种融合的趋势不断向广度和深度发展。人类运用网络空间的信息化技术,通过登月行动,开始从地球向月球等其他行星,开始通过卫星等太空载体为人类的交通出行、新闻传递、气象预报等为人类社会提供服务,开始将传统的政治、军事和外交等传统安全的博弈延伸至网络空间和太空等非传统安全领域。

8. 政产学研用融合。在创新驱动发展战略的推动下,科技成果转化成为全球转型发展中特别注重实施的政策路径,从而推动了政产学研用的进一步融合发展。2016年4月中国广东省的两个案例就是这一发展的反映。一是广州市人民政府与思科系统国际有限公司在穗签署了合作框架协议,宣布思科中国创新中心总部落户广州。项目将搭建万物互联云平台,建设高标准智慧产业体系,打造国内首个以智能制造云产业为核心、集"产、学、研、商、居"于一体、年产值超1 000亿元人民币的思科(广州)智慧城。[18]二是腾讯公司与深圳市人力资源和社会保障局签署战略合作协议。根据协议,双方将围绕人才、社保、医保等政务民生领域进行深入合作,共同探索"互联网+城市服务"的创新业务模式。[19]

9. 融合文化。中国古代传统价值观中的融合文化为我们认识当代的融合发展提供了重要依据,也为我们推进融合发展提供了文化智慧。信息的融合在中国古代已经产生,汉字"册"的字形就是古代信息融合的形象反映。中国古代的文献信息传递初始状态是呈碎片化的形态,一块块甲骨、一片片木牍、一根根竹简,后来人们发明了将碎片化的文献融合串联起来的新形式,将一根根竹简用丝绳上下编连在一起,于是"册"字应运而生。融合发展也体现出中国传统价值观中的"合"文化。"合",东汉许慎《说文解字》卷五"合"篆下释为"合口也",上为三合之形,下为口,与"古"字的"十口相传为古"的造字结构相类，古文字学家解释“合”为“三口相同为合”，也有解释“合”为器物相合、以口对答、岁时会合、共同祭祀等含义，但不管“合”具体解释为何种字义，其共同、会合、联系、对应的含义则是确定的。无论是会合互联还是融合升华，都与“合”文化契合相应，所谓观乎人文以化成天下，中国古代融合文化的力量是巨大的。上海纽约大学常务副校长暨美方校长杰弗里·雷蒙在《人民日报》撰文指出：如何培养创新人才呢？几十年来，心理学家、神经学家、企业管理学者等的大量研究，把创新和创造力解释为发散思维、大脑可塑性和高度专注等。有趣的是，这些研究结果和中国传统的价值观如勤奋、融和、谦虚以及忠诚互惠等十分吻合。[20]这从另一个侧面让我们看到了中国传统融合文化的智慧力量。“融合文化”一词，最初由美国学者詹金斯在其2006年所著《融合文化：新媒体和旧媒体的冲突地带》一书中提出。詹金斯认为，[21]媒介融合就是一个新旧媒介碰撞、草根媒介和公司媒介交流、媒介生产者的权利与媒介消费者的权利互动。[22]这里所提出的碰撞、交流和互动的理念对下面讨论的融合图书馆有着诸多启示的价值。

三、融合发展大势对图情工作的启示

（一）融合发展理念与图书馆事业的创新发展

融合发展的趋势体现了当代经济社会发展的综合性、整体性、系统性、协调性、一体性、共同性、合作性、服务性和共享性，这对当代图书馆事业的发展具有重要的启示意义。中国图书馆事业应当顺应融合发展的趋势，积极拥抱新一代信息技术，秉持融合发展的新理念和新战略来带动图情事业实践的新飞跃，实现图情事业的整体跃升，把握融合发展的主动权。诚如前面所述，图情服务的形态机理正在发生前所未有的变化，服务力的重心也在悄然发生位移。图情工作应当从以往的个人电脑、移动互联进一步提升至智能互联，这是信息技术发展的三个不同的时期。图情工作需要与时俱进，做出适应融合发展大势的技术调整、流程再造和服务创新。

融合发展为图情事业带来了无比宽广的想象力，为汇聚世界先进的技术潮流提供了机会，发展的康庄大道会越走越宽。在物理空间和网络空间融合的巨大发展空间，我们可以进一步深化图情事业的整体性、协调性和共享性；在基于中国特色文化的基础上，进一步融合全球多样性的文化，在更开放的交流互鉴中实现更广泛和更多样的文化共享。如在图情教育领域，可以利用网络的巨大发展空间，形成国内外图情教育的联盟，创建互联网图书情报学院。在资源共享方面，可以在原来发展的基础上，进一步将县域、省域、国域的文化资源在智能互联的新技术环境下实现跨域的开放与分享。同时，中国图书馆界在跨域融合的进程中，在密切跟踪对手的同时，也应当结合中国的实际，以道路自信和文化自信来实现从跟随引进到超越引领的新发展。

中国是一个发展不平衡的国家，融合发展应当结合中国的实际。融合发展并不意味图情事业中原有的低科技的完全退出，可以实施高中低技术相结合的发展路径。中国广大农村的县和乡镇图书馆是中国图情事业的发展短板。实践证明，普通农村也可以享受很高的带宽，这样就为图情工作的科技扶贫创造了机遇，提供了文化精准扶贫的切入口，应当成为中国图情事业融合发展的着力点所在。

（二）从数字图书馆趋向融合图书馆

1. 德国康斯坦丁大学的创新实践。2015 年 5 月，笔者在参加于瑞士苏黎世举行的国际图联大都市图书馆年中会期间，有机会首次实地体验了“融合图书馆(Blended Library)”，这是位于德国南部与瑞士接壤的德国康斯坦丁大学图书馆(Library of the University of Konstanz Germany)，该馆的创新理念和实践探索向人们展示出未来万物互联时代高度智能化通体转型的图书馆服务的新模式和新形态。融合互动被认为将成为图书馆明天的互动范式。在融合图书馆的设计领域中，用户个体间会相互作用，不同的用户可以通过智能信息令牌的触摸和移动进行混合交互。融合互动的视觉协同将成为融合图书馆的重要路径。笔者在《融合图书馆初探》一文中认为，康斯坦丁大学的融合图书馆具有融合化、互动化、可视化、泛在化和智能化五大特点。[23]

2. 中国数字图书馆现阶段存在的三大差距。20 世纪 90 年代后半期开启的中国数字图书馆建设为新技术的融合应用提供了创新发展的新空间，图书馆数十年的系统网络基础设施建设和不断演进为新技术的融合应用奠定了协调共享发展的新基础，图书馆长期以来所进行的综合与专题数据库网的建设为新技术的融合服务汇聚了丰富的数据资源，图书馆长期以来所进行的数字图书馆创新实践为运用新技术加强融合管理和服务的图书馆员的能力提升提供了新平台。

笔者在《融合图书馆初探》一文中认为，中国现阶段的数字图书馆建设与德国康斯坦丁大学的融合图书馆的差距主要表现在以下三个方面：一是中国数字图书馆建设尚停留在局部变革的层面，如文献的数字化、手机图书馆、微博微信和微信公众号（两微一端）服务等；而德国康斯坦丁大学的融合图书馆是通体革命，是人机互动对全服务链的全时空域的渗透，已迈入了万物皆入口的新模式和新形态的新高度，从而全面重塑了数字时代图书馆的服务流。二是中国数字图书馆建设中的物理空间与虚拟空间不少尚停留在复合叠加的状态，而德国康斯坦丁大学的融合图书馆建设实现了虚拟现实的水乳交融般的真正融合。三是中国数字图书馆在数字化、网络化以及泛在化方面着力较多，在智能化和可视化方面尚有较大距离；在文献方面着力较多，在建筑和家具设施和物流的智能化方面着力较少。据统计，人类大脑通过视觉获得的信息占总信息量的 80%以上。而大脑中有接近 1 000 亿个神经元，它们绝大多数只做一件事情，那就是处理我们的视觉信息。[24]这充分证明了可视化应成为图情融合发展的着力点。中国图书馆事业的创新发展应当借鉴融合图书馆发展的创新理念和实践并结合中国图书馆的实际与时俱进，让科技文明的智慧之火点燃图情事业创新转型的曙光。

（三）以融合发展的理念创新图书馆服务

1. 融合发展与图书馆服务。笔者认为，日新月异的新一代的智能终端在具备了以往的数字化、网络化、智能化的基础上，正在形成互联化、泛在化、可视化、互动化、服务化、轻型化、个性化等新特点，给图书馆的阅读推广和各类服务提供了创造与拓展的空间。从光盘数据库到电子阅读器，从平板电脑到智能手机，新技术在不断改变着阅读方式和信息获取路径，其结果是在全联接的环境下，可能带来更高的知识获取效率、更低的信息搜索成本、更精准的个性化图书馆服务、更融合便捷的互动模式，把智能思维拓展至图书馆服务和管理原来没有计算的方方面面，以推动形成智慧图书馆的高级形态。

2. 书本阅读与数字阅读的融合。与书本阅读相比较，数字阅读正在成为更为流行的阅读方式。2016 年 5 月，北京师范大学新闻传播学院发布的《中国网民数字阅读状况调查报告》（2016）显示，人们的阅读习惯和阅读行为正在发生深刻改变，七成以上网民每天手机阅读 1—3 小时，其中“微信公众号推送和朋友圈分享”占比过半，高达 51.8%；有 62.7%的受访网民认为数字阅读迟早会取代纸质阅读；37.3%的受访网民认为数字阅读永远不可能取代纸质阅读。此外，年龄越小越倾向于认为数字阅读会取代纸质阅读。20 岁以下的受访网民认为数字阅读迟早会取代纸质阅读的高达 82.9%。[25]在 2016 年世界图书与版权日（世界读书日）之际，《光明日报》刊登了耿银平的文章《“开机有益”也可成为阅读时尚》，使书本阅读的开卷有益与数字阅读的开机有益融合在一起，反映出原本受到较多批评的数字阅读已越来越得到更多的肯定。[26]这正是书本阅读与数字阅读相互融合包容的体现。在阅读推广中，中国图书馆界积极实践新旧媒体阅读的融合。如广东中山图书馆和各级公共图书馆举办“指尖e阅读”和微读经典在线诗文朗读大赛等数字阅读推广活动，推广“互联网＋图书馆”新形态阅读方式，通过宣传引导使用移动图书馆客户端、微信公众服务号、官方微博等全媒体阅读平台，进行图书馆云系列的指尖阅读新体验。广东还在省内每个留守儿童基地设置“数字阅读角”，提供数字化阅读的硬件设备，定制适合少年儿童阅读的内容包，为志愿者和支教老师免费提供数字化的儿童分级阅读辅导教材，帮助留守儿童提高数字化阅读能力。[27]

3. 动态弹性服务。工业4.0对生产企业提出的要求之一是动态弹性生产，要求在生产线不停产的情况下，根据各个订单的不同要求随时调整参数，生产出具有差异性的产品。这一生产新模式的意义在于告诉人们如何将工业4.0的具体要求与自己的产品结合起来。笔者认为，图书馆在新的信息技术环境下，也可以应用动态弹性服务的理念，在图书馆一线与二线相协同的基础上，将前台与后端融为一体，为读者用户度身定制“我的图书馆”的个性化服务。如果说以前读者是到图书馆阅读咨询，而融合图书馆的环境下读者希望能随时随地实现阅读和咨询。只要读者希望知识信息的获取，图书馆就将出现在读者身边。信息技术的发展已打通了线上与线下的分隔，实现图书馆业务流程全服务链的融合，在可视化全屏浏览的环境下快速实现信息咨询与知识获取，实现虚拟与现实的服务模式的闭环，这将激发出图书馆服务创新的新驱动力并体现出融合发展的服务力。同时，社交网络使图书馆服务平台或图书馆员与读者之间的关系从一次借阅向多次互动转变，融合图书馆服务将在高效、高频的实时互动中进行。

4. 使用“千人千面”技术。在产业互联网时代，消费者和企业趋向信息对称，以用户为主导、个性定制为特点的智能生产新模式开始出现。所谓千人千面技术，指的是阿里巴巴正在实施的一项个性化技术，指通过大数据、云计算和人工智能，帮助生产商和经销商向不同地区、不同消费习惯的消费者生产和提供不同的产品，构建一个“赋能”生产者和销售者的生态圈。据预测，“千人千面”技术将使商品销售额能提高30％，智能产品销售额提高80％。[28]笔者认为，这对图情服务工作而言是一个很好的启示，我们通过信息技术的融合平台，也可以尝试为读者和用户推广千人千面的内容服务，将以前单一服务功能的采访、外借、阅览、检索、咨询等，均转变为连接人与服务的智能节点。

5. 面向“全龄时代”的图情服务。在科技革命背景下的图书出版产业变革中，出现了面向“全龄时代”的发展特征，即有的图书出版物已不分年龄，将面对所有读者。笔者认为，“全龄时代”对图书馆如何进行细化分众服务、对图书馆服务创新中的融合服务和模糊服务提出了新要求。融入新科技的诸多卡通读物、卡通电影，原来的受众是少年儿童，但现在成人受众不断增加。如美国迪斯尼影业出品的卡通电影《疯狂动物城》，观看者中成年人超过了少年儿童。图书馆中原有的成人服务、少儿服务的内容和模式，可以结合“全龄时代”和融合模糊发展的特点，做出相应的调整，以适应科技与文化融合发展出版物的新特点。

6. 图书馆建筑的智能融合。在荷兰阿姆斯特丹，有一栋被称为“边缘”(The Edge)的 15 层高的智能办公大楼，租用大楼的公司专门设计了一款让员工与大楼“互联”的手机应用程序，实现了智能办公系统中人与建筑间的“互动”。如当员工驾车抵达大楼时，摄像机会快速识别员工的车牌号码，车库大门将自动打开，并能帮助找到一个合适的空停车位。当员工走进办公室时，手机上的应用程序会替你找到一张合适的办公桌，因为整栋楼宇中没有固定的座位，办公地点取决于员工本人的日程安排，并根据每个人的喜好提供个性化服务。如员工在午休时间去健身房锻炼，也可同时为这栋建筑贡献“电力”。如果某天某一部门全体员工外出，大楼内的某一区域会被关闭，从而减少供暖、制冷、灯光、清洁等方面的成本。灯管中的感应器将记录一天下来各区域的员工使用率，这样可以更高效地进行楼宇清洁打扫……[29]笔者认为，智能楼宇中的追踪行为、采集数据、分析互动、个性化服务等智能办公景象同样可以为图书馆大楼所借鉴，从而实现图书馆建筑的智能转型和绿色发展。

7. 馆员与读者的融合。笔者认为，在融合图书馆中，图书馆的业务计划和活动策划可以形成全新模式，即图书馆的服务活动从一个创意开始，让读者从一开始就参与到图书馆的诸多活动中来，让更多的读者参与设计、互动、主导、体验，实现读者从目标服务对象到服务主体与客体的融合，形成图书馆服务的全新形态，在互动中不断丰富完善活动内容，在活动过程和结束后进一步采集读者的体验和改进意见。这种服务前、服务中和服务后的互动，将改变读者被服务的传统模式，形成图书馆服务的社会创新模式，更有效地利用社会创新资源，使图书馆可以通过智能互联与让读者用户从不同角度多样化地参与，从而实现更多的创新的可能性，实现服务主体复合和服务效果叠加，以创建图书馆融合服务的品牌。

8. 图书馆中的机器人服务。笔者认为，图书馆管理与服务中，在有条件的环境下应当融入机器人服务。图书馆的总台咨询、读者培训、外借服务、预约送书、展览讲解、文献搬运、书库取书、清洁打扫等岗位均可考虑采用人形机器人或仿人机器人以及清洁机器人。儿童图书馆可以采用机器人陪伴小读者玩耍。机器人可以不知疲倦地工作，并且不会有抱怨，也不会为其他事情分心。[30]这在一定程度上将克服原来图书馆中简单重复劳动所带来的职业倦怠，并规避以往一线的服务投诉。

综而论之，科技革命和产业变革的融合发展趋势为图情事业带来诸多启示。我们应当超越科技和产业的层面，从道路自信、理论自信、制度自信和文化自信的高度，以创新、协调、绿色、开放、共享的新发展理念为指导，深刻认识当代经济社会融合发展的趋势和文化的内在发展规律，开启图情服务的智能融合模式，走出一条中国特色图情事业的创新、协调和共享的发展之路。

参考文献

[1] John Kay. A second special century is dawning[EB/OL][2016-05-19]. http://www.ft.com/intl/comment/columnists/john-kay.

[2] 超融合产业联盟的正式成立，是否标志着中国超融合元年的开启？[EB/OL][2016-04-28]. http://funnytechnology.baijia.baidu.com/article/294634.

[3] 浪潮王恩东：摩尔定律或失效，智慧计算需要融合架构[EB/OL][2016-05-22]. http://toutiao.com/i6285980265118433794/.

[4] 中共中央、国务院关于深化体制机制改革加快实施创新驱动发展战略的若干意见（中发〔2015〕8 号）[EB/OL][2016-05-16]. http://www.gov.cn/gongbao/content/2015/content_2843767.

[5] 冯雪珺.工业 4.0 创造中德合作新机遇.[N].人民日报，2016-04-27(03).

[6] 怀进鹏出席第四届中国电子信息博览[EB/OL][2016-04-14]. http://www.miit.gov.cn/newweb/n1146290/n1146397/c4709160/content.html.

[7] 刘斌、刘锟.是一盏灯，也是一张网一朵云[N].解放日报，2016-05-13(01).

[8] 丁波涛、王世伟.信息社会引论[M].上海：上海社会科学院出版社，2016：274—275.

[9] 习近平视察解放军报社[EB/OL][2016-05-19]. http://news.xinhuanet.com/2015-12/26/c_1117588434.htm.

[10] 中央军委关于深化国防和军队改革的意见[EB/OL][2016-05-19]. http://news.mod.

gov.cn/headlines/2016-01/01/content_4634899.htm.
[11] 刘诗瑶.实施创新驱动发展战略　强化科技创新引领作用(展望“十三五”)[N].人民日报,2016-04-26(10).
[12] 王汉华、刘兴亮、张小平.智能爆炸:开启智人新时代[M].北京:机械工业出版社,2015.
[13] 颠覆世界的十大未来科技[OL][2016-05-12]. http://www.northnews.cn/2016/0512/2168647.shtml.
[14] 工业 4.0 是革命还是进化[N].新华每日电讯,2016-04-29(8).
[15] 中华人民共和国国民经济和社会发展第十三个五年规划纲要[EB/OL][2016-05-19]. http://news.xinhuanet.com/2016-03/17/c_1118366322.htm.
[16] 通过长三角城市群发展规划[EB/OL][2016-05-19]. http://news.gmw.cn/newspaper/2016-05/12/content_112393431.htm.
[17] 张军社.美海上新战略突显对华两面性[EB/OL][2016-05-21]. http://news.xinhuanet.com/world/2015-03/16/c_127584185.htm.
[18] 思科中国创新中心总部落户广州　彰显城市竞争力吸引力[OL][2016-05-21]. http://www.gd.gov.cn/govpub/zwdt/dfzw/201604/t20160429_228204.htm.
[19] 余建斌.深圳与腾讯共探“互联网+城市服务”[EB/OL][2016-05-21]. http://it.people.com.cn/n1/2016/0424/c1009-28300150.html.
[20] 杰弗里·雷蒙.培养创新人才能成就创新经济[N].人民日报,2016-04-11(22).
[21] Henry Jenkins. *Convergence Culture: Where Old and New Media Collide*[M]. New York: New York University Press, 2006.
[22] 王月.融合文化理论:理解媒介文化的新范式[C].国外社会科学前沿(2015).上海:上海人民出版社,2016:443.
[23] 王世伟.融合图书馆初探[J].图书与情报,2016(1):54—58.
[24] 王汉华、刘兴亮、张小平.智能爆炸:开启智人新时代[M].北京:机械工业出版社,2015:83.
[25] 七成以上中国网民每天手机阅读 1—3 小时[EB/OL][2016-05-21]. http://res.cssn.cn/dybg/dyba_wh/201605/t20160516_3009891.shtml.
[26] 耿银平.“开机有益”也可成为阅读时尚[N].光明日报,2016-04-23(06).
[27] 广东倡导新媒体阅读[EB/OL][2016-05-21]. http://news.gmw.cn/2016-04/22/content_19802912.htm.
[28] 互联网巨头竞推“生态圈”[N].解放日报,2016-05-13(05).
[29] 智能办公不再是幻想[EB/OL][2016-05-21]. http://wenhui.news365.com.cn/html/2016-05/14/content_420391.html.
[30] [美]约瑟夫·巴科恩、大卫·汉森著,潘俊译.机器人革命——即将到来的机器人时代[M].北京:机械工业出版社,2015.

基于数据信息的公共图书馆发展分析与展望

数据信息是具体、实在、生动和富有说服力的情报，历史逻辑的数据、横向比较的数据、分析研判的数据、由表及里的数据、创新引领的数据，将为事业的发展带来省悟和启迪。当然，数据信息中或有虚假数据、片面数据、陈旧数据，这在基于数据信息的分析研究中是要加以注意的，但这是另外一个研究的维度。国内外公共图书馆正在面临创新发展和转型发展，正在面临各类挑战和发展的机遇，正在涌现许多事业发展新思路、新模式、新形态、新举措，这些新的发展往往通过新的数据标准体现出来；而这些数据标准的信息也成为引领未来图书馆科学发展的新标杆和新追求。如 2012 年 5 月 1 日起实施的中华人民共和国国家标准《公共图书馆服务规范》和《公共图书馆评估标准》(2013 年新版)都已先后出台，其中透露出不少新的数据标准的信息；同时业界内外和境内外的诸多数据信息也拓展了我们未来发展的视野和思路。[1] 2012 年 11 月，中国共产党召开了第十八次全国代表大会，大会报告中所提出的中国特色社会主义道路的总体布局思路、特别是完善公共文化服务体系和提高服务效能的要求，为中国公共图书馆未来的扎实推进和科学发展提供了指导。本文试图以数据信息为分析的出发点，从公共图书馆数据信息发展的十个转变和趋势对中国公共图书馆事业的现状与未来发展提出一些初浅的研究心得。

一、从规模数据到效益数据

公共图书馆的规模数据多少年来一直是图书馆事业发展评估的基本数据和主要数据，这些数据包括建筑面积、馆藏文献数量、经费拨款数额等。现在图书馆的排名所依据的主要也是这些数据。但这些规模数据正在趋向效益数据，即在重视原有的规模数据的同时，开始更加注重评估效益数据。

2008 年完成的《国际大都市图书馆指标体系》在指标体系框架设计的四大类型指标中，除资源条件(输入)外，其他三项即服务效能(产生)、服务成果(成果)、影响贡献(影响)等都是从效益的角度设计的。[2]

《公共图书馆服务规范》在第六部分专设了“服务效能”类,其中设立了 6.2“服务效率”,并参照西方国家的图书馆服务标准细分有一些体现服务效能的数据:

6.2.1 文献加工处理时间:要求报纸到馆当天上架,期刊 2 个工作日内上架,省级馆、地级馆和县级馆分别在图书到馆 20、15、7 个工作日内上架服务。

6.2.2 闭架文献获取时间:递交调阅单到获取文献的间隔时间;不超过 30 分钟,外围书库不超过 2 个工作日,古籍等特种文献另按相关规定执行。

6.2.5 的“人均借阅量”条款,提出公共图书馆应分别根据有效持证读者和服务人员的总数,计算已外借文献量(册)占有效持证读者总数和服务人口总数的比例;应适时调整外借册数、借期等流通规则,并制定有针对性的服务策略,逐步提高人均借阅量。

6.2.7 文献提供响应时间和 6.2.8 参考咨询响应时间条款,都要求响应时间不超过 2 个工作日。

《公共图书馆评估标准》的修订宗旨,也着力于业务建设从强调资源建设转向既强调资源也强调服务,增加了大量图书馆服务工作考查指标,如免费开放、网站访问量、数字资源发布量占资源总量的比例、可远程访问资源占发布资源的比例、数据库使用情况等。以《公共图书馆评估标准》的省级图书馆评估为例,注重强化对社会效益的考查,增加了部分服务效益考查的指标,如人均年到馆次数、馆藏书刊文献年外借率、每万人平均参与活动次数、可远程访问数字资源占数字资源发布总量的比例等。[3]

二、从硬件数据到软件数据

硬件数据是指公共图书馆发展的硬件要素,包括馆舍建筑和总体布局、电子信息设备(包括计算机、网络、宽带等),软件数据是公共图书馆发展的软件要素,包括人员、管理、服务等。随着中国公共图书馆文化服务体系的推进,原来十分紧缺的硬件条件有了极大的改善。据统计,1994 年全国公共图书馆首次评估时,公共图书馆公用房屋建筑面积为 409.1 万平方米,到 2009 年第四次评估时,已达 850.3 万平方米。尽管对于中国各级公共图书馆而言,硬件条件有的尚未完全到位,有的也要与时俱进,但现在更为关注的是软件建设,这也是中国公共图书馆事业与西方国家公共图书馆事业的主要差距所在。因此,更加注重软件数据成为一种趋势。

中国仍然是一个发展中国家,这是最大的国情,而发展中不平衡、不协调、不可持续的问题依然突出，中国公共图书馆事业同样如此。以公共图书馆的人力资源为例，据笔者实地调查，2012 年，四川绵竹县 81 万人口，县图书馆馆员 10 人，另有 21 个镇各有 1 个兼职馆员（兼管文化馆等）；四川绵阳北川县人口 23 万，县图书馆在编人员 4 人，另外聘请了 10 名编外人员；新疆克拉玛尼市人口 45 万，新馆拟设编制 120 人左右（不包括外聘清洁保安人员）。另据《上海文化年鉴 2011》统计的信息，上海 2010 年常住人口为 2 301 万，上海市公共图书馆从业人员总计为 2 180 人。[4]从以上数据可以看出，公共图书馆人力资源存在着很大的地区差别，即使是同一地区，也有很大不同。从人力资源的软件数据分析，中国公共图书馆要全面实现公共文化服务体系建设中的基本性、均等性的发展要求，还需要下大力气才能达标。《公共图书馆服务规范》在 5.2 的人力资源条款中分别设置了人员要求、人员配备、人员数量、教育培训、志愿者队伍等，明确提出“具有相关学科背景的专业技术人员应占工作人员的 75%以上”，“每服务人口 10 000 人—25 000 人应配备 1 名工作人员”。据悉，即将出台的《公共图书馆法》将以法律条文的形式，进一步规定每服务 10 000人应配备 1 名图书馆员。这些软件数据的提出，将依法逐步地改善公共图书馆服务中人力资源的不平衡、不协调、不可持续的长期积累的难题。

三、从传统数据到新颖数据

传统数据体现了人们对图书馆事业传统要素的认识，如上面提到的规模数据和硬件数据等，新颖数据是指人们基于信息技术的发展和体现未来发展趋势的数据以及更加注重图书馆科学管理和社会价值的数据等。

《公共图书馆评估标准》中与时俱进地设置了一些较之传统数据不一样的新颖数据，如新媒体服务（包括移动服务、数字电视服务等）、年网站访问量、本地区图书馆服务网络建设（包括本地区服务网络建设规划与效能、参与服务网络的基层图书馆的比例、服务网络内的资源共享情况）、事业发展规划、志愿者管理等。

传统数据中，较注重印刷文献的数量，随着数字化和网络化的发展，电子文献的比例占图书馆总采访经费的比例正在不断增加，这一比例，就是属于新颖数据。据中国国家图书馆研究院提供的数据，2012 年中国国家图书馆采访经费中的电子文献采访经费的比例仅占 14%；另据深圳图书馆提供的数据，2012 年文献采访经费为 1 600 万元，其中 240 万元用于购置数字资源，占6.6%左右，这在趋向智慧图书馆发展的年月，是一个较低的数据，应该引起管理层的关注。因为随着数字化在图书馆的不断渗透和文献数字化的进程的加快，预计到2020年，一些国家80%的出版的期刊将以数字的单一形式问世，一些大学图书馆采访经费的95%将用于购置电子资源。《公共图书馆服务规范》在5.3.1.2“馆藏文献总量”条款中也提出：“公共图书馆应在确保印刷型文献入藏的基础上，逐步增加电子文献的品种和数量。”并在6.2.6“电子文献使用量”条款中提出“公共图书馆应积极宣传电子文献，举办电子文献使用辅导讲座，提升读者使用电子文献的信息素养，保持电子文献使用量逐年增长”。近年来，一些引领业界发展的公共图书馆都十分重视电子文献的采访和使用。如杭州图书馆自建了城市学数据库、杭州本地特色数据库等，购买了CNKI、KUKE数字音乐图书馆等数据库，并与浙江省图书馆合作创建了“浙江网络图书馆”，实现地区间的资源共享，加入OCLC，使用户可以检索到全球2万多个图书馆的14亿条馆藏记录，并可通过馆际互借获取。需要指出的是，在电子文献采访费比例不断增加的同时，我们对于体现图书馆时间价值的各类历史文献，无论是古今中外的何类历史记忆的只字片纸，都必须怀着敬畏之心予以收集、抢救和保存。

四、从主体数据到客体数据

主体数据是指基于图书馆自身发展的数据，而客体数据是指与图书馆事业发展直接或间接相关的其他领域的发展数据。以往公共图书馆的发展一般都聚焦于主体数据，但当代公共图书馆的发展已经呈现经济建设、政治建设、文化建设、社会建设和生态文明建设五位一体互相联系的发展特点，如果说以往公共图书馆与社会也是有密切联系的话，那么如今这种联系就更为紧密了。一些客体发展的数据成为影响公共图书馆发展的重要信息。

著名文化人南怀瑾先生在其生命的最后日子里，曾对近三个世纪人类的威胁从疾病的角度作了分析：19世纪、20世纪初期威胁人类最大的肺病，20世纪威胁人类最大的是癌症，21世纪威胁人类最大的是精神病。这一分析的知识数据，为公共图书馆作为社会信息化环境下的公共文化空间的存在价值提供了新的重要依据。图书馆作为向任何市民开放的第二起居室，可以提供人们面对面的交流，通过阅读、讲座、展览、音乐欣赏等形式，可以为生活节奏过快、工作压力过大的人们提供心灵的按摩和灵魂的疏导，即所谓的阅读疗法。

美国“大西洋网站”2012年11月27日以“2 500万人用手机看书”为题进行了报道，报道中的记者在采访中发现，人们在喜欢的任何媒介上阅读，无论是平板电脑、手机还是其他电子阅读器。报道认为中国现在有超过 4 亿移动网络用户，是全世界最大的智能手机市场，几乎一半的中国成年人阅读不同形式的书籍，约有 25％的读者，即 2.2 亿人阅读电子媒体，在这些人中近 1.2 亿人用手机阅读，而将近 2 500 万人只用手机阅读。报道认为，2012 年底，数字时代已经彻底来到了中国，这股力量显然也包括书。上亿中国读者将接触到越来越广泛的网上世界图书和信息。这一报道中的数据信息给我们深刻印象的主题词是"手机看书"。

另据《文汇报》2012 年 11 月 29 日报道，"碎片时间成阅读黄金时间"，这是《中外书摘》杂志近期在上海书城进行为期 5 天的"关于阅读的 15 个选择"的问卷调查的结果。这一调查显示，上海市民的阅读结构是一个月读两到三本书、每周读书大于 5 小时；喜欢用网络、手机看书；传统阅读时代养成的一些习惯特征正在淡出人们的视野，只有 12％的受访者常常会在书上写批注，大部分受访者已经不再在书中作任何记号；至于在没读完的书本中夹小纸条这个习惯，只有 8％的受访者还保留着；睡前、晚饭后与上下班途中，分别以 52％、44％、43％的比例成为阅读者心目中的黄金阅读时间；随着手机、平板电脑或其他移动平台的普及，越来越多的人利用上下班途中的碎片时间阅读，原本的垃圾时间一跃成为阅读的黄金时间；虽然越来越少的读者在书中作记号、批注和夹纸条，但一旦看到打动自己的文章或段落，几乎所有人都本能地选择传播给更多人；博客、微博等即时社交工具让人们得以在第一时间把自己读到的精彩文字向交际圈发布。这一报道中的数据信息给我们深刻印象的主题词是"碎片阅读"。

无论是"手机看书"还是"碎片阅读"，这种客体数据所折射的发展趋势对公共图书馆的服务管理和阅读推广是一个重要的外在环境的变化，如果我们不研究这种外在环境并提出相应的对策，公共图书馆将在新的阅读浪潮中落伍并被边缘化。

五、从内在数据到外在数据

内在数据是指基于图书馆行业内部的统计比较的数据，而外在数据则是指跳出公共图书馆行业，将公共图书馆的发展置于外在的更广泛的环境下进行统计比较的数据。如公共图书馆的统计可以与人口统计相比较，可以国土面积相比较。这样就使公共图书馆的发展有了一个更广阔的视野。据统计，至 2012 年，全国有 2 952 个公共图书馆，平均每 46.5 万人拥有一所公共图书馆，平均每个公共图书馆辐射半径为 32.6 公里，平均每 3 328 平方公里才拥有一所公共图书馆。

2012年11月25日，由上海市精神文明建设委员会办公室和解放日报报业集团共同举办的第58届文化讲坛在解放大厦举行，论坛透露了《上海文明单位社会责任报告白皮书》的相关信息，其中以“员工责任”“经济与服务责任”“诚信责任”“社区责任”“环境责任”5大指标为内容，收录分析了2011年度上海文明单位社会责任的履行情况；上海市文明办在3 000家文明单位中抽取了不同类型的800余家文明单位的报告进行了评估，结果显示，上海文明单位社会责任报告总体平均分为82.25分，其中机关类单位平均分最高，为84.96分；企业类紧随其后，为83.13分；事业类平均分为79.65分。公共图书馆属于事业类，与机关类和企业类在行业文明创建方面显然还有差距。这种基于外在的比较数据可以推动公共图书馆在更广阔的平台上来进行发展的思考和竞争合作。如上海文明单位要求履行社会责任，这就为公共图书馆在未来的发展中思考如何体现其社会价值提供了一个更广阔的发展空间，其中包括重视员工思想道德建设、注重展示社会诚信、积极参与公益慈善、广泛开展志愿服务、主动建设资源节约型和环境友好型社会等。

1941年，美国学者戈特曼对美国东北部城市化展开研究，并在1961年发表了《城市群:美国城市化的东北部海岸》，20世纪70年代，全球大都市带体系进入了研究的视野，而中国城市化进程在20世纪下半期和21世纪初发展迅速，形成了环渤海城市群、长江三角洲城市群、珠江三角洲城市群等诸多城市群。据统计，中国目前已发展有657个城市；中国科学院地理科学与资源研究所《2010中国城市群发展报告》中提出了23大城市群；国家住建部《全国城市镇体系规划纲要(2005—2020)》提出了三大都市连绵区和13个城镇群。这些城市群的发展数据为公共图书馆在新的基础上发展图书馆资源建设和服务的共同体提供了新机遇。中国的公共图书馆已经借助于城市群的平台，搭建起了讲座服务共同体、展览服务共同体、数字图书馆建设共同体、网上参考咨询共同体等，使原本松散型图书馆共同体趋向紧密型共同体的发展。

中国正迎来移动互联的新时代，互联网和手机网民数发展日新月异，截至2012年7月底，我国已建成全球最大的信息通信网络，电话用户总数达到13.5亿户，互联网网民达到5.41亿人；2012年9月12日在北京开幕的第十一届中国互联网大会显示，内地手机网民已达3.88亿，用手机接入互联网的网民占比提升到72.2%。[5]移动互联的发展数据给公共图书馆服务与管理带来了富有想象力的发展机遇。中国一些公共图书馆已经并正在将这些外在数据作为图书馆业务内在数据发展的红利，以敏感和速度赢得了主动和弯道超越。

2012年11月，搜索引擎公司谷歌因侵犯用户隐私再次遭到处罚：美国地方法院批准了美国联邦贸易委员会判罚谷歌2 250万美元的决定，要求谷歌彻底停止追踪用户上网习惯的侵权行为，成为一件具有里程碑意义的事件。[6]谷歌被重罚2 250万美元这一事件对公共图书馆的启示是，用户隐私保护有待规范，公共图书馆也应注重对读者隐私的保护，并规范相关制度。同时，公共图书馆对于广大读者也要加强信息安全的培训和宣传，在图书馆管理和服务流程中对读者个人信息加强权限管理和安全保护。无论是读者的个人注册信息还是查阅信息，无论是读者的肖像权还是具体的借阅数据，都应注意保护。图书馆的各项服务和应用，可能需要读取读者的相关数据或让读者不知不觉让渡出个人信息，这种让渡个人信息具有两面性：一方面，信息越透明，越有利于个性化需求的满足，服务者更多地了解用户的特点，提供的服务就会更有针对性；但另一方面，信息越透明，个人隐私泄露的风险就越大。这是公共图书馆在网络服务中应加强规范管理所提出的新问题。

六、从静态数据到动态数据

静态数据顾名思义就是指处于静止状态或相对固定的数据，而动态数据则是指管理和服务中正在进行的或依据实际发展相对有所变化和差异化的数据。

2013年《公共图书馆评估标准》根据事业发展的现实情况及未来发展趋势，增加了部分动态发展指标，如服务网络建设、事业发展规划、读者服务区无线网覆盖范围等；同时，立足于图书馆事业的可持续发展，增加了一些与图书馆事业密切相关的、对政府进行考核的指标，包括免费开放本地经费到位情况、财政拨款年增长率与当地财政收入增长率的比率等。服务网络建设是一个正在进行的业务，需要根据实际发展的程度来进行统计；事业发展规划有长远规划、中期规划、年度计划和项目实施方案等，这些发展规划也是一个在实际工作中处于动态的数据，规划的编制和数量质量需要根据实际的发展进行统计；读者服务区无线网覆盖范围是一个建设中的业务统计数据，且各地各馆情况均有所不同，将随着时间的推移而发展变化。

《评估指标》还根据省、地市和县市图书馆在公共图书馆服务体系中的不同地位与作用，对各级图书馆各部分分值分配进行了差异化处理，并在文献资源、服务工作、协作协调、重点文化工程等部分，为各级图书馆分别设计了不同的细化指标，这样就充分考虑了东中西部差异，将定性指标与定量指标结合了起来，将相对值指标与绝对值指标结合了起来，使西部地区图书馆能获得相应分值，在总分上尽量向中西部地区倾斜，并在必备条件设置时也对东中西部做了适当协调。《公共图书馆评估指标》中还对公共图书馆新增了数字图书馆推广工程、公共电子阅览室建设计划、中华古籍保护计划等重大文化工程的评估指标，结合省、市、县三级图书馆以及一般图书馆和少儿图书馆在各大工程项目实施方面承担职责和任务的不同，对各级各类图书馆的工程评估指标进行了差异化处理。

以上列举的几例动态数据与静态数据相结合的例子，进一步将定性与定量相结合、绝对与相对相结合的原则渗透到动态数据之中，将更能全面立体地反映出图书馆发展的实际状况。

七、从单一数据到综合数据

单一数据是指数据反映的内容专指性较强，往往局限于某一范围、某一领域或某一主题，而综合数据则往往涉及相关联的多项内容，体现出图书馆事业全面协调可持续发展的全面性、综合性和联系性，突出了事业发展的重点和关键。

从《公共图书馆评估指标》框架结构分析，共分为三级指标，2013 年版修改后，二级指标从 39 个减少至 36 个，三级指标 69 个增加到 100 个；共新增指标 50 个，删除指标 10 个。《评估指标》的这一较大程度的修改完善，跳出了各单一数据的局限，将各级各个指标放在统一的层面上加以分析和增删，三级指标的大幅度增加，体现了图书馆工作评估更加求实和具体，也体现了指标修改的综合性和整体性原则。通过各部分分值的调整，一方面突出用户服务、馆藏资源等核心业务，另一方面体现各级公共图书馆的工作重点和职能。

《公共图书馆评估指标》中省地县公共图书馆关联分值比较表

行政级别	省级	地市级	县级
指标	分值	分值	分值
一、设施设备	100	150	150
二、馆藏资源	150	150	150
三、用户服务	200	200	250
四、协作协调	150	100	100
五、管理	150	150	150
六、人员	100	100	100
七、重大文化工程建设	150	150	100

从以上比较表的数据可以看出，设施设备类分值更加向地县级倾斜；从用户服务而言，县级基层图书馆的服务权重更多；从协作协调而言，省级图书馆的权重更多；从重大文化工程建设而言，省地级图书馆的权重更多。这种分值的变化，体现出单一指标向关联性的综合指标发展的趋势。

从单一数据向综合数据的发展，体现了兼容并包的理念。以建筑为例，巴黎歌剧院建筑在世界建筑史上被认为是折中主义的典范，这一建筑以海纳百川的胸怀，将石材建筑（金字塔）、哥特式建筑（巴黎圣母院）、古罗马建筑（圣彼得大教堂）、巴洛克建筑（艺术形式的新奇特和光影的对比等）等各种建筑风格和要素融为一体。公共图书馆建设注重综合数据的发展转变，与巴黎歌剧院有异曲同工之妙，也正是公共图书馆界正在实践并在理论上研究的复合型图书馆、智慧型图书馆所秉持的思想。

八、从样本数据到全本数据

样本数据就是抽样的选择性数据，而全本数据则是全覆盖的不加筛选的数据，后者较之前者更能反映图书馆事业发展的真实状况。如近年来关于阅读率的调查，有研究机构进行了抽样调查，得出了相应的调查结果；也有图书馆进行了某一城市或某一地区的全员调查，将已在图书馆办证的全部读者均纳入调查的范围，同样也得出了相应的调查结果，显然，后者的可信度要比前者更高一些。图书馆管理中也可以进行调查，如果用全本数据代替样本数据，这样的调查结果同样会更接近事实。上海图书馆曾经委托复旦大学管理学院进行过组织文化建设的调查，在对馆级管理层、中级管理层和广大员工以及读者的调查中，馆级管理层和中级管理层均采用了全本数据；员工进行了抽样，但比例很高；读者用户的调查也设计了相当数量的样本。这样的组织文化建设的调研报告基础就比较坚实，得出的结论也令人信服。当然，全本数据只能在有限的情况下进行，多数情况下还只能采用抽样的样本数据，这也是调查的一般规律。

九、从发展数据到绿色数据

发展数据就是图书馆事业发展的数量增长和具体状况，绿色数据就是注重图书馆生态文明建设的相关数据。中国的发展经历了从注重数量的发展到注重质量效益和可持续的过程：从早期的“又快又好发展”到后来的“又好又快发展”，再上升至“平稳较快增长”，直到 2012 年 12 月中央经济工作会议提出的“持续健康发展”，这样的发展思路，体现出以质量效益为中心，追求没有水分的增长，更加注重资源节约、环境友好和可持续发展。2012 年 11 月召开的中共“十八大”把生态文明建设放在了突出地位，融入经济建设、政治建设、文化建设、社会建设各方面和全过程，提出了努力建设美丽中国的新构想，以实现中华民族永续发展，这就要求公共图书馆的发展一定要更加自觉地珍爱自然，更加积极地保护生态，实现从发展数据向绿色数据的转型。所谓“绿色数据”，具体而言，就是指“低投入、低消耗、低排放、可循环、高效益、可持续”的数据；这些绿色数据要求公共图书馆着力推进绿色发展、循环发展、低碳发展，把资源消耗、环境损害、生态效益等指标纳入评价体系，形成图书馆节约资源和保护环境的空间格局、业务流程、管理方式、行为习惯、服务产品，通过美丽图书馆的建设，实现环境典雅、贴近自然、宁静清新、舒适安全、节能环保。近年来，台湾台北市北投图书馆以“绿屋”的全新理念建造了一个低碳发展、循环发展、绿色发展的图书馆，中国大陆落成不久的湖北省图书馆和天津市图书馆新馆也都开始注重绿色发展的理念并付诸实践，已有了一个良好的开端。随着中国生态文明建设的发展，未来图书馆的绿色数据将会成为发展的主流。

十、从现实数据到目标数据

现实数据就是当前现时的发展数据，而目标数据一般指三年行动计划数据、五年规划数据以及十年后的长远规划数据。人无远虑，必有近忧。将现实数据与目标数据结合起来加以分析，从现实数据中既看到成绩和进步，更看到不足和忧患，居安思危，迎接挑战，这是公共图书馆事业发展的重要精神状态和发展意识。中共“十八大”提出了确保到 2020 年实现全面建成小康社会的宏伟目标，对未来文化软实力显著增强提出了具体要求。这就需要我们从埋头现实数据中抬头展望目标数据，将社会主义核心价值体系深入人心、公民文明素质和社会文明程度明显提高、文化产品更加丰富、公共文化服务体系基本建成、中华文化走出去迈出更大步伐、加强重大公共文化工程和文化项目建设、完善公共文化服务体系、提高服务效能、促进文化和科技融合、发展新型文化业态、增强国有公益性文化单位活力、表彰有杰出贡献的文化工作者等发展愿景和发展要求细化为脚踏实地、循序渐进的目标数据。空谈误馆，实干兴业。现实数据令人鼓舞，目标数据催人奋进，在现实数据的基础上添砖加瓦，就能一步一个脚印地迈向发展的愿景。

除了以上数据信息发展的十个转型和趋势外，公共图书馆的数据信息也正面临着海量大数据的挑战，从以往单一空间的有限的数据正在走向跨界互构的无限数据。没有数据就没有依据，因此，公共图书馆的发展应当建设在数据分析之上；同时数据信息也应当与图书馆的发展趋势结合起来。全球图书馆正呈现五大发展趋势：一是更加注重并体现图书馆作为时间价值即历史记忆的功能，二是更加注重并体现图书馆作为空间价值即跨域泛在的创新整合与资源共享，三是更加注重并体现图书馆作为空间价值即公共空间体系的作用，四是更加注重并体现图书馆作为社会价值即可持续发展的理念与实践，五是更加注重并体现图书馆作为社会价值即无限可能的知识信息中心功能。将基于数据信息的分析研究与以上五大发展趋势紧密结合起来，公共图书馆事业的发展就能创新转型，以体现健康持续的发展要求，并真正实现有质量、有效益、无水分、可持续的覆盖全社会的公共图书馆文化服务体系的发展愿景。

参考文献

[1] 中华人民共和国国家质量监督检验检疫总局、中国国家标准化管理委员会发布.中华人民共和国国家标准.公共图书馆服务规范.GB/T28220—2011[M].北京：中国标准出版社，2012/12/25.

[2] 王世伟主编.国际大都市图书馆指标体系研究[M].上海：上海科学技术文献出版社，2009：2—6.

[3] 申晓娟.第五次公共图书馆评估标准修订的思路与重点.在 2012 年中国图书馆年会第 19 分会场“图书馆服务与评估标准”上的演讲.

[4] 屠光绍主编.上海文化年鉴 2011[M].上海：《上海文化年鉴》编辑部，2011：328—329.

[5] 张意轩、范璐.中国建成全球最大信息通信网络[N].人民日报海外版 2012-09-17(05).

[6] 张薇.谷歌被重罚 2 250 万美元[N].光明日报，2012-11-29(05).

决策咨询篇

大数据战略是新时代建设网络强国的着力点

2017年10月中共“十九大”报告中，习近平在论述加快建设创新型国家时，将建设网络强国与建设科技强国、质量强国、航天强国、交通强国、数字中国、智慧社会等并列，作为建设现代化经济体系和创新型国家的重要举措。努力把我国建设成为网络强国是习近平中国特色社会主义思想中关于网络观的重要内容，也是实现中华民族伟大复兴中国梦不可或缺的组成部分。2014年2月，在中央网络安全和信息化领导小组第一次会议上，习近平总书记以宏阔视野和战略思维，高瞻远瞩地提出了网络强国战略思想，指出：“网络安全和信息化是事关国家安全和国家发展、事关广大人民群众工作生活的重大战略问题，要从国际国内大势出发，总体布局、创新发展，努力把我国建设成为网络强国。”在十九大后举行的中央政治局第二次集体学习中，习近平特别强调了实施国家大数据战略、加快建设数字中国的战略视野和战略谋划，为我们在新时代进一步深化建设网络强国、为进一步推动我国从网络大国迈向网络强国指明了着力点和路线图。

一、我们已进入以大数据为标志的信息化发展新阶段

在互联网(移动互联网)、物联网、云计算、人工智能等信息技术交叉汇聚、共同进步的推动下，人类社会正呈现出万物感知、万物互联、万物智能、万物计算、万物赋能的新形态，几乎无所不在、无时不在的物物互联、人物互联、人人互联极大地扩大增加了数据足迹，爆发性增长的海量数据成为当代信息社会最具特点的新标志，数据全面感知、数据海量集聚、数据精准计算、数据智慧分析、数据资产认知、数据驱动发展，这些以大数据为特征的经济社会发展全新态势构成了信息社会发展的新阶段，信息文明进入了大数据发展的新阶段。伴随着中国和全球互联网和宽带的发展，大数据发展新阶段正在表现出与以往不同的发展特点。

据国际电信联盟《信息与通信技术事实与数据 2017》报告，从 2012 年至 2017 年的五年中，全球宽带服务速度不断升级，国际互联网带宽从 2015 年到 2016 年增长了 32%，移动宽带的发展在很大程度上已经超过了固定宽带，全球移动宽带订购以平均每年超过 25%的速度增长，这些因素导致了大约一半的世界人口能够接入互联网和更高速度的宽带服务。2017 年全球青年（15—24 岁）使用互联网的比例，在 104 个国家中有超过 80%的青年人口使用网络，在上网的 8.3 亿青年人中，有 3.2 亿（39%）在中国和印度。世界互联网统计网站的最新统计数据，截至 2017 年 6 月 30 日，世界总人口约 75.19 亿，使用过互联网的"网民"（Internet Users）已达到 38.35 亿，全球互联网的渗透率（Penetration Rate）为 51%。另据中国互联网络信息中心（CNNIC）发布的第 40 次《中国互联网络发展状况统计报告》数据显示，截至 2017 年 6 月，我国网民规模达到 7.51 亿，占全球网民的五分之一，互联网普及率为 54.3%，超过全球平均水平 4.6 个百分点。与此同时，中国信息化全球排名也呈上升趋势。据中国互联网络信息中心（CNNIC）发布的《国家信息化发展评价报告（2016）》指出，中国信息化全球排名从 2012 年的第 36 位迅速攀升至 2016 年的第 25 位，首次超过二十国集团的平均水平。2016 年 4 月 19 日，在网络安全和信息化工作座谈会上，习近平总书记对中国互联网飞速发展和网民数的急剧攀升进行了点赞："互联网越来越成为人们学习、工作、生活的新空间，越来越成为获取公共服务的新平台。我国有 7 亿网民，这是一个了不起的数字，也是一个了不起的成就。"

随着网民数、手机上网数、上网时间数的上升，信息数据量剧增，为人工智能时代创造了信息数据的基础和环境，对经济发展、政治建设、社会治理、国家管理、文化事业、国防外交、人民生活等都产生了重大影响。诚如百度公司董事长兼 CEO 李彦宏在第四届世界互联网大会全体大会上发表的演讲中所指出的，当前互联网有三个成长动力：算法、算力、数据。中国互联网独特的地方是，7 亿网民说同样的语言，遵守同样的法律，产生统一规则的数据，可以推动算法的创新，从而促进算力的提升。从金融到房产、教育、医疗等，都会因人工智能而发生变化，这是个伟大的时代，人工智能堪比工业革命，期待能给每一个人带来新的惊喜。

二、大数据战略是建设网络强国的重要动能

早在 2013 年 7 月 17 日，习近平在视察中国科学院发表的重要讲话中就

曾深刻揭示了大数据对当今世界发展的重大战略作用，指出浩瀚的数据海洋就如同工业社会的石油资源，蕴含着巨大生产力和商机，谁掌握了大数据技术，谁就掌握了发展的资源和主动权。这正是网络强国目标建设的题中应有之义。

从国内外大数据发展的态势分析，大数据已成为当代经济社会发展的重要引擎动能，成为全球各国科技和产业竞争合作的重要领域和制高点，成为各行业创新转型的新空间和新范式；与此同时，巨量和普遍的信息安全、网络安全、数据安全问题呈频发态势，成为各国关注的焦点。大数据战略与网络强国目标是互为因果不可分割的。大数据战略是建设网络强国的重要动能，而网络强国目标将进一步助推大数据战略的发展。中共“十九大”报告中指出要“推动互联网、大数据、人工智能和实体经济深度融合”。在“十九大”闭幕后的2017年12月上旬，习近平在三次讲话和贺信中均同时提到了“互联网”和“大数据”。12月1日，习近平在中国共产党与世界政党高层对话会上的主旨讲话中指出：“今天，互联网、大数据、云计算、量子卫星、人工智能迅猛发展，人类生活的关联前所未有……”12月3日，习近平在致第四届世界互联网大会的贺信中指出：“中共十九大制定了新时代中国特色社会主义的行动纲领和发展蓝图，提出要建设网络强国、数字中国、智慧社会，推动互联网、大数据、人工智能和实体经济深度融合……”12月8日，习近平在主持中共中央政治局就实施国家大数据战略进行第二次集体学习时强调：推动互联网、大数据、人工智能同实体经济深度融合。这些论述都反复强调了大数据对于建设网络强国的重要意义。

习近平在中央政治局第二次集体学习中强调了实施国家大数据战略的十六字方针，即“审时度势、精心谋划、超前布局、力争主动”。这正是建设网络强国和数字中国新征程中所要秉持的发展战略。审时度势，就是要登高望远，深入了解大数据发展现状和趋势及其对经济社会的影响，分析我国大数据取得的成绩和存在的问题，对大数据的战略发展机遇和面临的挑战有清醒的认知。精心谋划，就是要运用世界眼光和未来视野对大数据发展进行战略设计，确定战略目标、实施方略和政策路径。超前布局，就是要推动实施国家大数据战略，加快完善数字基础设施，推进数据资源整合和开放共享，保障数据安全，加快建设数字中国，更好服务我国经济社会发展和人民生活改善。力争主动，就是要把握信息化发展进入大数据新阶段的时间窗口，充分发挥中国网络大国的优势，借鉴世界各国的发展经验，走中国特色的大数据战略发展和网络强国之路，并为全球网络治理贡献中国智慧和中国主张。

三、大数据战略实施的六大着力点

如果说，建设网络强国的战略部署要与“两个一百年”奋斗目标同步推进，向着网络基础设施基本普及、自主创新能力显著增强、信息经济全面发展、网络安全保障有力的目标不断前进的话，那么，实施国家大数据战略正是建设网络强国的着力点所在。对于如何实施国家大数据战略，习近平提出了“六要”的具体部署和路线图。

（一）推动大数据技术产业创新发展

“十九大”报告指出，加快建设制造强国，加快发展先进制造业，推动互联网、大数据、人工智能和实体经济深度融合，在中高端消费、创新引领、绿色低碳、共享经济、现代供应链、人力资本服务等领域培育新增长点、形成新动能。习近平在全国政协2018新年茶话会上的讲话中指出：“时间不等人！我们必须走在时间前面，成为时代的弄潮儿。”“十九大”召开之后不久，国家工信部于2017年12月发布了《促进新一代人工智能产业发展三年行动计划（2018—2020）》，旨在贯彻落实“十九大”精神和落实此前发布的《新一代人工智能发展规划》，加快人工智能产业发展，推动人工智能和实体经济深度融合。这一行动计划按照“系统布局、重点突破、协同创新、开放有序”的原则，提出了四方面主要任务：培育智能产品；突破核心基础；深化发展智能制造，鼓励新一代人工智能技术在工业领域各环节的探索应用；构建支撑体系，完善人工智能发展环境。这些新举措正是体现了“审时度势、精心谋划、超前布局、力争主动”的国家大数据发展战略方针。

（二）构建以数据为关键要素的数字经济

当前，世界经济加速向以网络信息技术产业为重要内容的经济活动转变，大数据成为新的生产要素，建立在数据基础上的数字经济已成为创新经济、开放经济和代表未来的新经济。在全球经济增长乏力情形下，数字经济被视为推动经济变革、效率变革和动力变革的加速器和撬动经济发展的新杠杆。中国信息通信研究院发布的《中国数字经济发展白皮书2017》显示，2016年中国数字经济总量达到22.6万亿元，同比增长近19%，占GDP比重超过30%。中国使用手机上网用户突破11亿元，居世界第一，光缆线路总长达3 041万公里，居世界第一；数字经济总量跃居全球第二，一批世界级互联网企业重塑创新格局。中国在制造业、消费等领域都正在发生“数字蝶变”。据统计，2016 全年美国移动支付规模是 1 120 亿美元，而 2016 年中国移动支付的市场规模达 5.5 万亿美元，是美国的近 50 倍。中国在移动支付市场上发展迅猛，很可能会成为全球第一个建成“无现金社会”的国家。根据预测，2035 年我国的数字经济将达 16 万亿美元，数字经济将推动中国工业制造深层次变革，构建更敏捷的生产、经营、管理体系。以信息化培育新动能、用新动能推动新发展正是历史赋予中国发展的历史契机。

互联网、大数据、人工智能和实体经济深度融合，正在催生中国传统制造业的基因突变和全新转型，从全球产业链的中低端趋向中高端。2016 年 20 国集团杭州峰会上，我国推动制定通过了《二十国集团数字经济发展与合作倡议》，“数字经济”这一全新的经济概念一经提出，便受到全世界的关注。数字经济的发展趋势要求我们加快传统产业数字化、智能化，做大做强数字经济，拓展经济发展新空间。

（三）运用大数据提升国家治理现代化水平

大数据新阶段带来的改变不仅在经济领域，也为国家管理开辟了新途径，为社会治理创新提供了新手段。我们要深刻认识大数据在国家管理和社会治理中的作用，以数据集中和共享为途径，建设全国一体化的国家大数据中心，推进技术融合、业务融合、数据融合，实现跨层级、跨地域、跨系统、跨部门、跨业务的协同管理和平台服务。这里需要转变大数据新阶段的思维模式，利用互联网扁平化、交互式、快捷性优势，推进政府决策科学化、社会治理精准化、公共服务高效化，用信息化手段更好感知社会态势、畅通沟通渠道、辅助决策施政。

“十九大”报告中指出：“加强互联网内容建设，建立网络综合治理体系，营造清朗的网络空间。”网络空间与物理空间一样，都是依法治理的空间，我们应通过大数据的新技术和新手段，坚持依法治网、依法办网、依法上网，使数据海量增长的人类共同家园的互联网更美丽、更干净、更安全。

（四）运用大数据促进保障和改善民生

大数据的创新被誉为从根本上打开增长之锁的钥匙。作为新一轮科技和产业革命的标志性技术，大数据技术日新月异，已经并将给人们的生产方式和生活方式带来革命性变化。习近平指出：“要适应人民期待和需求，加快信息化服务普及，降低应用成本，为老百姓提供用得上、用得起、用得好的信息服务，让亿万人民在共享互联网发展成果上有更多获得感。”习近平在 2018 年新年贺词中特别强调了民生改善问题，指出："我们伟大的发展成就由人民创造，应该由人民共享。我了解人民群众最关心的就是教育、就业、收入、社保、医疗、养老、居住、环境等方面的事情，大家有许多收获，也有不少操心事、烦心事。我们的民生工作还有不少不如人意的地方，这就要求我们增强使命感和责任感，把为人民造福的事情真正办好办实。各级党委、政府和干部要把老百姓的安危冷暖时刻放在心上，以造福人民为最大政绩，想群众之所想，急群众之所急，让人民生活更加幸福美满。"因此，发挥大数据的技术优势，实施"互联网＋教育""互联网＋医疗""互联网＋文化"等，促进基本公共服务均等化，既是促进保障和改善民生的重要路径，也有无限发展的新需要和巨大空间。如基于大数据和互联网的远程教育和医疗、互联网异地办理身份证和异地医保、基于互联网和互连互通技术的智能养老、大数据和云计算下的信息安全防范和保障、大数据环境数据监测，等等。

（五）切实保障国家数据安全

如同任何事物都具有两面性，我们在建设网络强国、实施国家大数据战略中，既要将大数据的正能量发挥到极致，也要预防和规避其负效应，这里讨论的主要问题就是数据安全。"没有网络安全就没有国家安全，没有信息化就没有现代化"成为习近平网络观的至理名言。

大数据所引发的数据安全已成为大数据创新中的现实难题。近年来，国内外数十万、数百万、数千万乃至亿级的数据泄露成为常态。据《科学美国人》报道，2017 年中发生了多起重大的数据泄露事件，仅 2017 年上半年就有 19 亿条记录被泄或被盗，比 2016 年全年总量(14 亿条)还多。如何切实保障国家数据安全和个人信息安全成为各国发展大数据战略所面临的紧迫任务。我国如何加速网络基础设施建设，打好数字经济的"地基"，如何探索更优的信息共享和互信互认机制，如何守住安全底线，这些都需要在创新中探索解决。在 2015 年第二届世界互联网大会开幕式上，习近平总书记指出："世界范围内侵害个人隐私、侵犯知识产权、网络犯罪等时有发生，网络监听、网络攻击、网络恐怖主义活动等成为全球公害。"从世界范围看，网络安全威胁、数据安全风险日益突出，并正在向政治、经济、文化、社会、生态、国防等领域传导渗透。因此，国际社会应该在相互尊重、相互信任的基础上，加强对话合作，推动互联网全球治理体系变革，共同构建网络空间命运共同体。

从切实保障国家数据安全的角度出发，最关键最核心的技术要立足自主创新、自立自强，瞄准世界科技前沿，强化基础研究，实现前瞻性基础研究、引领性原创成果重大突破；还要加强关键信息基础设施安全保护，增强数据安全预警和溯源能力，把国家数据安全的“命门”真正掌握在自己手里，改变信息系统各个领域让国外企业一统中国市场天下、核心零部件依赖进口并存在木马和漏洞以及后门等严重安全风险的局面。令人可喜的是，这样的局面正在逐步改变。如新近诞生了基于“天玥”系列计算机产品、“天熠”云平台的中国航天科工商密网——这是截至目前国内最大的自主可控信息系统，被业内专家誉为国内实行网络信息安全自主可控替代的典型。同时，在保障国家数据安全的发展中要坚持开放创新，在不断与高手过招中提升发现自身的差距，以提高自己。如中美双方 2017 年 12 月签署了《北斗与 GPS 信号兼容与互操作联合声明》，促进了世界卫星导航大家庭成员之间的合作，标志着北斗和 GPS 在卫星导航系统的设计、建设方面，可以实现信号兼容使用，进一步提升导航定位精度，更好地服务全世界的用户。

（六）提升各级管理者的数据素养

在大数据发展的新阶段，各级管理者应实现从提高信息素养到提高数据素养的转变，这里讨论的数据素养较之以往的信息素养内容更新、更全面。数据素养应包括安全意识、网络技能、数据计算、智能伦理等内容。“十九大”报告指出：“善于运用互联网技术和信息化手段开展工作”，这是大数据新阶段迈向网络强国目标新程征中对各级管理者提出的新要求，也是奋力开创网络强国新时代必须坚持的方针政策。

在互联网飞速发展的当下，“互联网成为我们同群众交流沟通的新平台，成为了解群众、贴近群众、为群众排忧解难的新途径，成为发扬人民民主、接受人民监督的新渠道”。从各级管理者而言，既要善于总结以往的管理经验，更要顺应网络覆盖、数据驱动、智能一切的发展趋势，还要积极适应并把握大数据算法给管理工作带来的新变化和新特点。在大数据发展的新阶段，凭经验和规律进行管理的理念已经不合时宜了，一成不变的观念已经难以胜任当下的各项管理工作，需要用经验、规律、算法的综合素养作为新时代科学管理的新思路。

新时代、新理论、新征程、新气象、新作为，是中共“十九大”为我们描绘的新蓝图和提出的新要求。作为正在崛起的网络大国，我们正在从网络大国向网络强国砥砺前行。幸福都是奋斗出来的，我们应以道路自信、理论自信、制度自信和文化自信，奋力开创大数据时代网络强国建设的新局面。

以文化的力量构建全球互联网治理的规则体系

小智治事，大智治制。面对以互联网为核心的新一轮科技革命和产业变革蓄势待发，面对互联网的新空间、新平台、新领域和新家园，全球互联网治理呼唤与时俱进，因时而变，以“创新驱动、造福人类”为导向，以文化的力量携手共建网络空间命运共同体，构建多边民主透明和公正合理的全球互联网治理的规则体系。

一、构建全球互联网治理规则体系的创新文化

创新是引领全球互联网发展的第一动力，也是构建全球互联网规则体系的牛鼻子和基点。2016 年 1 月，习近平在省部级主要领导干部学习贯彻十八届五中全会精神专题研讨班上指出：“要着力实施创新驱动发展战略，抓住了创新，就抓住了牵动经济社会发展的‘牛鼻子’。抓创新就是抓发展，谋创新就是谋未来。我们必须把发展基点放在创新上，通过创新培育发展新动力、塑造更多发挥先发优势的引领型发展，做到人有我有、人有我强，我强我优。”2016 年 9 月，习近平在二十国集团工商峰会开幕式的主旨演讲中提出了对当前世界经济把脉开方、标本兼治、综合施策的四点中国主张，其中第一点就是“建设创新型世界经济，开辟增长源泉”。互联网具有创新的秉赋和基因，创新是从根本上打开互联网增长之锁的钥匙，也是打开构建全球互联网治理规则体系的钥匙。我们要把握以互联网为核心的新科技革命和产业变革所带来的历史性机遇，构建全球互联网治理的规则体系，就必须秉持创新文化。

互联网日益成为创新驱动发展的先导力量。如果说推动网络经济需要创新发展，那么构建全球互联网治理体系同样需要创新文化的引领。随着国际力量对比消长变化和全球挑战日益增多，加强全球治理、推动包括全球互联网治理体系在内的全球治理体系变革已呈大势所趋，并正处在历史转折点上。从全球观察，国际力量对比正在发生深刻变化，新兴市场国家和一大批发展中

国家快速发展，国际影响力不断增强。这一最具革命性的变化使数百年来列强通过战争、殖民、划分势力范围等方式争夺霸权逐步向各国以制度规则协调关系和利益的方式演进，建设国际机制、遵守国际规则、追求国际公平正义成为多数国家的共识，这就为构建全球互联网的规则体系提供了良好国际环境和发展机遇。同时，互联网领域发展不平衡、规则不健全、秩序不合理等问题日益凸显，呼唤推动互联网全球治理体系变革，共同构建和平、安全、开放、合作的网络空间，建立多边、民主、透明的全球互联网治理体系。这就迫切需要用创新驱动的新理念予以指导，在全球互联网治理规则体系的构建中反映国际格局的变化，特别要增加新兴市场国家和发展中国家的代表性和发言权，坚持多边参与和多方参与，通过完善网络空间对话协调机制，推进全球互联网治理规则体系的民主化和法治化，更加平衡地反映大多数国家的意愿和利益。

2016 年 4 月，习近平在网络安全和信息化工作座谈会上的讲话中指出："总体上说，网信事业代表着新的生产力、新的发展方向，应该也能够在践行新发展理念上先行一步。"创新发展是构建全球互联网治理规则体系的牛鼻子和基点，协调发展是网络空间治理特征的内在逻辑，绿色发展是全球经济社会可持续发展对网络空间的必然要求，开放发展是激发网络无限活力并维护网络安全的积极保障，共享发展是让互联网发展成果造福中国和世界各国人民的有效途径。因此，将创新驱动的文化力量注入全球互联网规则体系的构建，正是顺势而为之举，也是题中应有之义。构建全球互联网治理的规则体系，必将成为中国互联网发展的新起点，全球互联网治理的新蓝图。

二、构建全球互联网治理规则体系的人本文化

网信事业的发展，必须贯彻以人民为中心的发展思想，这是中共十八届五中全会提出的一个重要观点，也应成为构建全球互联网治理规则体系的文化追求。中国互联网络信息中心发布的第 38 次《中国互联网络发展状况统计报告》显示，截至 2016 年 6 月，中国网民规模达 7.1 亿，互联网普及率达到 51.7%，超过全球平均水平 3.1 个百分点；全球的网民数也已接近世界人口的半数。随着互联网的普及与应用，巨量的数据信息正以空前的规模和速度在全球范围内被感知、联接、流动和应用，传统的信息安全已更多地聚焦于网络空间，正在形成规模安全、泛在安全、跨域安全、综合安全以及隐性安全的发展新趋势与新特点，成为我们正在面临的非传统安全的全球性重大挑战，这需要

世界各国以人本文化的新理念与新举措加以治理，通过全球互联网治理体系的变革，形成世界各国以互联网制度规则协调关系和利益的新体制和新机制，从而为互联网更好地造福人民提供制度保障。

以人民为中心也是习近平网络观的重要思想。2014 年 2 月，习近平在中央网络安全和信息化领导小组第一次会议上指出："网络安全和信息化是事关国家安全和国家发展、事关广大人民群众工作生活的重大战略问题，要从国际国内大势出发，总体布局，统筹各方，创新发展，努力把我国建设成为网络强国。"2014 年 4 月，习近平总书记在中央国家安全委员会第一次会议讨论总体国家安全观时提出："必须坚持总体国家安全观，以人民安全为宗旨，以政治安全为根本，以经济安全为基础，以军事、文化、社会安全为保障，以促进国际安全为依托，走出一条中国特色国家安全道路。"2014 年 11 月，习近平在给首届世界互联网大会的贺信中指出："中国正在积极推进网络建设，让互联网发展成果惠及 13 亿中国人民"，"推动互联网更好造福人类"。2016 年 4 月，习近平在网络安全和信息化工作座谈会上的讲话中系统阐述了国家网络安全和信息化发展的六个重大问题，其中第一个问题就是推动我国网信事业发展，让互联网更好造福人民，强调"让亿万人民在共享互联网发展成果上有更多获得感"，"网络安全为人民，网络安全靠人民，维护网络安全是全社会共同责任，需要政府、企业、社会组织、广大网民共同参与，共筑网络安全防线"。这些体现人本文化的理念和思想应成为构建全球互联网治理规则体系的文化指导。

三、构建全球互联网治理规则体系的"共""合"文化

中共"十八大"以来，中国提出践行正确义利观，推动构建以合作共赢为核心的新型国际关系，打造人类命运共同体，倡导共同、综合、合作、可持续的安全观，其中所蕴含的中国的"共""合"文化已经并将继续成为构建全球互联网治理规则体系的文化引领。2015 年 10 月，习近平在中共中央政治局第 27 次集体学习中指出："全球治理体制变革离不开理念的引领，全球治理规则体现更加公正合理的要求离不开对人类各种优秀文明成果的吸收。"而中国的"共""合"文化正是体现了中华文化中积极的处世之道和治理理念同当今网络时代的共鸣点。

"共商共建共享"是中国全球治理观的核心理念和原则。"共"字在中国汉古文字字形中呈两手持执同举形状，东汉许慎的《说文解字》解释为"同也"，表

示携手共举。按照“共”的文化理念，我们应当以和平之网共建、安全之网共护、开放之网共育、合作之网共推、多边之网共举、民主之网共治、透明之网共担、法制之网共立、互连之网共享、互通之网共赢的“共”的价值观推进全球互联网治理规则体系的构建。2016 年 10 月，在印度果阿，习近平同金砖国家领导人共话机遇、共迎挑战、共谋发展、共创未来，提出了共同建设开放世界、共同勾画发展愿景、共同应对全球挑战、共同维护公平正义、共同深化伙伴关系的五点思路建议，为金砖发展开出药方，这些思路建议也充分体现了“共”的价值观的灵魂与精髓。

合作、多边、民主是中国全球互联网治理的核心理念。“合”，东汉许慎《说文解字》解释为“合口也”，字形上为三合之形，下为口，古文字学家认为是“三口相同为合”，也有解释“合”为器物相合、以口对答、岁时会合、共同祭祀等含义。互联网已成“鸡犬之声相闻”的地球村，相隔万里的人不再老死不相往来，网络深度融入经济社会发展和人民生活，这正是体现了“合”字的会合相合、融合联系之义。互联网发展不平衡、规则不健全、秩序不合理问题日益凸显，国际社会应加强对话合作，这正是反映了“合”字的对答相合之义。中国古代文化中以三为多，三口相合，即意为多口相合。构建互联网治理体系应该坚持多边和多方参与、由大家商量着办。第三届世界互联网大会吸纳了联合国经济和社会事务部、国际电信联盟、世界经济论坛等重要国际组织作为协办单位，这正是“合”字“合口也”的寓意。通过多边和多方参与，发挥联合国在互联网治理中不可替代的作用，发挥政府、国际组织、互联网企业、技术社群、民间机构、公民个人等各个主体作用，使互联网治理体系更加公正合理，更加平衡地反映大多数国家意愿和利益。

2016 年 4 月，习近平在网络安全和信息化工作座谈会上的讲话中指出：“目前，大国网络安全博弈，不单是技术博弈，还是理念博弈、话语权博弈。我们提出了全球互联网发展治理的‘四项原则’‘五点主张’，特别是我们倡导尊重网络主权、构建网络空间命运共同体，赢得了世界绝大多数国家赞同。”这充分体现了加强合作推动全球治理体系变革、共同促进人类和平与发展崇高事业的中国主张、中国原则和中国智慧。2016 年 9 月，在中国杭州举办的二十国集团杭州峰会上，习近平主席曾首次阐述了全球经济治理观：全球经济治理应该以平等为基础，以开放为导向，以合作为动力，以共享为目标，共同构建公正高效的全球金融治理格局、开放透明的全球贸易投资治理格局、绿色低碳的全球能源治理格局、包容联动的全球发展治理格局。这一全球经济治理观与全球互联网发展治理观可谓是一脉相承，交相辉映，其中所体现的正是中国的“共”“合”文化，向世界展示了中国文化的精神和力量。

四、三届世界互联网大会主题递进的文化逻辑

回顾 2014 年至 2016 年三届世界互联网大会的主题，我们可以发现，其内在主题有着逐年递进的文化逻辑。第一届世界互联网大会的主题是“互联互通，共享共治”；第二届世界互联网大会的主题是“互联互通，共享共治——构建网络空间命运共同体”；第三届世界互联网大会的主题是“创新驱动，造福人类——携手共建网络空间命运共同体”。

网络的本质在于互联，信息的价值在于互通，发展的关键在于共享共治，首届世界互联网大会的主题回应了国际社会对网络空间面临重大问题的共同关注，可谓因势而谋，具有开创性和针对性。

互联网真正让世界变成了地球村，让国际社会越来越成为你中有我、我中有你的命运共同体，第二届世界互联网大会在互联互通和共享共治的基础上将构建网络空间命运共同体作为大会的主题，体现出中国在网络空间全球治理中的抓住机遇、主动作为的中国智慧，体现出中国推动国际秩序朝着更加公正合理的方向发展、更好维护我国和广大发展中国家共同利益的中国主张，具有开创性和机制性。

随着互联网的发展，如何推动网络经济的创新发展并促进共同繁荣，如何推动互联网更好地造福人类，如何携手共建网络空间命运共同体，成为世界各国共同面对的互联网发展新挑战。第三届世界互联网大会在前两届主题的基础上，在大会主题中进一步提出了互联网创新驱动、造福人民、携手共建的路线图，体现了互联网发展的特点和发展宗旨，具有开创性和引领性。

从第一届互联网大会的互联互通与共享共治的基础本质出发，到第二届互联网大会关于构建网络空间命运共同体的顶层设计，再到第三届互联网大会的创新驱动、造福人民和携手共建的路线图，从本质基础到顶层设计再到具体路线图，三届世界互联网大会逐年递进的发展主题，折射出当代世界互联网发展的文化轨迹、治理进程和中国担当。可以相信，世界互联网大会作为全球互联网共享共治的平台，在文化理念的引领下，必将为世界各国共同推动互联网健康发展发挥重要的作用。

从“互联网＋”看信息化战略制高点

2015 年中国政府工作报告出现了一些令人瞩目的新词语，其中“互联网＋”就是一个关注度较高的词语。“互联网＋”体现出信息化发展在数字化基础上向网络化、智能化、互联化、融合化方向发展的趋势，体现出大众创业、万众创新的新平台和新载体，体现出改写全球经济版图和重塑产业结构的新引擎和新机遇，更体现出抢占全球信息化战略制高点的智慧谋划。

一、信息化战略是新一轮创新发展的动力引擎

新一轮的科技革命和产业变革的发展大潮正在孕育形成新的世界发展态势，信息化战略正是新一轮抢占先机的动力引擎。基于这一战略认知，全球各发达国家和新兴国家近年来纷纷推出新一轮以信息化战略为聚焦重点的创新发展和产业变革的升级版。如美国于 2011 年先后发布了《网络空间可信身份国家战略》《网络空间国际战略》《网络空间行动战略》；2013 年 5 月，美国政府宣布了“大数据的研究和发展计划”，同年 11 月，美国信息技术与创新基金会又发布了《支持数据驱动型创新的技术与政策》的报告；2014 年 10 月，波士顿等 32 个城市成立联盟，形成了推进宽带计划的新机制。德国在实施工业 4.0 的同时，于 2014 年下半年推出了《德国研究与创新报告 2014》，注重科技决策咨询和发展战略预见，以科技情报支撑推动科研体系的进一步创新。“法国创新 2030 委员会”于 2013 年底向总统提交了咨询报告，将大数据的利用作为至 2025 年发展重点领域的七项目标之一。俄罗斯于 2014 年批准了《俄罗斯联邦至 2030 年科技发展预测》报告，确定了未来将优先发展包括信息通信技术在内的关键发展领域和研发重点。欧盟委员会于 2014 年 7 月发布了“迈向数据驱动型经济”的政策通报文件，以顺应全球大数据应用时代的到来。日本于 2014 年 8 月通过了《科学技术创新综合战略 2014》，提出了日本 2030 年亟待解决的政策课题，包括配备领先世界的新一代基础设施等。根据国际电信联

盟的最新年度报告，韩国在全球各国信息技术发展指数排名中高居首位，并于2014年再次推出了《第六次产业技术创新计划(2014—2018)》，旨在使韩国跻身先进产业强国之列。新加坡在提前完成了“建设智能型国家的2015计划”后，于2014年下半年推出“智慧国家2025”计划，被认为是前智能城市计划的升级版，也是全球第一个智慧国家蓝图。

二、信息化具有综合性、渗透性、前沿性、实践性

从“互联网＋”到世界各国的信息化发展新战略，都体现出综合性、渗透性、前沿性和实践性的特点。信息化具有总体性和综合性，是一条涉及工业化、城镇化、农业现代化等各领域的整体价值链。2015年3月初召开的世界移动通信大会主题为“边缘创新”，正是信息化综合性和交叉性的体现。因此，信息化战略需要举上下之力，汇聚内外资源，以综合性战略和系统性思维进行顶层设计和路线图推进。信息化也具有向全社会、全方位、全视角、全链条渗透的特点，正形成万物互联、深度融合、跨域渗透、整合汇聚、相互促进的社会信息化新形态。“互联网＋”向各领域各行业渗透的多维度丰富景象就是一个生动的例子。信息化的前沿性体现了信息技术日新月异的最新进展，体现了信息化在经济社会创新转型发展中的主导力量和创新源泉，体现了全球范围内的新发展领域、新商业模式、新生活方式和诸多新概念，如大数据、云计算、物联网、移动互联网、智慧城市、可穿戴设备、工业4.0等。信息化还具有探索性、动态性的特点，需要在多样性的实践中不断探索合适的方法和规制，出租车行业的移动支付、网络安全领域的个人信息安全保护以及近日国务院批准设立中国(杭州)跨境电子商务综合试验区等，正是信息化实践性的体现。

三、抢占信息化战略制高点需硬实力和软实力并举

习近平总书记在2014年2月召开的中央网络安全和信息化领导小组第一次会议上提出“网络安全和信息化是事关国家安全和国家发展、事关广大人民群众工作生活的重大战略问题”的新论断。习近平总书记还强调：“信息流引领技术流、资金流、人才流，信息资源日益成为重要生产要素和社会财富，信息掌握的多寡成为国家软实力和竞争力的重要标志。”

信息化战略制高点包括硬实力和软实力两个方面。信息化战略硬实力要求我们加快信息基础设施的建设，改变宽带和网速的落后状态；在信息技术的

关键领域逐步实现自主可控，改变受制于人和信息主权受到侵犯的被动局面；建立智能互联和开放共享的信息平台，改变各自为政的信息割据和数据封闭的信息垄断；有序汇集并深度挖掘海量的大数据，改变数据研究和信息服务相对薄弱的现状。信息化战略的软实力要求我们从各个层面提高对信息化战略重要意义、重要价值和重要功能的认知，从原本单一的信息意识或局限于信息技术拓展至信息意识、网络技能、数据素养、安全防范、智能伦理的全方位和综合性的信息意识和数据素养，形成全天候和动态型的信息数据观察的情报眼和顺风耳，以提升国家和企业的竞争力，避免在实施"一带一路"、高铁等战略中发生盲人摸象、刻舟求剑式的情报短腿，为"走出去"战略保驾护航。也需要建设一批中国特色新型高端信息智库，为国家信息化战略提供决策咨询。

信息化战略制高点是创新驱动不可或缺的组成部分，是助推新一轮经济腾飞的重要引擎，也是国家治理体系治理能力的重要一环，把握信息化带给我国的持续而巨大的发展机遇，积极抢占信息化战略的制高点，将为实现"中国梦"添砖加瓦并有助于我国实现从信息大国向信息强国的转型。

被互联网挑战的时代

互联网日新月异的飞速发展正呈现以下几个特点：移动、快速、泛在、互动、巨量。互联网的新发展对经济、政治、社会、文化都带来了巨大的挑战和机遇。这种挑战和机遇可以从六个维度来观察。

一、新时间观的挑战——信息发布的分钟时差

如果说报纸的新闻传播是以天（日报）或上午（晨报）、中午（午报）、下午（晚报）的时差来计算的话，那么互联网的传播时间已进入了以分钟时差计算的新形态。信息的发布存在一分钟时差就会有反应快速和时滞落后之感。同时，错误信息的先入为主和受众的将信将疑使真实信息的纠错传播增加了成本。因此，信息传播在注重准确、全面、权威、专业的同时，争分夺秒的第一时间的信息发布将成为未来信息传播发挥影响力和引导作用的重点。

互联网作为新型媒体，其最大特点是快捷与互动。这种快捷与互动，是报纸、电视和广播等其他媒体所无法相比的。这就给我们的管理带来了新课题，即要顺应互联网的发展，将网下管理与网上管理相结合，主动把握信息的第一时间发布，及时回应网上的各类诉求，敏感、快速而有效地积极引导网上舆情，从而使网络管理迈上新台阶。

二、新空间观的挑战——信息传递的泛在跨界

移动互联网是移动无线通信和互联网融合的产物，既具有移动通信随时、随地、随身的特点，又具有互联网开放、共享、互动的特点，形成了泛在、跨界、互动、微信群、点对面、一人对无数受众的信息传播特点，使信息传播力以令人称奇的速度在难以估量的范围内传递。互联网打破了原有的机构、城市、区域乃至国家的界限，“海内一键连，天涯若比邻”，无论何处何地，无论何人何事，网络的统一平台使原本互不相连的人和事联系了起来，并可能在瞬间产生出

巨大的化学反应。如果说以往信息的传播更多是用户的主动获取,那么,现在的用户则经常处于“被信息”“被关注”“被粉丝”的状态,信息的洪流推动着人们向前迈进,信息不用你去找,它已随时“喂”到你的眼中和耳中,呈现在你随时携带的触屏上。如果不顺应信息发展泛在跨界的潮流,就可能被边缘化,成为社会信息化的落伍者。

从全球的角度来观察,网络空间也已日益成为世界范围内各国博弈的新领域。2011 年 5 月和 7 月,美国先后发布了《网络空间战略》和《网络空间行动战略》,首次将网络空间列为与陆、海、空、太空并列的五大行动领域,将美国国家信息安全战略延伸到整个互联网空间。互联网的这种泛在跨界的新空间观把网络空间的全球治理提上了议事日程。同时,互联网带来的新空间观也为正能量的传递提供了更大的空间。我们应当把握社会信息化的进程与世界多极化、经济全球化和文化多样化深入发展和持续推进的时代机遇,变被动应付为主动应对。近年来许多政府和机构以及新闻媒体的微博与社会互动就是一个很好的实践。

可以预测,凡是现实中有的东西,现在和将来都会在网上呈现出来,现实中有商店,网上便有网店;现实中有银行,网上便有网上银行;现实中有图书馆和博物馆,网上便有数字图书馆和数字博物馆;现实中有医院学校,网上便有远程医疗和远程教育,如此等等。随着网络空间的发展,未来某一天也许会出现网上政府。因此,无论是政府还是事业机构,无论是企业还是个人,物理空间和网络空间已成为需要并重的两大空间,需要同时加以管理和服务;从世界范围而言,还需要进行网络空间的全球治理和竞争合作。

三、新价值观的挑战——信息互动的自由平等

互联网为发挥公民的积极性、主动性和创造性搭建了平台,提供了载体,使公民的言论发表更加自由、更加民主、更加平等,社会已进入人人都可具有麦克风的自媒体时代。亿万公民的视觉、听觉、嗅觉、触觉、味觉以及感觉都可以快速地通过网络发布并进行互动性的讨论,极大地提高了信息的民主性、平等性、多样性和立体性;信息的民间性和草根性倒逼各级政府进一步加快信息公开的改革步伐。

但是,从另外一个角度观察,互联网的管理如同物理空间的管理一样,需要文明、公正、诚信和法治。自媒体时代的政治发动和社会宣传具有动员、放大、催

化的巨大作用，其效应前所未有。人们在充分享受信息自由流动的过程中也面临公共安全的威胁虚假信息的误导，依法治网成为互联网管理的新要求。

此外，互联网的发展在一定程度上也带来了新一轮信息鸿沟的扩大，这种信息鸿沟体现在发达国家与发展中国家之间、信息基础设施发达地区与发展中地区之间、信息素养较高人群与较低人群之间、信息技能较强群体与较低群体之间、不同年龄段在信息应用习惯和接受程度上的代沟等。春运网上售票就是一个典型的案例。这就需要在信息自由平等的新环境和新背景下注重在全社会中构建起信息无障碍的管理和服务的新体制和新机制。

四、移动新媒体的挑战——信息载体的首选

据2013年1月中国互联网络信息中心发布的第三十一次《中国互联网络发展状况统计报告》显示，2012年6月手机首次超越台式机成为第一大上网终端。截至2012年12月底，手机网民规模上升至4.2亿，网民中使用手机上网的用户占比由69.3%提升至74.5%。手机已成为信息载体的首选。

在数字信息服务多元化和多样化的环境下，广大数字服务消费用户期盼数字信息服务能跨越所有设备，构建起统一整合的体验和服务，手机便成为众多商家和信息内容提供者的聚焦点，越来越多的内容和服务不断被整合于手机触屏上，"手机一屏通"已逐渐成为现实。

移动互联网的泛在互动功能与随意的体验情趣对广大青少年而言具有极大的吸引力，众多80后、90后、00后已很少看报纸和电视，成为新一代的"低头族"(低头看屏)和"指尖族"(手指触屏)。如微信已成为智能手机的最热门应用，自从腾讯公司2011年1月推出了这一手机聊天软件后，两年后的2013年1月，其注册用户已迅速突破3亿，遍及100多个国家和地区，被誉为"微信之父"的张小龙也被美国《华尔街日报》中文版授予2012年"中国创新人物奖"的科技类奖项。作为手机上的即时通信工具，微信既能发短信，又能发语音，还能发视频和图片；既能单聊，也能群聊，让人感受随时在线的兴奋和激情，让人体验随时随地拍照后即时上线的生动和情趣，还能根据地理位置进行人际互动，与陌生人群进行移动的社交体验。手机传递图像所受到的广泛欢迎使人们对以往的"读图时代"予以再认识，因为图像的信息传递更加集约、更加形象、更加生动，也能够顺应节奏快捷、信息海量环境下的新需求。

手机作为移动的信息载体，其无与伦比的优越性正在改变固有的信息传

播形态和方式，从而为数字服务和信息管理提出了新课题，带来了新机遇。此外，手表承载的信息功能也在不断创新，可能扮演“手机第二”的角色，将来也可能成为可选择的随身信息载体。

五、大数据的挑战——海量数据的分析挖掘

有人认为，2013 年将是中国的大数据元年，此言并非无稽之谈。数据显示，过去 3 年产生的数据量比以往 4 万年的数据量还要多，且 2020 年全球电子设备存储数据将达 35ZB。在信息量庞大的时代，数据价值和数据挖掘成为重要命题。

数字应用正在快速向我们走来，据预测，在未来十年里，网络将彻底变成应用的世界，网络信息的存储特点正在被移动应用的特点所取代，所有信息的内容将以服务为中心，以应用为导向。应用的爆发性增长引爆对数据的深入挖掘的需求。如成立于 2011 年的上海泽阳智能科技有限公司推出的支付工具“碧云炫卡”，成为集成了 RFID、磁条和芯片三种介质的银行卡，可实现“菜场买菜、门禁开门、地铁自助购物”等功能，还可实现医疗挂号、餐厅订餐、水电表自动抄表和自动缴费、物业缴费等功能。上海现有菜市场 989 家，如能采用该企业尝试的智能刷卡支付的“轻支付”，则这一信息平台可带来巨量的商业数据，对这些海量数据做好分析挖掘，借以了解市民菜篮子工程中的有价值的动态信息，将为提升上海市民的生活质量提供信息咨询和决策支持。

大数据可能带来的巨大效益已初步呈现，各行各业都需要逐步建立真正的动态数字信息的神经系统，让大数据的应用成为智慧经济、智慧交通、智慧居住、智慧管理等领域推进转型发展和科学管理的重要方法，让数据流插上智慧的翅膀。

不仅如此，局限于本机构本部门的本地安装、管理和行动软件的时代将随着云端软件的不断崛起而在不远的将来宣告终结。因此各行各业的整个业务和产品应遵循云计算的理念和实践进行整合集群，在各个领域中创造平台即服务的“端到端”解决方案。一些行业机构应当富有远见地放弃原有系统的乡间小道而加入到云管理与云服务的整合集群的高速公路上来。

六、信息安全的挑战——信息安全面临空前的威胁、侵害和误导

信息安全指国家、机构、个人的信息空间、信息载体和信息资源不受来自

内外各种形式的威胁、侵害和误导的外在状态和内在感受，是非传统安全的重要方面。信息安全的来源既来自外部和内部，也有主观和客观的形式，还有精神和物质的因素。信息非安全的主要状态和方法是威胁、侵害和误导，如网络空间战的威胁、黑客攻击的侵害、传播虚假信息带来的误导等。

如今，信息安全与恐怖主义、大规模杀伤性武器扩散、金融危机、严重自然灾害、气候变化、能源资源安全、粮食安全、公共卫生安全等一起构成了全球非传统安全的体系和要素。互联网在带给公众跨越时空、快速便捷和互动交流的同时，也给网络攻击、网络犯罪、信息泄漏、窥探隐私提供了可能。

2012 年 7 月，中国国务院发布了《关于大力推进信息化发展和切实保障信息安全的若干意见》，其中对于健全安全防护和管理及保障重点领域信息安全、加快能力建设和提升网络与信息安全保障水平、完善政策措施等分别做了具体部署。2012 年 12 月底，全国人大常委会通过了《关于加强网络信息保护的决定》，我国首个个人信息保护国家标准《信息安全技术公共及商用服务信息系统个人信息保护指南》从 2013 年 2 月 1 日起正式实施。以上法规标准的推出，正是积极应对互联网所带来的信息安全的威胁与侵害所采取的措施。

2013 年初，新闻媒体披露了美国总统奥巴马可能获得权限实施先发制人的网络攻击，美国国防部也正计划将网军扩大 5 倍，这就给维护全球网络空间安全带来了新的挑战。我们不能等闲视之，而要用底线思维未雨绸缪，加以积极防范。

互联网的发展所带来的网络威胁与机遇是一个全球性的命题，需要运用人类的智慧加以积极应对，兴利除弊，发挥其正能量，规避其负效应，让网络的世界给人类带来更多的发展与合作，维护世界和平，增进人类的共同利益。

让互联网更好地造福人民

网络安全已成为非传统安全的重大挑战，近来中国接连出现的诸多电信网络诈骗、网络谣言等犯罪案件，正是这种新趋势与新特点的反映。

网络安全为人民体现了网络安全治理的新理念与新举措，体现了网络安全治理的中国方案与路线图。2014 年 2 月，习近平总书记在中央网络安全和信息化领导小组第一次会议上讲话指出："网络安全和信息化是事关国家安全和国家发展、事关广大人民群众工作生活的重大战略问题，要从国际国内大势出发，总体布局，统筹各方，创新发展，努力把我国建设成为网络强国。"2014 年 4 月，习近平总书记在中央国家安全委员会第一次会议上明确提出："必须坚持总体国家安全观，以人民安全为宗旨，以政治安全为根本，以经济安全为基础，以军事、文化、社会安全为保障，以促进国际安全为依托，走出一条中国特色国家安全道路。"2016 年 4 月，习近平总书记在网络安全和信息化工作座谈会上系统阐述了国家网络安全和信息化发展的六个重大问题，其中第一个问题就是推动我国网信事业发展，让互联网更好地造福人民，强调"网信事业要发展，必须贯彻以人民为中心的发展思想"。

一、完善网络安全的综合治理体系

没有网络安全就没有国家安全；同样，没有网络安全就没有金融安全、家庭财产安全和个人信息安全。综合施策和源头治理是网络安全治理新举措的两大着力点。

网络安全治理需要综合施策。维护国家网络安全需要综合治理、整体设计、加强协同，联合攻关。要切断电信网络诈骗犯罪"黑色产业链"，需要公安、金融、电信等部门针对电信网络诈骗犯罪的新动向、新特点，创新并完善综合施策的路线图。从公安而言，要努力形成全国一体化防范打击治理电信网络诈骗犯罪的格局，确保一旦发生电信网络诈骗案件能够快速响应、联动处置，最大限度避免和挽回群众财产损失。从商业银行而言，应推进及时查询、紧急止付、快速冻结和第三方支付账户管理等制度，提升源头阻断电信网络诈骗犯罪的智能化水平；加强银行卡安全管理，抓紧建立涉嫌电信网络诈骗账户黑名单制度。从电信运营商而言，要整治违规出租电信线路、制作传播改号软件等不法行为，严厉打击泄露或非法获取公民个人信息的犯罪活动。2016 年 3 月底开始试运行的上海市反电信网络诈骗中心平台就是综合施策的成功实践，该平台整合了公安机关、商业银行、通信运营商、金融清算机构和第三方支付机构联合入驻，实行防范、打击、治理一体化运作的实战机制，对犯罪行为开展主动拦截和精确打击。现该平台运行半年以来已冻结涉案资金折合人民币7 900余万元，成功劝阻潜在被害人 3.5 万余人次，全市电信网络诈骗案件案值同比下降 20.6%。

二、探索创新有效的源头治理举措

网络安全治理需要源头治理。创新治理、依法治理与宣教治理是网络安全源头治理的重要举措。网络安全治理需要秉持创新的发展理念，在践行新发展理念上先行一步。应充分运用大数据、云计算等技术，以信息化推进网络安全治理体系和治理能力的现代化，做到网络威胁事前预测预警、网络侵害事中制止劝阻，网络谣言事后及时辟谣。依法治理是源头治理的关键。要针对打击整治中遇到的突出的现实问题和治理中的短板，完善相关法律法规，及时出台司法解释，为执法办案提供法律保障。宣教治理是源头治理的重点所在，需要深入学习宣传贯彻习近平总书记网络强国战略思想、国家网络安全有关法律法规和政策标准，加大对各类群体的个人信息安全和网络安全的宣传普及，提升广大公众的信息素养、数据素养和安全素养。针对网络诈骗案件的高发势头，特别要广泛深入开展防范电信网络诈骗宣传，及时揭露不法分子的犯罪伎俩，切实提高公众防范意识和能力。国家网络安全宣传周通过政府主导和多方参与，举行网络安全博览会、网络安全技术高峰论坛、网络安全电视知识竞赛、表彰网络安全先进典型、征集网络安全公益广告等活动，正是网络安全源头治理的有效探索，生动地展现出网络安全靠人民、营造健康文明的网络环境的中国实践。

中国的网信事业代表着新的生产力、新的发展方向。网络安全治理要适应人民的期待和需求，以培育有高度的安全意识、有文明的网络素养、有守法的行为习惯、有必备的防护技能的好网民为目标，增强全社会网络安全意识，提升广大网民的安全防护技能，营造健康文明的网络环境，在放大网络发展正面效应的同时，把可能出现的安全威胁与侵害的负面影响降到最低，让亿万人民在共享互联网发展成果上有更多的安全感和获得感。

乌镇启示:如何牵住科技创新“牛鼻子”

上海建设具有全球影响力的科技创新中心,不能游离于全球互联网和移动互联网澎湃发展的大潮,不能没有一群网络经济和网络文化的领军人物,不能在基于互联网的新技术、新产品、新业态、新商业模式的新常态中处于落后的状态,甚至被边缘化。

中共上海市委十届七次会议发出了加快向具有全球影响力的科技创新中心进军的号召,笔者结合 2014 年 11 月参加在乌镇举行的首届世界互联网大会的所见所闻所思,对于上海如何在新形势、新环境下奋发有为,坚定前行,谈几点粗浅的感想和体会。

一、更加积极地把握发展新趋势

乌镇为互连互通的全球互联网的发展搭建了一个开放的平台,首届世界互联网大会广泛探讨了跨境电子商务和全球经济一体化的发展、互联网与金融(促进金融创新和经济发展)、互联网与政府(公共服务创新)、新媒体新生态、互联网创新未来(共建在线地球村)以及网络空间安全与全球互联网治理等议题。大会邀请了全球近 100 个国家和地区的 1 000 余位互联网业界领袖和研究人员,其中国内的代表中绝大多数是各兄弟省市的,如大家所熟知的马云、李彦宏、马化腾、曹国伟、雷军、古永锵、张朝阳、刘强东、齐向东、丁磊等。可能是孤陋寡闻,我除了看到上海众人科技的谈剑锋外,难觅上海互联网业界人物的踪影。从上海未来的创新发展而言,这是令人十分忧虑的。也就是说,上海建设具有全球影响力的科技创新中心,不能游离于全球互联网和移动互联网澎湃发展的大潮,不能没有一群网络经济和网络文化的领军人物,不能在基于互联网的新技术、新产品、新业态、新商业模式的新常态中处于落后的状态,甚至被边缘化。上海的发展要把握发展新趋势,不能满足或停留在线下的发展,而要顺移动互联网之势而为,应数据驱动型经济而谋,应智能新技术发展而动，实现线下和线上的深度融合，并更加注重和着力于线上的发展。

上海的历史传承和独特的地理环境，形成了开明睿智、大气谦和、海纳百川、追求卓越的城市文化。上海人往往有超越他人的聪明点子，但看准机遇的迅即行动和持续发力往往慢了半拍或缺了后劲，被喻为“起了大早，赶了晚集”。新一轮的科技革命和产业变革形成了大数据、云计算、物联网、移动互联网、智慧城市、智能制造、空间地理信息集成等多点突破、交叉汇聚的令人激动的发展新形态，上海在以上各领域都有超前的认知和较早的规划，但发展的高度、精度、速度、深度、力度和持续发展的定力与世界各国和兄弟省市相比，存在不小的差距。由新技术带来的创新转化正在变得更加迅速快捷，产品服务的更新换代正在超乎人们想象地不断加快，体制外充满活力的创新要素正在对体制内的陈式旧习形成改革创新的倒逼态势，我们需要改变按部就班、被动等待、消极守成的发展理念和发展模式。

二、营造并夯实大众创业的基础

乌镇会议期间，李克强总理在同参会中外代表座谈时指出，互联网是大众创业、万众创新的新工具，只要“一机在手”“人在线上”，实现“电脑＋人脑”的融合，就可以通过“创客”“众筹”“众包”等方式获取大量知识信息，对接众多创业投资，引爆无限创意创造。上海要建设具有全球影响力的科技创新中心，需要营造鼓励各种创新的宽松环境并夯实创新基础，既要有自上而下的高大上的创新，也要有自下而上的万众创新和大众创业，以培育经济新业态，创造发展新机遇，引领城市新未来。

营造并夯实大众创业、万众创新的氛围和基础，应当鼓励并包容创新方法的多样化，既要鼓励原始创新、自主创新，也要鼓励跟随创新、引进吸收消化再创新，既要鼓励开源创新、反向创新，也要鼓励集成创新、协同创新，既要鼓励技术创新和服务创新，也要鼓励体制创新和机制创新，还要鼓励各类草根和小微企业的微创新。通过形式多样的创新方法和创新活动为大众创业、万众创新提供广阔的平台，借以形成上海创新空间中丰富多彩的创新生态和创新链，构建全球创新人才的高地，在厚实的创新地基上日就月将地建造起具有全球影响力的科技创新中心的大厦。

三、真诚地向兄弟省市虚心学习

乌镇作为首届世界互联网大会的举办地，有诸多地方值得上海虚心学习。

1. 积极主动的机遇意识。相比较北京、上海等地，在举办大型国际会议的经验、人才、交通、住宿、会务、翻译等方面，乌镇并不具有特别的优势，但浙江省作为举办方具有强烈的机遇意识，以积极争取的态度创造了发展的机会，将世界互联网大会的永久会址定格在乌镇，从而为浙江搭建了未来潜在大发展的新载体，其直接和间接的效益难以估量。如大会举办的论坛中就设置了“透过浙江看中国：信息经济论坛”，为浙江把握互联网时代带来的机遇提供了通道和桥梁。大会举办前后，乌镇及周边的房产已经升值。

2. 认真扎实的办会态度。浙江省各级领导和乌镇景区在大会的住宿餐饮、交通接送、会场安排、大会文件、安全保卫、同声翻译、导引标识、景区参观、志愿者服务等方面可谓竭尽全力，得到了参会中外代表的一致称誉，为世界互联网大会起了一个好头，也提高了浙江和乌镇景区的美誉度。

3. 登高望远的环境建设。乌镇作为江南水乡，其规划建设体现了可持续发展的大智慧、文化建设的大手笔和智能化发展的大视野。其景区建设规划着眼景区的整体保护和统一建设，将所有空中线路放入地下，注重传统文化的保护和绿色环境的建设，建立起了规范严格的旅游管理制度，使景区形成了良性的可持续发展格局。乌镇不仅较早地导入了智慧旅游的网络、微博微信，而且在大会期间，景区在原有全覆盖的无线网络和 2 条百兆出口宽带的基础上，新增了 5 条千兆和 2 条万兆光缆，大大提高了网速，使网络社会的文明与传统江南水乡的文明交相辉映，令人感动和赞叹。

建设具有全球影响力的科技创新中心正是上海新一轮的创新驱动和转型发展的牛鼻子。如何牵住这个牛鼻子，如何走好这步先手棋，乌镇的首届世界互联网大会给了我们很好的启示。

上海应打造全球卓越的数字城市

习近平总书记在“十九大”后党中央第一次召开的全国网络安全和信息化工作会议上强调，我们必须敏锐抓住信息化发展的历史机遇，自主创新推进网络强国建设。在以大数据为标志的信息化发展新阶段，上海应乘势而上，积极打造全球卓越的数字城市，努力成为迈向网络强国战略中的全球重要城市信息枢纽节点，数字中国的互联计算高地，智慧社会的高效便民空间，影响中国和世界未来的创新活力城市。

上海在打造全球卓越数字城市中，应当形成以下三大着力点。

一是努力形成全球的信息流、数据流的枢纽中介和重要节点，并通过人才流和知识流，转信息流为价值，化数据流为神奇。上海作为中国和全球的超大城市，人流、物流、车流、资金流、信息流、人才流、知识流汇聚成与日俱增的海量数据，目前上海大数据交易中心日均数据交易量达 3 000 万条，占全国 50%。如何做到善于获取、分析并运用感知互联的巨量数据，是发挥信息化对城市经济社会发展的引领作用的重要路径和方法。2017 年，中国数字经济规模已高达 27.2 万亿元，占国内生产总值(GDP)比重达到 32.9%。作为跻身全国数字经济规模五强省市，上海应进一步加快推动数字产业化，构筑基于大数据的人工智能新引擎的先发优势，围绕建设现代化经济体系、实现城市经济的高质量发展。全球卓越的数字城市需要构筑城市大脑，而这需要核心技术的支撑。上海巨量的信息流和数据流为国之重器的核心技术的自主创新提供了独特的信息环境和数据基础，作为迈向具有全球影响力的科创中心，上海理应借助人才高地的优势，在自主创新推动网络强国建设方面有新作为，为国分忧，为民解难，推动信息领域核心技术的突破，实现关键核心技术的自主创新和安全可控发展，将数字城市安全的命门掌握在自己手中。在 2017 年上海智慧城市建设领军先锋评选中，上海依图网络科技有限公司的人脸识别技术智能解决方案力拔头筹，而该公司曾勇夺全球人脸识别领域的两项最高奖项。

上海应当进一步完善创新环境，加强规范引导，让更多依图这样的企业有创新的空间，促进其健康有序发展，使上海成为更具活力的繁荣创新之城。

二是在万物感知、万物互联、万物智能的基础上，积极向万物计算、万物赋能、万物安全方向发展，进一步提升城市智慧化管理品质和综合治理能力。机器智能和计算已成为世界新一轮科技革命和产业变革竞争的制高点。2018 年 2 月，韩国推出了未来五年（2018—2022）计划，包括《国家超高性能计算培养基本计划》等。2018 年 3 月，美国重要智库国际战略研究所发布了《美国机器智能国家战略报告》。上海在进一步开放并借鉴世界各国经验的同时，应形成数字城市建设的中国特色和上海特点。应当紧密结合上海的四大品牌建设，将数字化、网络化、智能化、可视化、泛在化、智敏化融入上海服务、上海制造、上海购物、上海文化，深入推进智能技术的行业和部门应用，大力推动互联网、大数据、人工智能与城市的应急处理、信息安全、管网建设、环境监测、垃圾分类、全域旅游、智慧交通、创意产业、政府数据开放等深度融合，构建全域覆盖、融合一体、多网衔接、高效协同、精准服务的城市智能治理体系和数字城市中介平台，形成全球化进程中超联网城市和全球最智能城市，并在数字长江经济带发展、数字长三角城群建设、21 世纪数字丝绸之路建设中发挥上海全球卓越数字城市的驱动元素和辐射功能。

三是应当秉持以人民为中心的发展宗旨，把增进人民福祉作为数字城市发展的出发点和落脚点，让人民群众在数字城市的发展中有更多获得感、幸福感、安全感。没有网络安全就没有国家安全，同样也没有城市安全。上海要保障超大城市经济社会的稳定运行，维护 2 400 万市民的合法权益，就要深入开展网络安全知识技能宣传普及，提高广大市民网络安全意识和防护技能，其中包括全体市民的科学素养、安全意识、数据技能和智能伦理，率先在个人信息安全保护、人工智能政策法规等法律法规方面先行先试，将互联网＋和人工智能＋更深入地覆盖至市民最直接和最关心的医疗、健康、教育、养老、居住、环境、食品、法律、公安、信用等领域，让数字城市建设更好地造福每一位市民，让上海成为更富魅力的幸福人文之城。

信息化为中华民族带来了千载难逢的机遇，也为上海打造全球卓越数字城市提供了前所未有的发展空间，上海应以信息化培育新动力，为 2035 年基本建成卓越的全球城市夯实数字化网络化的基础，提供智能化便捷化的支撑，奋力攀登全球数字城市的高峰，在网络强国、数字中国和智慧社会的新征程中展示上海排头兵和先行者的新气象和新作为。

上海应注重制定大数据发展战略的路线图

如果说2013年是大数据元年的话，那么2014年大数据正在走向应用性和针对性的发展。习近平总书记2014年5月考察上海时指出："谁牵住了科技创新这个牛鼻子，谁走好了科技创新这步先手棋，谁就能占领先机、赢得优势。"大数据正是科技创新的先手棋。如何运用大数据的新思维深化上海的创新发展，如何在网络社会时代背景下使上海成为全球的先锋城市和科技创新的中心城市，如何从理念到措施上制定大数据发展战略的路线图，这是当前上海抓住机遇，锐意进取，当好全国改革开放排头兵和科学发展先行者、开创各项工作新局面需要进行深入思考并积极实践的命题之一。

一、树立互联、发现和安全的大数据思维

根据上海发展的特点，我们应当着力于运用互联、发现、安全的大数据思维，为提升上海更高效能和更具竞争力的城市治理体系和治理能力找准发展路线图。

（一）树立互联的大数据思维

大数据与多点突破和交叉汇聚的物联网、云计算、移动互联网、智慧城市、智能制造等信息技术和产业变革的诸多载体正在形成渗透互联，体现出交叉点创新的新模式和新形态，创新和变革的能量正在积聚。这种互联对接的大数据所带来的机遇与挑战还刚刚起步，其可能的价值空间和发展空间难以预测。大数据的互联思维要求以信息数据长效管理的共建、共知、共享、共赢的理念，使上海拥有更多的大数据，让更多的人共享、让更多的人参与，以体现海量互联数据在城市管理中的时段信息、规模效应、动态价值、能量积聚和预测预警功能，进一步盘活城市的各类存量和增量的公共数据资源，让智慧之箭激活尘封沉睡和熟视无睹的巨量数据。

(二) 树立发现的大数据思维

大数据的精髓在于其显性与隐性的巨大价值。这需要运用大数据发现的思维并通过科学的方法来获取,不能得其表而忘其内,得其粗而忘其精;也不能见其所见,不见其所不见;视其所视,而遗其所不视。大数据是一块价值难以估量的等待发现的处女地。如上海有的智慧社区正在进行菜场买菜与物业缴费、自助购物、医疗挂号等一卡通的试点实践。上海现在菜市场 989 家,如能全部采用智能刷卡的"轻支付",则这一信息平台可带来巨量的有价值的数据,如目前上海 2 415 万常住人口每天菜篮子的吞吐总量、购菜结构、城区差异、饮食偏好、消费趋势,通过这些巨量信息的数据建立模型并深度挖掘和分析研究,将为提升上海市民的生活质量和身体健康等提供信息咨询和决策支持,并为城市的食品安全等提供基础数据、精细准确和动态及时的信息。这样的大数据价值发现的案例在上海城市各行各业都有很大的发展空间,如疾病预测、智能养老、城市反恐、跨境贸易、智库建设、旅游规划、科技 2.0 等,需要我们运用大数据的思维去发现广阔的未知世界及其内在规律,使云端计算模式成为城市治理的新常态,让上海迈向数据密集型和数据驱动型城市,让大数据插上智慧的翅膀。

(三) 树立安全的大数据思维

从大数据发展的综合思维而言,通过网络空间巨量流动的大数据正成为国家安全的重要因素,没有数据安全就没有国家安全,同样也没有城市安全、机构安全和家庭个人安全。不能在城市的发展中让国家的信息主权受到侵犯,也不能以牺牲城市的网络安全和个人隐私来发展城市的经济、社会、文化和生态,必须从法制化的角度实现城域网络空间的安全管控,着力于完善互联网信息内容管理和关键信息基础设施保护,依法治理网络空间,维护市民的合法权益,在对大数据实施全生命周期管理的基础上提高城市应对安全威胁的快速反应能力,从而达到城市发展与网络安全的平衡。

二、上海大数据发展战略路线图的几点建议

(一) 注重特点定位和发展的针对性

要克服将大数据作为科技时髦的错误理念和做法,避免盲目性地一哄而上,应结合上海特点确立合适的定位,注重发展的针对性。大数据涉及方方面面,上海应有所为有所不为。大数据的重点发展应用领域应结合上海未来的

发展总战略，将金融数据、航运数据、旅游数据、科技数据、医疗数据、文化数据、都市数据等作为数据平台和集成产品的着力点，重点布局，聚力发展，整合协同，先行先试，以点带面，形成特色。

（二）注重全民教育和人才培养

我们已步入万物互联的时代，一切皆可计算、一切皆可互联、一切皆可应用，一切皆有可能。数据世界正在改变甚至颠覆城市的生活方式、工作方式和管理方式。我们应当将大数据素养（包括数据素养、信息素养、科技素养、网络安全素养等）列入规划，如同健康、消防、防火等一样，对全体市民进行大数据科技普及教育，以适应大数据时代所带来的种种变化。同时，在人才培养方面，应当从行政管理人才、理论研究人才、数据技术人才、分析研究人才、应用推广人才等构建立体型和多样化的人才培养体系。

（三）注重法制建设的先行先试

现代城市治理体系和治理能力的核心是法制化。大数据带来了诸多应用与安全的法律问题，需要在实践的基础上尽快制定相关法律，特别是政府信息公开、企业数据公开、个人信息安全、城市数据中涉及国家数据主权的安全评估和安全试验等的相关法律条文。

（四）注重科学 2.0 的引领示范

2014 年，欧洲最大规模的科学大会——欧洲科学开放论坛上传出信息：要更充分地为科学 2.0 做好准备。上海正将全球科技创新中心作为未来的发展目标，科学 2.0 的引领示范将使上海在国内外的城市科技发展中占得先机，确保上海处于新一轮科学范式转变的最前沿。可通过“公民科学”的自下而上的信息丰富科研工作；通过“开放数据”来提高研究的透明度和再现性；通过“开放获取”把研究成果交给更多将会使用这些成果的人，体现科学 2.0 的更多的共享、更多的人、更多的数据的发展理念，把上海建设成为大数据时代的先锋城市。

智慧城市再出发的五大管理理念

上海作为一个超大城市，其精细化管理是一项长期的任务，尽管多年来上海在精细化管理方面取得了不少进展，但用全球最高标准加以对比，用市民不断增长的对美好生活向往、期盼和需要来加以对照，用日新月异的新一代信息技术加以衡量，仍然存在不少差距，需要在新时代的新环境下再出发，以数字中国、智慧社会的新理念，秉持全域管理、总体管理、人本管理、主动管理、智能管理的五大管理理念，运用人工智能、数据算法、社会管理的方法，实现超大城市的重塑更新，奋力迈向智慧城市建设的新境界。

一、全 域 管 理

所谓全域管理，就是要将城市管理覆盖至城市的所有物理空间、社会空间、网络空间，延伸至地上空间、地下空间、陆海空间，拓展至中心城区、近郊远郊、城市群圈，通过互联网＋、人工智能＋将城市管理拓展至城市的每一个角落，延伸至每一个市民的身边，在城市的有形地理空间中体现出管理和服务的无边界特征，实现对传统城市管理中的单域管理、多域管理的超越。

城市全域管理时代需要管理升级。路易斯·米盖尔·阿里萨在《智慧城市》一文中认为，未来城市会向智慧城市发展有两大理论依据，首先是世界范围内的城市化趋势不可逆转，未来城市将承载越来越多的人口；其次是互联网和人们的生活正在变得越来越密不可分，人们生活中所有的事物，小到衣服、鞋子、洗衣机、咖啡机、门锁、照明系统、汽车，大到机场、火车站和人们生活的街区都会连接在物联网中，智慧城市可以利这些大数据来了解居民，并提高城市效率。[1]

我们已进入以大数据为标志的信息化发展新阶段。这一新阶段不仅为创新国家治理体系开辟了新途径，也为提升城市管理能级提供了新手段，是引领智慧城市再出发的新兴驱动力。在全域管理中，需要以数据集中和共享为途径，建设一体化的智慧城市大数据中心，推进数据融合并实现数据的智慧化，实现跨层级、跨地域、跨系统、跨部门、跨业务的协同管理和平台服务，利用互联网扁平化、交互式、快捷性优势，推进智慧数据的全面化、智慧服务的科学化、便民管理的精准化、公共服务高效化。

以上海的城市导引标识为例，目前在城郊的高速公路、内环高架以及一些主干道的马路上，空间地理导引的标识相对到位，但数量颇多的窄道小路、各类园区、大学校区、大型社区、新建商厦的各主题功能区域和地下空间，其导引标识不到位的现象随处可见，即使有，其制作也缺乏人本意识，让人感到云里雾里，不知所向，许多第一次到访的市民往往摸不清方向，找不到出入口或所要到达的楼宇层面。如 2017—2018 年在浦东喜玛拉雅中心举办贝利尼家族与文艺复兴特展，让观众既难以找到中心巨型建筑至展览入口的三楼电梯通道，手机订票后至一楼取票也无引导提示，让观众上下来回奔波。又以城市绿色出行的自行车道为例，上海中环道路建成后可以通行自行车，这是一个很好的设计，但缺乏全域管理的理念，有些路段如真北路（曹安路至铜川路）等有几个自行车不能通行的断路，这样对市民出行就造成了不便。再以上海城市建筑的正反面为例，上海不少街道正面与反面落差较大，许多街区表面光鲜，走到建筑的背后让人大跌眼镜；有些商业和办公建筑面向顾客用户的空间较为整洁，一旦走到背后的楼梯等区域，脏乱差现象随处可见，需要秉持正面反面、远看近看、平时与检查一个样的精细化管理来加以整改。

以上这些不足和短板，都可以通过应用大数据和人工智能的信息化手段来加以克服。以标识为例，通过日益完善的地理信息系统，可以引导市民精准地找到所寻的道路和方位，也可以通过可视化的人工智能技术，形象地告诉市民具体的方位和东西南北走向，还可以通过互联互通技术，让信息数据在空间楼层传递，避免让让市民上下来回跑腿。这些更好的城市服务，既需要管理者树立全域治理的理念，也需要广大市民提高参与城市管理的自觉，从而不断提升全域管理的水平。同时，要全方位多渠道地获取并分析数据，不仅要注重政府数据、企业报表数据和金融交易数据，也要注重来自移动智能手机的数据、搜索引擎的数据、卫星图像的数据、社交媒体的数据，形成不同数据逻辑聚合的知识图谱和可视化地图并在此基础上进行数据深度分析，这将成为未来智慧城市技术管理的标配，也可借以发现城市在全域管理中可以进一步提高和完善的细微之处，从而提高城市管理的全域性和主动性。

二、总体管理

大数据和人工智能作为新一轮科技和产业革命的标志性技术，正呈现日新月异的发展态势，已经并将给人们的生产方式和生活方式带来革命性变化。在社会信息化深入持续发展的背景下，智慧城市已进入万物感知、万物互联、万物智能、万物计算、万物赋能的新环境，应当运用大数据和人工智能来建设安装"城市大脑"，提升城市总体管理的能级，把握城市精细化管理的总钥匙，建设彰显优势、协调联动的城乡区域发展体系，建设资源节约、环境友好的绿色发展体系。

以新时代长三角建设世界级城市群发展来看，上海市领导提出现已进入全面深化的高质量发展的新阶段，需要运用总体管理的理念，努力成为高端人才、全球投资、科技创新、优势产业的集聚地，成为在空间便捷、资源配置、产业分工、人文交流、公共服务等方面具有功能互补和良好协调机制的共同体，着力加强聚焦规划对接、改革联动、创新协同、设施互通、公共服务、市场开放。[2]这些都需要在总体管理下以更敏锐的思想和更敏捷的行动加以推进。

以上海城市交通为例，随着科技创新与城市交通的深度融合，如今正在形成融飞机航空、磁悬浮、高铁动车、地铁轨道、公交车辆、共享单车以及高楼电梯为一体的城市公共交通新体系，正在形成空地一体、快慢结合、机动与非机动交汇、平行与垂直交融的公共交通新生态。智慧城市的精细化管理需要运用总体治理的理念，使公共交通新体系形成互连互通，使新生态的各项信息数据趋向智能计算，为市民提供便捷的数据即时显示与最佳选择，为城市交通的高效运行与安全保障提供数据支撑。

再以上海的公共文化设施交通配套为例，上海的公共文化服务体系构建在全国形成了引领示范的效应，但需要通过总体管理理念来加以完善。如上海不少公共文化设施公共交通配套不到位，这些文化设施建造时没有形成总体管理的理念，只考虑有无空地，没有充分考虑相应的交通配套，影响了公共文化服务带给市民的获得感。如普陀区的元代水闸遗址博物馆(延长西路619号)，为全国重点文物保护单位，交通不便，近处无地铁站和公交汽车站，一天参观者仅数十人，未能充分发挥历史文化遗迹应有的都市旅游和社会教育功能。又如嘉定区公共图书馆、汽车博物馆公共交通也不方便，不少市民到嘉定区图书馆需要开车，每天开馆前形成了汽车排队长龙等待入馆的独特风景。

总体管理理念在城市垃圾分类的协同落地上显得特别需要。上海的垃圾分类宣传了许多年，但不少小区还是原地踏步，宣传了许多次，人力物力花了不少，但成效乏善可陈。垃圾分类作为城市生态绿色发展的重要举措，需要运用总体管理的理念，各方协同推进；需要通过法制化、标准化、社会化、市场化、专业化、智能化等综合手段加以总体管理。需要指出的是，在垃圾分类的新一轮推进中，在启动阶段需要有百米冲刺的精神全市上下协同奋力跃上台阶，然后以万米长跑的精神加以推进，久久为功。

总体管理有许多文章可做，如在入水处理方面，可以分别对生活污水、工业废水、农业排水采取治理措施。通过修建城市下水道、农村生活排水处理设施、联合处理净化槽来处理生活污水，并且结合废弃物资源化的思想进行综合管理。又如上海一些新建小区消防设施比较到位，但还有一些老式里弄小区的消防设施有所短缺，存在隐患，这就需要在解决加装电梯、煤卫独用的基础上用总体管理的理念进一步加以完善。

三、人 本 管 理

城市管理为市民，这是以人为本理念在智慧城市再出发中的体现。如何使城市管理工作更能识民情、通民意、达民心，使各项政策与群众期盼更好紧密对接，创造超大城市更好的品质生活，让市民的生活更精彩，这是城市管理的出发点和落脚点。习近平在 2018 年新年贺词中特别强调了民生改善问题，指出："我们伟大的发展成就由人民创造，应该由人民共享。我了解人民群众最关心的就是教育、就业、收入、社保、医疗、养老、居住、环境等方面的事情，大家有许多收获，也有不少操心事、烦心事。我们的民生工作还有不少不尽如人意的地方，这就要求我们增强使命感和责任感，把为人民造福的事情真正办好办实。"[3] 因此，发挥大数据和人工智能的技术优势，实施互联网＋教育、互联网＋医疗、互联网＋文化、互联网＋交通、互联网＋购物等，促进基本公共服务均等化和品牌化，既是促进保障和改善民生的重要路径，也有无限发展的新需要和巨大空间。如基于大数据和互联网的远程教育和医疗、互联网异地办理身份证和异地医保、基于互联网和互连互通技术的智能养老、大数据和云计算下的信息安全防范和保障、城市地铁运行和垂直交通中电梯实时监测，等等。

上海在迈向全球卓越城市中，人本管理有很多文章可做。如在城市公共厕所再设计方面应采用全球最高标准提升品质并走在全国的前列。在公共厕所的人性化设计中，应考虑方便怀抱婴儿手推车的市民、残疾人、孕妇、老年人等如厕，在厕所新设计中应增加婴儿椅，方便带着孩子的父母如厕；应增加换衣台，方便小孩和成人站在台上换衣；应在各大小便池旁增加上下左右的隔断、摆放手机小物品的平台、安装雨伞挂钩。同时，洗手间总体数量设计应提高女性比例，如女性占 70%，男性占 30%，并在有条件的地方按需增加厕所可使用人数的数量。需要在全市厕所置放手纸(采用薄型环保纸，用后冲走，不再放入纸篓)，尽管可能会有贪小便宜者(会越来越少)，但这是提升市民文明素养和保持洗手间整洁必需付出的代价，也应该是全球卓越城市的标配。又如上海在进入老龄化的进程中存在住院 15 天必须转院的现实难题，多年来一直未能解决，这是老百姓反映比较强烈的问题，成为上海高龄老年人及其家庭已经和将要面临的一个民生难题。对于无法自理的高龄生病住院老人，已无法居家养老且要在医院治疗，15 天的转院不仅给高龄病人本人也给家属带来诸多不便。可以通过在全市的住院的数据分析调研，在摸清需求情况的基础上，采取增加养老床位和调整相关住院政策针对性地加以破解。

城市精细化管理的一个重要标志就是人行道的治理，这在相当程度上是城市生活宜居品质的集中反映。上海人行道本身不宽，但存在占用空间、盲道断连、下雨积水、道路过窄等诸多问题。上海在迎接世博会期间，曾下大功夫提升了全市人行道的品质；如今，需要在牢固树立市民第一的理念，按照全球最高标准进行人行道的进一步更新，为数以千万计的市民和旅游者带来“胜似闲庭信步”的城市步道的优雅、安全和舒适。

外来务工者与城市原住民如何共同生活工作并和谐相处是城市人本管理需要破解的现实难题。需要指出的是，城市的不同收入阶层是要互相依靠和谐相处的。从城市社区小区运转看，需要有物业、保安、快递、餐饮服务、清洁扫地、垃圾运输、医院护工等；从城市家庭需要看，需要有钟点工、住家保姆、月嫂、护工、家电维修、房屋装修等。把城市居民与外来务工者隔离甚至驱赶，城市将无法运转，外来务工者也无更多机会脱贫与发展，保留城市的一部分老式住房和旧里弄，让外来务工者与城市原住民共同生活工作并和谐相处，是城市精细化管理以人为本的题中应有之义。

四、主 动 管 理

数字中国与智慧社会为城市的发展既带来了发展的新机遇，同时也带来了诸多不确定性、不对称性、复杂性以及难以预测的情况，需要在城市管理中积极主动加以应对，在问题尚未显露或处于萌芽状态时进行主动管理，避免可能出现的大问题，化解可能出现的大风险，防患于未然，将关口前移，而不是等问题成堆时再去管理。

这里提出几个主动管理的建议：一是共享汽车的整洁问题：共享汽车已经并将是共享经济发展的一个重点，但目前共享汽车的整洁问题尚未引起重视，制度化机制化的举措也未跟上，这将影响未来共享汽车的广泛推行，应未雨绸缪，制定相关举措。二是电话亭和书报亭的功能转换：随着社会信息化的深入持续推进，信息文明的新载体层出不穷，已形成了城市信息文明的新形态，现在遍布全市的电话亭和书报亭已不适应这样的发展，需要进行主动管理，国外有城市将这些电话亭和书报亭更新为微型图书角，是一种可考虑的选项；现在有的电话亭更新改建为微型的美术展示，也同样是一种很好的选项。三是养老院虐待老人问题的防范：对于近期出现的幼儿园虐待儿童事件，上海应当举一反三，不仅需要防范幼儿园虐待儿童事件的发生，而且应当主动研究并落实养老院虐待老人的防范问题。四是城市绿化美化问题：上海在城市绿化方面相对解决了有没有的问题，现在需要在好不好上面下功夫，特别是郊区，在绿化的基础上进一步美化有很大空间。

城市安全是上海超大城市迈向卓越城市应当固守的底线，更需要应用主动管理的理念实现事故总量、较大事故、重特大事故的持续下降。这就需要坚持以市民为中心，牢固树立安全发展理念，进一步健全完善城市安全的责任体系、法治体系、风险防控体系和监管保障体系，利用大数据和人工智能技术，全面感知、实时预警、即时处置、市民参与，齐抓共治，对重点领域、重点区位、重点机构、重点时间深入排查治理安全隐患，抓大不放小，提供大数据和人工智能的信息数据服务，为城市安全保障赢得主动，将重特大事故化解于萌芽状态，为超大城市安全的精细化管理提供中国经验。

五、智能管理

新时代的智慧城市发展正在迈向新的发展境界，正在与大数据的信息发展新阶段与人工智能时代实现历史性的交汇，这就为智慧城市再出发提供了智能管理的新思路与新方法，为智慧城市带来数字中国和智慧社会的发展新特点和新品质。

智能管理的重要体现就是信息基础设施的建设。2018 年 1 月中国互联网络信息中心(CNNIC)在京发布的第 41 次《中国互联网络发展状况统计报告》显示,截至 2017 年 12 月,我国网民规模达 7.72 亿,普及率达到 55.8%,超过全球平均水平(51.7%)4.1 个百分点,超过亚洲平均水平(46.7%)9.1 个百分点;我国手机网民规模达 7.53 亿,网民中使用手机上网人群的占比由 2016 年的 95.1%提升至 97.5%。[4]另据国家工信部提供的信息,截至 2017 年 10 月底,我国移动支付交易规模居全球首位。《2017 微信数据报告》显示,截至 2017 年 9 月,微信支付月社交支付次数较上年增长 23%,月线下支付次数较上年增长 280%,微信支付绑卡用户已超过 8 亿。[5]如何在智慧城市建设中提供更好的信息技术环境已是广大市民迫切的新需要。上海在城市信息化方面一直走在全国的前列,但也存在一些短板。以 Wi-Fi 为例,在 2014 年首届世界互联网大会上,俄罗斯卡巴斯基的负责人在乌镇论坛上公开比较上海浦东机场与乌镇的 Wi-Fi,认为浦东机场不方便,而乌镇十分便捷。实际上这种情况至今在上海有的地方依然存在,需要以更高标准和市民的切身体验加以进一步完善。

有学者曾建议将智慧城市易名为智能城市,我们这里姑且不论这一建议的是非曲直,但也可以从一个侧面了解城市管理的智能化是智慧城市建设的关键核心所在。城市管理的智能化应用可谓天地广大,为人们提供了无限的想象力。如现在上海公共交通和大型商厦冬夏季空调温度设置不尽合理,不少商厦和公共空间冬季空调达 20 多度,工作人员穿衬衫上班,对节能减排和市民健康都不利,这就可以通过智能管理的方法,将空调控制在合适的温度。又如,在大型公共场所的大型洗手间外可设计智能显示屏,用红灯表示有人使用,绿灯表示无人使用,一目了然。类似的精细化智能服务有许多事情可做。

在迈向全球卓越城市的新征程中,上海制定了《关于加强本市城市管理精细化工作的实施意见》三年行动计划(2018—2020 年),[6]这对加强上海城市管理的精细化工作不啻是一个巨大推动。明者因时而变,知者随世而治。身处数字中国、智慧社会的新时代,智慧城市再出发就要因势而谋,因势而动,因势而进。中国特色社会主义进入新时代,中国经济发展也进入了新时代,基本特征就是中国经济已由高速增长阶段转向高质量发展阶段。自 21 世纪第一个十年前智慧城市建设在中国部分城市启动以来,在不到十年的时间中已取得了长足的进步。如今,智慧城市的再出发已有了全新的信息新环境,大数据、人工智能、移动互联网正在构建中国城乡发展的独特智慧生态和发展机遇，恒河海量的数据，巨量活跃的移动用户群，层出不穷的各类智慧应用大市场，这些都是全球各大城市所不具备的。如果说，十年前，中国引入了全球智慧城市建设的先进理念并借鉴其成功的经验的话，那么，如今在数字中国和智慧社会的新征程中，中国智慧城市的再出发提供了可以实现反转的机遇，即上海作为中国具有代表性的超大城市，在中国智慧城市建设再出发的进程中，完全可以结合中国的实际，走出一条中国特色的智慧城市发展新路，为全球的智慧城市建设提供中国智慧和中国经验。

参考文献

[1] 路易斯·米盖尔·阿里萨.智慧城市[J].新华文摘，2018(02)：138.
[2] 张懿.深入推动长三角城市群高质量发展[N].文汇报，2018-01-25(01).
[3] 国家主席习近平发表二〇一八年新年贺词[EB/OL][2018-02-05]. http://www.xinhuanet.com/2017-12/31/c_1122192418.htm.
[4] CNNIC 发布第 41 次《中国互联网络发展状况统计报告》[EB/OL][2018-02-04]. http://www.cac.gov.cn/2018-01/31/c_1122346138.htm.
[5] 王观.移动支付扫出你的精彩生活[N].人民日报，2018-02-02(09).
[6] 谈燕.用当年搞城建劲头抓好精细化管理[N].解放日报，2018-02-02(01).

智慧城市——城市治理方式的新理念与新设计

2016年2月发布的《中共中央、国务院关于进一步加强城市规划建设管理工作的若干意见》提出,“到2020年,中国将建成一批特色鲜明的智慧城市”。智慧城市是20世纪末,特别是21世纪初以来在全球展开的城市可持续发展的创新理念与创新实践,是创新城市治理方式、改革城市管理体制、完善城市治理机制的新理念和新路径。智慧城市理念的提出,主要基于人类社会在城市化发展进程中所面临的各类城市病和安全挑战,包括人口膨胀、环境污染、交通堵塞、资源短缺、公共安全等;同时也是将数字化、网络化、智能化和互联化的新一代信息技术应用于城市治理的积极尝试,试图走出一条城市以人为本的创新发展、绿色发展和可持续发展的新路。

如何理解智慧城市。根据智慧城市的国内外发展及其特点,我给智慧城市作如下的定义:“以数字化、网络化、智能化的信息基础设施为基础,以社会、环境、管理为核心要素,以泛在、绿色、惠民为主要特征的城市可持续发展理念与实践。”我们可以从基础、要素和特征三个维度来评估城市的“智商”。

首先是数字化、网络化和智能化的硬件基础,这是建设智慧城市的基础和前提。从国内外智慧城市建设实践来观察,无论是国家层面还是城市规划以及社区示范,在推进智慧城市建设中所提出的宽带战略,在信息化进程中加强下一代互联网建设,在城市各区域形成就近便捷的无线网点,积极构建城市泛在网的信息地图,积极推进城市的三网融合和数字经济,这些都是硬件维度的评估。

其次是社会、环境和管理的三大核心要素。智慧城市作为城市信息化的升级版,更注重信息化基础设施的整体效益,更注重信息公开和数据共享的水平,更注重智能化对城市自然资源和环境的保护与利用,更注重智能化的技术创新与社会、经济、文化之间的互动,更注重参与式的城市社会管理与服务的创新,更注重城市社会治理中的精细化水平,更注重城市公共安全的防范能级。智慧城市给碎片化的城市公共管理和公共服务的整合协同提供了机遇，给各自为政的信息孤岛的统一共享提供了平台，给分散阻断的数据烟囱的深度融合提供了通道。这些都是要素维度的评估。

第三是泛在、绿色和惠民的主要特征。智慧城市向人们描绘了跨越时空和载体的随时、随地、随意、随形的市民生活与工作新形态，也向人们展示出了一幅更聪明、更高效、更绿色的城市管理与服务的新愿景。智慧城市以城市互联网的创新理念，将节能低碳、生态文明、人与自然和谐发展的城市绿色发展新形态落到实处。数字惠民是智慧城市建设的精髓所在，广大市民在住有所居、学有所教、劳有所得、病有所医、老有所养、憩有所旅中将更有获得感，可以体验智慧城市所带来的无线泛在、立体互联、就近便捷、移动融合、精细互动的城市管理与服务，彰显出城市让生活更美好的发展宗旨。这些都是特征维度的评估。

欧盟提出的智慧城市六大坐标。这在全球智慧城市建设的发展中不仅提出时间早，而且它将智慧城市看作是城市可持续发展的综合助推器，从经济、信息、环境、公众、居住、管理等城市发展中最核心的六个维度对智慧城市的发展做出了愿景式的评估，对全球智慧城市建设是一个先导和示范。这也从一个侧面反映出智慧城市建设是城市的通体创新和综合性变革，并不仅仅局限于技术的层面。当然，随着智慧城市在全球的深入发展和理论研究的进展，对欧盟的六个维度还可予以完善，如城市的安全防范与治理等。

智慧城市与信息城市、数字化城市、智能城市。由于智慧城市是以信息技术为建设基础并将其作为发展引擎，所以在人们的印象中，智慧城市就是信息城市、数字化城市；同时，即使在学术界，也有学者认为智慧城市就是智能城市。这种理解的不同也来源于与智慧城市相对应的中英文的理解差异。智慧城市有两个对应英文词：一个对应词是“smart”，源于西日耳曼语系，与德语中的“激痛”有关，在古英语中意为引发剧烈疼痛，后引申为锋利、尖锐之意，并进一步引申为思维敏捷等释义，现在“smart”一词用得最多的义项是智能，解释为智能型的，并能独立工作的技术设备。智慧城市另一个对应英文词是“intelligent”，意为智能的、聪明的。故有学者认为采用“智能城市”的中文译名更适合。但从 smart 所对应的中文“智慧”而言，意为对事物的认知、应对和创新的聪明才智及应用能力，也作智惠；较之智能城市，智慧城市更能体现出智慧城市的灵性、丰富性以及深入浅出的传播力，也已为国内外政策文件、业界和学界的广泛认同。如前所述，智慧城市（smart city）已超越了智能技术的层面，尽管智能技术是智慧城市的重要基础，但智慧城市的创新发展已不能用少数几个行业的智能化来解读。智慧城市简言之就是更聪明的城市，是全球城市趋向全面深度智能化进程中所实施的创新驱动发展和城市可持续发展所采取的明智应对的方法。2014 年 8 月，国务院八部委联合印发的《关于促进智慧城市健康发展的指导意见》指出，智慧城市将实现公共服务便捷化、城市管理精细化、生活环境宜居化、基础设施智能化、网络安全长效化。2016 年 2 月发布的《中共中央、国务院关于进一步加强城市规划建设管理工作的若干意见》指出，要推进城市智慧管理，促进大数据、物联网、云计算等现代信息技术与城市管理服务融合，提升城市治理和服务水平。这样丰富的智慧城市建设方向显然已不是“智能城市”一词所能涵盖的。

与“信息城市”相比，智慧城市没有停留于信息技术的层面，而是将技术融入城市化，在城市化的进程中注重社会管理、资源节约、环境友好、市民参与、生活品质，将信息化中构建的信息系统发展成为一体共享、无所不在的互动感知网络。与“数字城市”相比，智慧城市的内容更为丰富并更具可持续性；智慧城市实现了数字化、网络化、智能化、互联化的深度融合，将着力点聚焦于社会、环境、管理和市民的生活工作质量，较之数字城市更具有科学发展建设的高度。如有学者提出，在上海建设智慧城市的进程中，测绘地理信息将在数字城市的基础上，建立起可视化、可量测、可分析决策的智能化时空信息云平台，这样的视野较之数字城市就显得更高、更远、更深。

智慧城市的基础是新一代信息技术，其中宽带作为信息通信技术的基本力量，国内外许多城市都在这方面取得了长足的进步。在我国，“宽带战略”已从部门行动上升为国家战略，成为国家战略性公共基础设施，这是中国智慧城市所取得的阶段性成果。

智慧城市有诸多发展模式。较为典型的有美国纽约的数据开放模式、丹麦哥本哈根的低碳发展模式、加拿大温哥华的绿色发展模式、韩国仁川松岛的数据驱动模式、新加坡的智慧国模式等。上海在举办 2010 年世博会期间，曾专门设立了“城市最佳实践区”，其中包括西班牙马德里，英国伦敦，德国汉堡，中国的宁波滕头、成都活水公园、上海沪上生态家园等 14 个国内外的建设案例，还有 32 个展馆案例、27 个其他展示案例，可谓精彩纷呈，大致展示了全球智慧城市建设的各个方面，许多都具有可复制的经验。

理想中的智慧城市。可以用五个“更”来表示：一是城市更聪明，二是政府更高效，三是企业更智能，四是生活更便捷，五是城市更宜居。例如，全球气候变暖和难以预测的极端天气给城市的管理带来巨大的挑战，洪水灾害便是其中的一大安全隐患。2013年，中欧各国洪水肆虐，有些地方遭遇了500年未遇的世纪洪灾。但人们惊奇地发现，在洪水中形成了一排排金属防洪墙，这些金属部件平时存放在仓库中，由计算机进行数据管理，一旦出现洪灾，这些金属部件将运至洪水来犯之地，由后台的计算机对金属墙体进行升降的自动控制。这种智能化的防洪设施与智能化的管理方法，使捷克的布拉格市免遭洪水的侵袭，体现出更聪明城市的智慧治理理念和实践应用。

智慧城市在实践中所面临的障碍和问题。主要反映在三个方面：

一是需要进一步加强顶层设计和宏观指导。从宏观层面观察分析，目前中国智慧城市建设尚存在项目一哄而上、基础参差不齐、定位各自为政、信息安全缺失等不足，需要在国家八部委《关于促进智慧城市健康发展的指导意见》的引领下，对智慧城市的全国发展和城市群发展以及城市域内发展进行科学布局，统筹协调跨行业部门、跨平台终端、跨运营企业的有关问题，使智慧城市建设本身体现出科学有序的智慧发展。

二是需要进一步认识智慧城市发展的内涵精髓。智慧城市是通过城市的智能化来实现城市的灵敏便捷、绿色环保和数字惠民，不能将智慧城市建设停留在产业园区发展和硬件技术的层面，一味追求高端和新颖，动辄推倒重来；需要秉持实事求是的精神，因地制宜，不能好大喜功。应深刻理解智慧城市建设的本质追求就是用最少的资源满足最大的需求，是创新、协调、绿色、开放、共享五大发展新理念在城市治理中的体现。

三是需要进一步推进整合互联。随着全球各类资源日益紧缺，经济增长中的集群整合、密度效能就显得越来越重要。由于缺乏统筹协调，各城市的智慧城市建设规划存在一定程度的盲目性和闭门造车现象，存在资源浪费、效率低下、互通阻隔、城市安全的问题和风险，新兴产业、基础设施、城市管理流程等尚缺乏整合协同和深度融合的标准规范，迫切需要在实践探索的基础上进行战略研究和设计引导，在统筹规划的基础上实现城市总系统与各子系统之间的互连互通与对接互动。通过感知、分析、传输、平台、应用的整合协同和智能互连，并构建起自主可控的信息安全保障体系，从而真正实现城市信息化的升级版。

智慧城市的出现与发展。智慧城市一词较早出现在20世纪80年代中期美国拉斯维加斯一家以"智慧城市"命名的产业技术协会组织,其主要侧重信息技术在产业中的应用以及信息技术的展示,与今天我们所讨论的智慧城市有很大区别。

1992年,美国有十多个城市兴起过智慧增长运动,主要是环保主义者发起,强调土地的集约使用,经济重要性让位于环境和生活方式。

1999年,亚洲的新加坡等城市兴起了智慧城市建设,旨在通过信息技术的广泛运用,推进产业升级和交通智能化管理,解决以上提到的各类城市病问题。

2007年10月,欧盟在《欧盟智慧城市报告》中率先提出了"智慧城市"的创新构想,从智慧经济、智慧流动、智慧环境、智慧公众、智慧居住、智慧管理六大坐标维度对智慧城市建设进行了框架设计,成为全球智慧城市建设较早的理论创新与实践探索。

2008年11月,国际商用机器公司(IBM)总裁彭明盛(Samuel Palmisano)在美国外交关系理事会上作了题为"智慧地球:下一代领导人议程"的演讲,正式提出了"智慧地球"的概念。两个月后的2009年1月,彭明盛在美国工商业领袖圆桌会议上向当时新上任的美国总统奥巴马提出了智慧地球的构想,并进而提出以互联网技术为技术引擎的智慧城市的发展战略,对全球智慧城市的发展起到了极大的推动作用。

2009年11月,IBM商业价值研究院撰写了《智慧城市》一书,指出智慧地球的核心是以一种更智慧的方法,通过利用新一代信息技术来改变政府、公司和人们的交互方法,以便提高交互的明确性、效率、灵活性和响应速度。该书提出了智慧城市应具备的六大特点:一是灵活,能够实时了解城市中发生的突发事件,并能适当、实时地部署资源以作出响应;二是便捷,远程访问"一站式"政府服务,可在线或通过手机支付账单、学习、购物、预订和交易;三是安全,更好地进行监控,更有效地预防犯罪和开展调查;四是更有吸引力,通过收集分析数据和智能信息(例如客流和货运)来更好地规划业务基础架构和公共服务,从而创造更有竞争力的商业环境以吸引投资者;五是广泛参与合作,实现政府不同部门之间常规事物的整合以及与其他私营机构的协作,提高政府工作的透明度和效率;六是生活质量更高,越少的交流拥堵意味着越少的污染,降低交流拥堵和服务排队所浪费的时间意味着市民可以更好地平衡工作和生活，更少的污染和更完善的社会服务意味着市民可以拥有更健康快乐的生活。

2009 年起，中国的南京、宁波和上海等城市先后提出了智慧城市的建设规划。2014 年 3 月，中共中央、国务院印发了《国家新型城镇化规划(2014—2020 年)》，规划的第 18 章“推动新型城镇化建设”的第二节就是“推进智慧城市建设”，成为“智慧城市”进入中央和国家正式文件中较早的例子。

上海应把握人体信息化智能养老发展新机遇

习近平总书记最近视察上海时指出：要牢牢把握科技进步大方向和产业发展大趋势，把科技创新真正落到产业发展上。上海养老助老难题成为目前和未来十年、三十年上海所面临的前所未有的挑战，已成为一项重要的民生难题。近年来人体信息化的快速发展为破解这一难题提供了发展新机遇，上海应在国务院办公厅《关于促进健康服务业发展的若干意见》和《上海健康物联网推进工作方案（草案）》的基础上，细化落实，乘势而上，先行先试，为全国人体信息化智能养老提供可复制、可推广的新模式，为上海城市智能化的发展提供创新转型的新载体。

一、几大数据凸显上海养老正面临前所未有的挑战和机遇

上海老年人口现已占户籍人口27.1%。上海已进入了人口深度老龄化阶段。截至2013年底，上海全市户籍人口中60岁及以上老年人口387.62万人，占总人口的27.1%；其中80岁及以上高龄老年人71.55万人，占60岁及以上老年人口18.5%，占总人口5.0%。

60岁及以上老年人口2013年增加高达5.5%。由于上世纪50年代中后期出生人口开始进入老年期，上海低龄老年人口快速增加，这不仅带来了目前家庭养老能力弱化，也使若干年后第一代独生子女将面临照顾多位家庭老年人的沉重负担。

2025年上海老年人口将超600万。据预测，2010—2025年的15年都将是上海老龄人口的快速增长期，平均每年将新增60岁及以上老年人口21.5万人，年增速将上升至5.7%，预计到“十二五”末上海60岁以上老人将达到430万，占总人口比重将超过30%，到2020年可能达到540万人，至2025年将可能超过600万人。

上海“纯老家庭”老人逼近百万。截至2013年末，上海“纯老家庭”老年人

数为 90.43 万人，其中 80 岁及以上“纯老家庭”老年人数 25.02 万人；独居老人 23.51 万人，其中孤老人数为 2.40 万人。

上海人口预期寿命超过全国平均水平。2013 年，本市人口预期寿命为 82.47岁，其中男性 80.19 岁，女性 84.79 岁。这一数字远超全国水平。

上海养老床位资源极为匮乏。尽管近年来养老床位等设施增加迅速，但远远跟不上与日益增长的老年人口所需。全市现共计养老床位数 108 364 张，独立老年护理院和老年医院 25 所，独立老年护理院床位 4 471 张，家庭病床 4.97万张，不仅远未能满足当下的需求，对未来 10 年中持续增加的大量老年人口更是雪上加霜。

全国 65 岁以上老人的家庭已超过 8 800 万户，占全国家庭户的比重超过 20%。国家卫生计生委 2014 年 5 月 14 日发布首个《中国家庭发展报告》数据显示，居民家庭户的平均规模为 3.02 人。随着家庭规模的缩小，给家庭养老带来挑战，家庭养老压力较大，老人精神慰藉、老人独居等养老问题较突出。

2050 年我国老年性痴呆患者将达到 2 760 万人。据欧洲最大的保险公司安联集团《人口结构报告》预测，2050 年我国老年性痴呆患者将达到 2 760 万人，超过所有发达国家患者之和。很大一部分人的生活将因为老年性痴呆病而发生改变，患者家人以及整个社会系统都将承受惊人的经济负担。

全球健康产业在 21 世纪第 1 个十年中增加了 10 倍。据统计，2000—2010 年间，全球健康产业的消费已由 2 000 亿增长至 1 万亿美元。特别是在发达国家，健康产业已经成为带动整个国民经济增长的动力之一。美国健康产业的增加值占 GDP 的比重已超过 15%，加拿大、日本等国的健康产业增加值占 GDP 的比重也已超过 10%。

上海将在 2025 年左右达到老龄化高峰。“十三五”和未来十年、三十年是上海发展人体信息化智能养老的前所未有的机遇。

二、人体信息化为破解上海养老助老提供了新模式和新形态

互联网正从传统互联网发展到移动互联网并将进一步发展成泛在网。未来的泛在网将创新养老助老的新模式和新形态，这就是人体信息化的发展。人体信息化是社会信息化持续推进和深入发展的信息网络载体的新模式，也是万物互联时代物物互联、人物互联、人人互联信息泛在互联互通的新形态。人体信息化也可以称为人体互联网，通过老年人随身的可穿戴医疗健康设备，

可以是智能手环和智能手表，也可以是智能挂件或智能服装，将老人的人体活动即时转化为数据，将老人与家属、社区助老机构、养老医护人员等形成泛在互联互通的网络，将数据与人真正融为一体。人体信息化为身居各处的子女随时掌握了解年迈的父母的身体信息状况提供了即时通道，为父母与子女之间、子女与子女之间、老人和家属与社区助老网络之间架设了养老助老的沟通平台和互助桥梁，为构建家庭照护、居家照护、社区照护、机构照护的大都市养老体系提供了信息化的解决方案，为大都市养老服务体系升级版提供了新理念和新路径。

《中国家庭发展报告》显示，有超过 12%的成年人仍与父母同住，68.9%的人没有离开父母居住的城市。这种“离而不分、分而不解”的网络式家庭形成了“同城不同屋”的普遍家庭模式。人体信息化的智能养老互联网可以破解目前养老护理中的各种难题：

一是子女家人不能及时获知年迈父母身体状况的难题，通过人体信息化的载体，居家养老或住院护理的年迈父母的身体状况可随时跨时空地获取，在被护理者和家属、医务人员之间建立起了信息的通道，而不在父母身边的子女和家人不时的担忧可得以解决。

二是独居老人在家中发生意外无法及时发现，已安装的定点呼叫设施由于不能携带在身上，发生意外如跌倒、忘关煤气时无法使用，通过人体互联网则可以及时呼救，也可以通过微屏显示发出紧急信息，以便老人在第一时间得到救助。

三是失忆老人在路上走失无法找寻，通过人体信息化的随身载体可以在老人一旦走失时及时报警并帮助家人和民警获知走失老人的具体地理位置。

四是卧床不起的老人拉屎撒尿难以及时获知，通过人体信息化载体可以即时显示，并得到及时更换。

五是老年人讲话、听力以及判断能力减弱，通过人体信息化的随身载体可以形成智能语音，为老人装上人工嘴巴、人工耳朵、人工大脑，实现电视语音控制、冰箱云图像识别、空调人体状态感知等的智能控制。

……

人体信息化将极大地提高养老护理的效率和效能，将为上海充分释放城市智能化发展的红利提供空前的机遇。

三、智能养老的国际经验借鉴和上海先行先试的几点建议

一是要创意设计适合老年人需求的细分人体信息化智能产品。2014年被认为是可穿戴设备年，但近年来可穿戴设备正处于一个拐点，即尚未完全找到创意设计、用户需求、经济实用的结合点，而老年人体互联网正是这种结合点的最佳尝试，应按用户需求形成多样化的可选择的养老信息化的高附加值系列智能产品，在创意设计的基础上可以让消费者自己选购、搭配和安装各个模块，组成可穿戴的智能设备，老人及家属将从被动接受服务到主动参与设计，从而推动上海创意产业和信息产业的发展，并形成全国的示范和辐射效应，率先进行中国老龄经济和银发产业的先行先试。

在老龄用品业方面，日本的细分化和专业化程度遥遥领先于许多发达国家，在设计上以"细节化"和"人性化"为特征，种类齐全，使用方便：有助行的轮椅、拐杖、移动搬运设备；助浴的洗浴椅、洗浴床，电动升降洗脸台；还有助娱的电子宠物，协助老人阅读的折光棱镜，方便老人使用的万用旋钮把手等。可结合中国和上海的特点进行创意设计。西班牙马德里的ST公司专门有安装在老年人家中的紧急警报装置，这种警报装置可结合人体信息化的发展改为老年人身上的简易便捷的可穿戴设备（如智能手环等）。

二是要构建养老远程泛在化网络服务平台。在西班牙马德里，远程电子服务是评价最高的社会服务，而这种服务主要依靠市场和社会组织来满足。马德里民众免费申请该服务，马德里市政府将这一服务全部外包，为每位服务对象每月支付21欧元，政府每年为远程电子服务拨付专款。马德里市老年人事务局局长卡洛斯·布兰科认为，西班牙是世界上人均预期寿命最长的国家之一，面对庞大的老年群体，西班牙建立了完善的服务体系，这一体系公私结合，且充分利用社会力量，以增强体系的活力和可持续性。为了提高工作效率和更好地利用社会资源，政府会将绝大部分服务外包给企业以及一些非政府组织，而政府则对这些营利和非营利性机构的工作进行协调和监督。同样，目前在荷兰、德国、日本、美国等许多发达国家，老年人的服务需求主要依靠市场和社会组织来满足。

三是要在家庭照护、居家照护、社区照护、机机照护等养老类型中铺设起信息融合共享的通道。通过人体互联网的网络信息平台，可根据老年人身体、经济状况的不同，社会养老助老机构可提供不同种类和价位的照顾服务，如日间照料服务机构、护理院、痴呆老人之家、临终关怀机构、特定对象的服务机构

等;为在家中的老年人提供送饭、清洁卫生、康复护理、助行、助浴、助医、房屋改造、安全保障等上门服务。人体信息化互联网络平台将为这些养老的个性化服务、便捷化服务、就近化服务提供了信息的保障和支撑,提供可选择、层次化、分众化的温馨服务。要让“银发经济”真正转化为“朝阳产业”,必须进行产业创新,利用互联网、移动通信网、物联网等信息化手段建立系统服务与互动平台,通过整合公共服务资源和社会服务资源满足各类养老需求,弥补当前传统养老存在的局限与不足。

四是要通过人体信息化助推上海信息产业和信息服务业。有研究表明,可穿戴设备真正的“春天”将在五年之后到来,届时其将成长为一个具有相当规模的产业。老年人体信息化智能产品可能成为可穿戴设备的重磅产品,可穿戴设备市场也有望发展成与智能手机比肩的市场。上海应超前谋划布局,重点打造老年人体信息化产业,此举不仅能破解养老助老的难题,也将培育出新的服务和制造业态。一些全新的智能感应装备正在成为上海市民享受养老服务的新帮手。2010 年,日本政府还公布了《21 世纪复活日本的 21 个国家战略项目》。其中,计划将“医疗和看护产业”发展成为新兴的服务业产业,并提出将在 2010—2020 年的 10 年内,将医疗、看护和健康相关产业的市场规模再扩大 50 万亿日元(约合 2 万亿元人民币),并争取由此增加 284 万个就业机会。

除了高龄老年的护理外,人体信息化还可以推而广之,发展面向所有老年人的健康管理服务业,面向失能患病老年人的康复护理业,面向社区居家养老老年人的家政服务业,面向中低龄健康老年人的老年文化教育业,面向机构社区和家庭老年人的老年宜居服务业以及面向中等收入以上老年人的老年金融理财业。智能银发产业的兴起,不仅为老年人带来福音,还将形成新的经济增长点。

五是要注重人体信息化进程中的信息安全。移动互联网的发展带来了个人隐私泄露的巨大挑战,同样,在发展人体信息化智能养老的过程中,应当将个人隐私保护和信息安全放到更加重要的位置来加以规划和推进。严格信息录入、保存、获取、利用、传递的权限设置。

习近平总书记在 2014 年 4 月召开的国家安全首次会议上指出:没有信息化就没有现代化。养老问题是上海市政府一直在关注,也是在着力解决的问题。深圳、重庆、厦门等一些城市已开始进行可穿戴健康设备的试点。上海应把握先机,尽早谋划落实,将人体信息化智能养老作为推进城市治理体系和治理能力现代化的新模式和新路径。

推动中国旅游业实现高质量发展的建议

——以福建省泉州市调研为例

引言:如何推动中国当代旅游业的提质增效和转型升级,实现旅游业的高质量发展,破解当前旅游业发展不平衡不充分的突出问题?在通过对福建省泉州市的调研中发现,旅游吸引物独一无二的文化价值和推动“一带一路”民心相通的和谐文化价值需要重新发现并彰显;旅游业发展理念需要实现从浅层展示至深层挖掘的转型;旅游实践策划需要实现从碎片孤岛到主题演绎的提升;应以文化敬畏之心统筹建设旅游景点;应以旅游城市的全新定位更新城乡环境,全方位优化旅游业发展格局,实现从历史文化名城到独特旅游目的地城市的转型。泉州市的调研案例对于中国当前旅游业实现质量变革、效率变革、动力变革具有普遍启示意义。现将调研中发现的问题(案例)和相关建议汇报如下。

一、中国多元文化最具特色城市的独特价值需要重新发现

案例1:独一无二的多元文化城市。泉州多元文化的丰富性在全国所有城市中可以说是独一无二的,这里汇聚保存有儒教、道教、佛教、伊斯兰教、天主教、基督教、印度教、摩尼教、犹太教以及民间信仰等十大宗教信仰的历史建筑,留存有10—14世纪来自亚洲、非洲、欧洲等各国各地区的商人、传教士、使者、旅行家、贵族和平民的文化遗迹,曾被马可·波罗等赞为14世纪世界最大港口之一和世界第一大港,当年与泉州有贸易往来的有近百个国家和地区,堪比当今上海在中国和世界上的地位。据调查,对于这一点,不仅一般的旅游者不知道,连不少从事历史研究的专业人员也不是太清楚,说明泉州旅游宣传的广度、深度和宣传内容的主题策划存在进一步完善提高的空间,需要从中国独一无二的多元文化特色城市的视角加强宣传推广,以进一步推动泉州从历史文化名城到独特旅游目的地城市的转型,进一步提升城市

的旅游品质。

案例2:独一无二的清净寺。泉州清净寺是我国现存最独具阿拉伯伊斯兰风格的建筑,也是泉州宋元历史上伊斯兰教寺唯一保存至今的清真寺,其中有望月亭、奉天坛、宣礼塔、洗心亭、礼拜堂、讲经堂、明善堂、明成祖永乐皇帝保护伊斯兰教圣旨碑刻、千年古井、宋代寿山石雕刻出水莲花香炉、伊斯兰教石墓盖等,体现了伊斯兰教与佛教的融合,也体现了中国历史上对伊斯兰教的保护与包容,对于这一伊斯兰教名寺,其宗教、建筑、历史的文化价值和不同宗教文化和谐包容的价值观需要进一步深度挖掘与展示,据此吸引西亚和境内外的游客,并为"一带一路"发展战略中的政策沟通、设施联通、贸易畅通、资金融通、民心相通提供重要的历史借鉴和启示。

案例3:独一无二的清源山。清源山被赞为满山都是文化,既有道教的老君岩,也有佛教的弘一法师舍利塔,也有儒教的孔子与道教的老子"孔子问礼于老子"的石雕像,还有三教合一的清源洞、南台岩,其中山腰智慧天阶中部的无尘合,成为清源山中道教与佛教文化区的分界点,令人称奇,应成为泉州旅游的必到之地。

二、旅游业发展理念需要实现从浅层展示至深层挖掘的转型

案例4:在泉州别称"刺桐"上做足文章。10世纪中期,泉州刺史留从效在任职期间曾扩建城池,环城遍植刺桐树,"刺桐"便成为泉州的别称,并名播海外。但在当年留从效居住的承天寺中,有一石碑竖立,上题"留从效南园故址"七字,没有任何其他的深度解释和发挥,不仅让旅游者对此丈二和尚摸不着头脑,也失去了"刺桐"旅游文化可据以深层挖掘的场所。

案例5:享誉世界的"水密隔舱福船制造技艺"应当扩大宣传。1974年在泉州湾后渚港发掘出宋代古木帆船,其中由12道隔舱板将全船分成13个舱。这一"水密隔舱福船制造技艺"于2010年11月15日被联合国教科文组织列入"急需保护的非物质文化遗产名录",在《马可·波罗游记》中也有详细的记载。展示宋代古船的"泉州湾古船陈列馆"位于开元寺进门右侧,到访旅游者很容易忽略。如此精彩的旅游资源还需要通过深度挖掘其中的非物质文化遗产的科技元素,并将其与文化传承、科普教育和旅游购物创新产品开发结合起来。

案例6:依托泉州进出口贸易历史创新旅游购物。作为11—14世纪世界

上最大的贸易港口城市，泉州的进出口商品极为丰富，可以按照现在旅游者的新需要，对当年这些进出口商品特别是进口的番货进行创意更新，也可以将泉州独特的德化白瓷作为旅游文创产品的重要元素并加以文化包装，还可策划举行番货进城游行，再现当年“缠头赤脚半蕃商，大舶高樯多海宝”的盛大隆重场景，以形成泉州独特的旅游购物和旅游娱乐的新形态和新内容。

三、旅游实践策划需要实现从碎片孤岛到主题演绎的提升

泉州极为丰富的旅游资源现在多呈碎片珍珠，散落在城乡各处，需要实现从碎片孤岛到主题演绎的提升，让一颗颗旅游景点的珍珠通过主题连接成串，借以提升文化旅游的品质的高度、宽度与深度，也可使目前到访泉州旅游者1—3天的过夜延长至4—6天，提升泉州旅游的整体效益。

案例7：史迹代表性遗存之旅。泉州拥有31处全国重点文物保护单位和34项非物质文化遗产，可以组合成宋代史迹代表性遗存之旅，如宋代洛阳桥、宋代双塔、宋代城墙、宋代老君岩造像、宋代福建路提举市舶司（专事海外贸易事务的机构）、宋代南外宗正司（管理迁居泉州的数百宋朝皇族）、宋代清净寺、宋代天后宫等。

案例8：海上丝绸之路起点海湾码头之旅。作为历史上海上丝绸之路的起点城市，泉州海岸具有泉州湾、深沪湾、围头湾，海湾内码头林立，可以组合成海上丝绸之路起点城市的海湾码头主题旅游线路，将当年贸易兴盛的街区进行组合，如当年名商异珍奇宝交易地的聚宝街，番商番坊所在地的泉街，番商番货上岸必经之路的车桥，番使和番商招待之所的明来远驿等。

案例9：多元文化的建筑之旅：世界各大宗教在泉州的汇聚，也形成了诸多标志不同文明和不同艺术魅力的本土和外来宗教建筑。如开元寺的东西塔上共有160尊人物浮雕，其中116座为外国人形象，仅有44尊为中国人形象。又如锡兰侨民旧居，为单檐硬山顶、抬梁式木构架、单护厝的闽南传统民居，其橙色砖瓦与黑色三角纹饰，成为泉州地方建筑独特的文化元素。也可以根据多元文化中的某一主题，进行主题细化分类。如泉州文化名人之旅：可将李贽故居、李贽小学、开元寺弘一法师纪念馆、清源山弘一大师舍利塔、承天寺弘一法师化身地加以组合；海神祈风之旅：可将天后、真武大帝、观音、龙王、王爷、阴公、好兄弟等海神民间信仰加以组合；泉州博物馆之旅：可以将交通史、古船、闽台缘、华侨历史、佛教等主题博物馆组合。

四、以文化敬畏之心统筹建设旅游景点

案例10:“弘一法师化身地”近旁不宜设停车场。宋代大理学家朱熹曾称赞泉州:“此地古称佛国,满街都是圣人。”泉州的文化名人遗存不少,但文化敬畏之心缺失。如位于开元寺的弘一法师纪念馆中陈列的一些照片、书法作品等已是霉迹斑斑,有的已脱落;位于万寿路宋代城墙不远处的李贽故居也显得十分破旧,虽在2004年进行了重修,增加了李贽铜像,但故居景物过于破损陈旧,给人的印象是一个被遗忘的角落,与新建的“中国闽台缘博物馆”建筑前巨型广场的宏大气势与内部装修的富丽堂皇形成了鲜明的对照,让人有厚此薄彼之感。更令人难以理解的是,在承天寺“弘一法师化身地”不到十多米处,就设有一个停车场;开元寺双塔二十多米外临街有录制的持续不停的高音喇叭商品叫卖声。这些现象亵渎了文化名人的尊严,破坏了佛教圣地的清静,也影响了参观者行走于历史遗迹时肃然起敬的心境,应当予以整改。

五、几点具体建议

(一)设计全新的旅游宣传语

可将“中国独一无二的多元文化历史名城”作为泉州旅游形象宣传口号,以彰显泉州最具多元文化旅游城市的独特文化价值;还可以将“海上丝绸之路的起点城市”作为旅游形象宣传口号,以助力“一带一路”和人类命运共同体的国家战略;以旅游为载体宣传不同宗教不同民族文化的交流互鉴、和谐共存,并据此吸引世界各国游客。

(二)编写生动的旅游吸引物故事

泉州丰富的旅游资源中蕴藏着极为丰富的故事材料,可以编写图文并茂、科学生动的旅游吸引物故事,通过旅游地图、社交网络等进行传播,既服务到访的旅游者,也吸引和培养潜在的游客特别是青年一代游客。如开元寺桑莲古迹、锡兰王子侨居泉州的故事、养蛎固基、牵星过洋等故事都十分精彩。

(三)编制手绘旅游地图

将泉州丰富的旅游资源进行形象化可视化主题化的地图展示,如泉州旅游综合地图、史迹系列遗产代表性遗存地图、多元文化地图、宋代文物地图、古丝绸之路起点城市地图等。

（四）增加丰富多彩的旅游活动

泉州旅游要实现从自然单纯展示到丰富活动吸引的转型升级。当年泉州每晚至少有百个剧团的演出，可谓人山人海，叫喊声、喇叭声、铜鼓声、鼓掌声交织在一起，这些历史文化资源正是增加旅游活动的策划的源泉。如：番货进城游行，展示当年进口贸易中从西方各国进口的无花果、菠菜、茉莉花、水仙花、胡荽、莴苣、芦荟、素馨花、豌豆、葡萄、西瓜、胡萝卜、指甲花等，并可专门为游客提供番货主题餐饮。又如"番货自助餐"或"番货快餐"，可以细分为印度口味、阿拉伯口味等，以增加旅游餐饮的吸引力和文化内涵。还可以举办南戏木偶表演、闽南民俗表演，举办祈风典礼，举办历史灯会，重现当年"光之城"的盛况。

（五）以旅游城市的全新定位全面更新城乡环境

泉州旅游在统一形象标识与说明文字、开设城市内圈的公交巴士、历史文化遗存的保护等方面有许多值得点赞之处，但仍存在不少短板，需要通过旅游城市的全新定位来全方位立体推进，以全域旅游的理念再出发，进一步优化旅游业发展格局，打造处处是景、时时宜游的旅游新环境。

第一，改变城市街区的脏乱差现状。清净寺后小河沟水流不通，满沟垃圾，脏乱不堪，街区商店和机动车占用人行步道成为普遍现象，旅游餐饮点少质差。这些现象严重影响城市形象，应予以整改。

第二，对市民进行全员旅游教育培训。有警察和市民对近在咫尺的"泉州海外交通史博物馆"浑然不知，有出租车司机将游客应到访的"泉州海外交通史博物馆"错送至"泉州华侨历史博物馆"，有的宾馆服务员对不到一公里处的著名景点不知东西方位，所以应该进行全员旅游教育培训，以全面提升城市服务水平。

第三，提升机场精细化管理品质。机场办理登记牌处应提示行李托运必须在起飞前两小时才能开始办理的说明，也应有相关航班分别排队通道的提示说明。调研中发现，不少游客在排到办理柜台前才被告知以上相关信息，只能再进行等候或重新到别的通道排队。

中国三、四线城市旅游发展亟待理念创新

引言：如何将创新发展理念融入中国三、四线城市地方旅游发展之中，努力提升这些城市负责人的眼光视野、积极探索并推动地方旅游吸引物的价值发现、价值整合、价值宣传、价值保护，是中国三、四线城市在当前创新转型中面临的一个普遍存在的重要问题。我们在各地调研中发现，不少三、四线城市在当前旅游大发展的同时，普遍存在旅游发展理念创新不足的系列问题，包括：城市旅游发展定位不准、地方旅游吸引物的重要价值被忽视、旅游宣传设计片面化和碎片化等旅游发展短板问题，阻碍了这些城市旅游潜力的发挥和城市的可持续发展，令人不能不发出“实在太可惜了”的感叹。现将调研中发现的问题汇报如下，希望引起中央有关部门和各省市相关领导的重视并采取相应的改进措施。

一、红旗渠申遗宣传应注重使用世界文化语言

自 2007 年全国两会有代表提出关于红旗渠申报世界文化遗产的提案以来，红旗渠申遗的温度不断提升。2015 年 4 月，在红旗渠通水 50 周年之际，中央政治局常委刘云山指示：“要进一步宣传好红旗渠精神，对红旗渠申报世界文化遗产的建议，应给予关注和重视。”2016 年安阳市两会上，推动红旗渠申报世界文化遗产被写入政府工作报告。我们在红旗渠景区实地调研中发现，红旗渠精神的宣传需要进一步完善，其中特别应注重使用世界文化语言来讲好中国红旗渠的故事，应注重从以下三个方面切入。

（一）要从世界文化遗产的文化价值出发讲好故事

世界文化遗产强调代表一种独特的艺术成就，一种创造性的天才杰作；强调文化遗产的价值在时间和空间上产生过大的影响。因此，红旗渠的申遗，应着力于从“世界文化奇迹”的文化要素着眼，注重红旗渠精神所体现的人、山、水和谐共存和可持续发展的文化价值，注重红旗渠所展示的中国人民与大自

然和谐合作的自力更生、艰苦创业的精神以及服务民众、为民造福的人文影响，把周恩来总理当年所讲的"新中国有两大奇迹，一个是南京长江大桥，一个是林县红旗渠"的故事传递到世界，淡化目前宣传中浓墨重彩的"红色旅游"和"红色经典"等政治标签。

（二）要从重大水利工程所体现的物质文化组合和独特艺术成就出发讲好故事

红旗渠是由渠道、涵洞、渡漕、桥梁、分水闸、水库等一系列水利设施巧妙组成的一项重大农业水利工程，是中国人民在特殊自然环境下建设的成体系的一组物质文化组合，代表了一种独特的艺术成就，是一种天才杰作，体现了人与自然的关系和人类在自然生存中的坚忍不拔的精神，对太行山区乃至全国城乡发展已经并将继续产生深远影响，具有完整性和真实性。我们要在红旗渠申遗中用物质文化综合展示代替单一展示；用林州人民独特的艺术创造代替"贫下中农志如钢，千军万马战太行"等各类空洞不实的政治口号，用人与自然、人与山水和谐共存和可持续发展的发展理念代替人定胜天的价值追求。

（三）要从人类利用水的智慧出发讲好故事

要将红旗渠与中国的都江堰、郑国渠，以色列的沙漠滴灌技术联系结合，充分展示林州人民在极端艰难的条件下利用水的智慧，同时从纵向和横向维度将历史上林州人民从古至今多次兴修水利的历史，将红旗渠所发挥作用和效益的空间范围得以充分展现。

从我们实地调研中发现，到访红旗渠景区的游客中，中国游客居多，中国游客中又以40后、50后、60后的中老年人居多，如能在红旗渠的宣传中注重使用世界文化语言，不仅有利于申遗，也将会吸引更多的外国游客和中国70后、80后、90后乃至00后的青年游客。

二、内蒙古呼伦贝尔旅游吸引物不仅仅是大草原

内蒙古呼伦贝尔的旅游宣传现多集中在大草原和呼伦贝尔湖，这存在明显的不足。我们在调研中发现，呼伦贝尔旅游吸引物除大草原和呼伦贝尔湖外，尚有六大旅游吸引物需要发现和重新认识。

一是林海。过去广大旅游者多认为大兴安岭在黑龙江，实际上，大兴安岭70％在内蒙古，其中的樟子松、落叶松、白桦树等均具游览观赏价值。

二是村落。呼伦贝尔既有俄罗斯风俗风情的村落，也有中国最北村落之

一的奇乾村，前者具有俄罗斯民族文化，后者为中国目前稀见难得的最北方原始风貌村落，现居住有 8 户人家，这些村落均具有旅游吸引物的特质。

三是冷极。呼伦贝尔有冷极村，有中国最北端的冷极标志，既能让旅游者体验冷极，也可以据此进行有关冷极等气候的科普教育。

四是林业。目前呼伦贝尔林业特色旅游尚未普遍开展，令人特别惋惜的是位于满归的即将消失的亚洲最大林木工厂——满归储木厂。我们在工厂遗址中看到，原来的铁轨、锯木设施等几近荒废，据现场留守工人介绍，过去工厂最兴旺时，有数千工人 24 小时不停地作业，场面甚为壮观。现在工厂已处于废弃状态，堆积如山的木料一旦运完，工厂就将告别历史。而这一林业遗产如能马上保护下来，将成为中国乃至亚洲独一无二的旅游吸引物，将大大增加呼伦贝尔的旅游吸引物的丰富性和多样性。

五是文化。呼伦贝尔满洲里的扎赉诺尔博物馆于 2012 年 12 月对外开放，这是一座以展示地域历史文化和自然资源为主题的博物馆，也是呼伦贝尔境内最大的博物馆，为呼伦贝尔蒙元文化的集中展示之地。我们参观后大为惊叹，祖国边境还有如此内容精彩的博物馆，其中所展示的扎赉诺尔历史文化厅、呼伦湖生态湿地厅、扎赉诺尔煤炭厅等均为独特的文化旅游资源。但到呼伦贝尔的旅游者很少有人知道并到此参观。

六是国门。呼伦贝尔与俄罗斯有很长的国境线，分布着诸多国门景点，既有陆上的满洲里国门，其中陈列有中俄数代国门的标志；也有界河国门，如在奇乾则可隔河相望中俄边境风光。随着“一带一路”国家战略的实施，中俄国门双向开启的专列越来越多，也已成为一大景观。以上种种都是呼伦贝尔独特的旅游吸引物。

三、辽宁丹东作为中国海岸线北端起点的价值需要再发现

我们在与丹东市有关方面领导的交流中，发现当地领导干部对于丹东旅游吸引物的认识尚停留在中朝边境旅游的传统理念之中，而对于丹东潜在的极具特色的旅游吸引物的重要价值尚未发现。在调研中我们将丹东旅游吸引物概括为“三个三”。一是三点：万里海疆北端起点、万里长城东端起点、东北亚环渤海经济圈交汇点；二是三沿：沿黄海、沿鸭绿江、沿中朝边境；三是三战：中日甲午之战、新开岭之战、抗美援朝之战。随着中国海洋主体功能区规划和海洋战略的实施，“三点”中的中国万里海疆北端起点可以成为丹东富有特色

的旅游吸引物。

此外，丹东市区保存至今的颇具规模的防海堤也是不可多得的潜在吸引物。

四、河南安阳大峡谷的时空价值应重新定位

我们在调研中发现，河南安阳大峡谷是一个极具魅力的北方自然景观，每年吸引来自韩国的十多万游客，到访安阳的来自世界各国的游客也都将安阳大峡谷和殷墟作为两个必到之地。国内旅游者多来自北京、河北、山东、山西以及河南等相邻省市和本省的游客，但其他省市游客不多，究其原因，是当地的城市管理主体与潜在的旅游者的客体对安阳大峡谷的时空价值都缺乏知晓度和认知度。

从时间价值而言，安阳大峡谷的地貌可以追溯至地壳发展历史中的中元古代，这里的石英砂岩形成于距今 12 亿年前后的滨海浅海地带，原始沉淀物中大量的含铁质矿物经当时气候影响被氧化，形成了富有特色的红岩石，在地质运动中也形成了别具一格的斜层理、波痕、褶皱、泥裂等珍贵地质遗迹。

从空间价值而言，这里断崖耸立，群峰峥嵘，气势磅礴，巨石层叠，流瀑四挂，清泉碧潭，融北方山水雄伟与南方山水灵秀于一体。在距离原来极度缺水的红旗渠仅 20 多公里处，为人们提供了一处令以难以想象的北方山水峡谷。

因此，安阳大峡谷既是一处中国重要的地质公园，也是中国北方极具特色的雄伟灵秀的大峡谷，其旅游吸引物的时空价值需重新认知。

五、几 点 建 议

从以上案例中我们可以看到，中国三、四线城市的旅游发展亟待理念创新，国家旅游主管部门和各省市旅游主管部门应充分认识到中国三、四线城市旅游发展理念创新的重要性和紧迫性。针对这些城市旅游发展中存在的问题，我们提出以下三点建议。

（一）应注重提升三、四线城市管理者旅游独特价值发现的眼界

中国三、四线城市的旅游发展应以新发展理念为指导，通过中外旅游丰富案例对三、四线城市管理者和旅游主管部门负责人进行培训，提升这些管理者对于旅游吸引物价值发现的眼界、能力和水平，克服管理层心目中的旅游吸引物价值与旅游者心目中的旅游吸引物价值脱节现象的管理短板和困惑，以文

化自信将创新融入城市旅游发展的顶层设计，在与一、二线城市的比较中，不以城小而自卑，而以旅游吸引物本身的内含文化历史价值比高低，顺应全国与全球旅游发展的趋势，把握中国旅游经济发展持续高潮的机遇，将城市旅游顶层再设计作为发展战略。在顶层再设计中，要特别注重当地唯一性和独特性文化资源的发现，注重旅游吸引物的再发现，如辽宁丹东的万里海疆北端起点，江苏徐州汉代文化重要价值的再发现和再设计，河南安阳市汤阴县羑里城作为中国古代六经之首《易经》文化发祥地的巨大的文化价值的再认知，等等。

（二）应注重三、四线城市旅游管理中的整合集群战略

中国三、四线城市的旅游发展需克服目前片面化和碎片化的短板，应采取旅游的整合集群战略，并通过旅游专业智库听取专家意见。如内蒙古呼伦贝尔应将草原、湖、林海、村落、冷极、林业、文化、国门等八大旅游吸引物加以整合，充分体现呼伦贝尔旅游吸引物的丰富性和多样性，使呼伦贝尔的旅游从目前的浅层游和单一游趋向深度游和多样游，拓展呼伦贝尔旅游的宽度和深度，延长游客到访呼伦贝尔的时间，增加旅游吸引物的选择。又如安阳市的旅游宣传应当将殷墟、大峡谷、羑里城、红旗渠、文字博物馆、马氏庄园、岳飞庙、天宁寺、安阳博物馆图书馆、袁林等十大旅游吸引物加以整合，改变广大旅游者中对河南“穷山恶水”的传统印象，使到访安阳的旅游者能够在安阳停留至少一周，这样将大大提升安阳市旅游的品质，大大增强安阳旅游的效益。

（三）应注重三、四线城市旅游宣传策略的调整完善

城市旅游吸引物的推广要特别重视文化的视野与文化的语言。如要推动红旗渠申报世界文化遗产，就特别应注重使用世界文化语言来讲好中国红旗渠的故事，其中既要从世界遗产名录的文化遗产的文化价值出发讲好故事，也要从重大水利工程所体现的物质文化组合和独特艺术成就出发讲好故事，还要从人类利用水的智慧出发讲好故事。又如，要将安阳大峡谷的宣传做好，就要从地质公园的时间维度和北方大峡谷的空间维度给游客以全新的认知。

附录

王世伟专业智库研究成果目录(2010—2018)

[本目录分为著作(辞典)、论文(时评)、研究报告(专报)三类]

著作(辞典)

1 公共图书馆是什么(主编),上海社会科学院出版社,2010年

2 智慧城市辞典(主编),上海辞书出版社,2011年

3 《公共图书馆服务规范》应用指南(第一作者),国家图书馆出版社,2012年

4 信息安全辞典(主编),上海辞书出版社,2013年

5 国际大都市图书馆服务体系述略(第一作者),上海人民出版社,2013年

6 上海公务员智慧城市读本(主编),上海社会科学院出版社,2014年

7 科技创新辞典(主编),上海社会科学院出版社,2015年

8 《大数据与云环境下国家信息安全管理研究》(第一作者),上海社会科学院出版社,2018年

论文(时评)

2010年

1 现时中国公共图书馆事业发展的喜与忧,新世纪图书馆,2010年第1期

2 "悦读"世博会这部百科全书,文汇报,2010年4月23日第5版

3 近年来市民阅读率是下降还是上升?图书情报工作,2010年第5期

4 我国公共图书馆"十二五"发展战略重点,国家图书馆学刊,2010年第3期

5 公共图书馆制定"十二五"规划的思路与方法,图书馆论坛,2010年第6期

6　全媒体时代的公共图书馆服务及其对图情教育的启示，图书情报工作，2010 年第 21 期

7　怎样削减与日俱增的“文山”，文汇报，2010 年 9 月 6 日第 5 版

8　优良的生活是城市的本质追求，《图书馆之城建设指标体系研究》序，国家图书馆出版社，2010 年 11 月

9　文化共享工程与基本公共文化服务均等化论略，载《公共文化服务的创新与跨越》，国家图书馆出版社，2010 年 12 月

2011 年

10　上海市中心图书馆的十年发展与未来愿景，图书馆杂志，2011 年第 1 期

11　开风气之先的长三角城市图书馆，长三角观察，2011 年第 1 期

12　试析情报工作在智库中的前端作用——以上海社科院信息研究所为例，情报资料工作，2011 年第 2 期

13　信息平台为城市插上“智慧翅膀”，解放日报，2011 年 5 月 23 日第 15 版

14　关于《公共图书馆服务规范》编制的若干问题，中国图书馆学报，2011 年第 3 期

15　公共图书馆服务法规、标准的制定及研究，中国图书馆学报，2011 年第 4 期

16　城市社科情报研究服务的整合与提升，图书情报工作，2011 年第 18 期

17　未来图书馆的新模式——智慧图书馆，图书馆建设，2011 年第 12 期

18　建设绿色、泛在和协同的智慧城市，文汇报，2011 年 12 月 5 日文汇学人第 4—5 版

2012 年

19　说智慧城市，图书情报工作，2012 年第 2 期

20　中国公共图书馆中的“大馆”与“小馆”，城市图书馆研究，2012 年第 1 卷（创刊号）

21　《公共图书馆服务规范》的编制及其特点论略，国家图书馆学刊，2012

年第 2 期

22 数字网络环境下建大型公共图书馆的必要性——以上海图书馆二期工程建设为例,图书馆杂志,2012 年第 5 期

23 应注意研究信息安全的新背景、新形态与新韬略,图书情报工作,2012 第 6 期

24 中国国家信息安全的新特点与文化发展战略,图书情报工作,2012 年第 6 期

25 上海城市图书馆发展的过去、现在与未来,东方早报,2012 年 11 月 13 日"上海经济评论"

26 再论智慧图书馆,图书馆杂志,2012 年第 11 期

27 论智慧图书馆的三大特点,中国图书馆学报,2012 年第 6 期

2013 年

28 信息安全——亟待破解的实践难题,社会科学报,2013 年 2 月 21 日第 1 版

29 注重应用社交新媒体扩大影响力,社会科学报,2013 年 2 月 28 日第 3 版

30 被互联网挑战的时代,社会观察,2013 年第 3 期

31 上海城市图书馆服务体系多维度研究,图书与情报,2013 年第 3 期

32 大数据时代信息安全的新挑战,社会科学报,2013 年 9 月 5 日第 1 版

33 大数据与云环境下的信息安全,文汇报,2013 年 10 月 28 日第 10 版

34 社会信息化发展的新趋势与产业变革,情报资料工作,2013 年第 5 期

35 基于数据信息的公共图书馆发展分析与展望,图书情报工作,2013 年第 5 期

36 The Resource Sharing and Cooperative Development of Smart Libraries in Asia,台湾政治大学图书与资讯学刊,2013 年第 5 卷第 1 期

37 国际大都市图书馆服务空间发展的功能融合趋势论略,国家图书馆学刊,2013 年第 6 期

38 中国特色公共图书馆发展道路初探(上下),图书馆杂志,2013 年第 5—6 期

39 中国特色国家信息安全制度的顶层新设计,中国信息安全,2013 年第

12 期

2014 年

40　构建面向未来的国际大都市图书馆互联网——关于大都市图书馆创新发展的思考，图书情报工作，2014 年第 1 期

41　警惕大数据安全性，光明日报，2014 年 4 月 10 日第 13 版

42　论数字阅读，图书馆杂志，2014 年第 4 期

43　公共图书馆"十三五"规划编制的多维度思考，图书馆杂志，2014 年第 8 期

44　运用大数据思维深化智慧城市建设，社会观察，2014 年第 9 期

45　论习近平"网络治理观"，中国信息安全，2014 年第 11 期

46　中国需要公共数据开放的创新环境，社会观察，2014 年第 12 期

47　全球大都市图书馆服务的新环境、新理念、新模式、新形态论略，图书馆论坛，2014 年第 12 期

48　网络社会治理可借鉴"水文化"，社会科学报，2014 年 12 月 4 日第 4 版

2015 年

49　乌镇启示：如何牵住科技创新"牛鼻子"，文汇报，2015 年 1 月 6 日第 5 版

50　新环境下图书馆权利再认识，图书馆建设，2015 年第 1 期

51　论信息安全、网络安全、网络空间安全，中国图书馆学报，2015 年第 2 期

52　给数据驱动插上智慧的翅膀，社会科学报，2015 年 3 月 5 日第 3 版

53　从"互联网＋"看信息化战略制高点，文汇报，2015 年 3 月 18 日第 5 版

54　大数据的特点与精髓：多维度观察，国外社会科学前沿(2014)第 18 辑：上海人民出版社，2015 年 3 月

55　略论网络文化的六重融合趋势及应对策略，中国信息安全，2015 年第 4 期

56　万物互联时代的中国大趋势——对"互联网＋"的多维度观察，人民

论坛·学术前沿,2015 年第 5 期(下)

57 图书馆标准化工作的三个着力点,国家图书馆学刊,2015 年第 5 期

58 大数据环境下信息安全交织特征及其政策路径选择,信息安全通信保密,2015 年第 6 期

59 论网络安全的发展意识,中国信息安全,2015 年第 7 期

60 打造智慧安全大城市,中国城市信息化,2015 年第 8 期(上)

61 以综合性五大空间战略为全面小康谋篇布局,社会科学报,2015 年 11 月 12 日第 3 版

62 让互联网插上命运共同体的智慧翅膀,文汇报,2015 年 12 月 16 日第 5 版

63 世界正在进入互联网发展最具挑战性时期,社会科学报,2015 年 12 月 24 日第 3 版

64 以共建、共治、共赢文化构建中美网络空间命运共同体,中国信息安全,2015 年第 12 期

2016 年

65 习近平的"网络观"述略,国家治理周刊,2016 年第 1 期(丙)

66 乌镇世界互联网大会给图书馆创新发展的启示,图书馆杂志,2016 年第 1 期

67 加强中国特色新型网络安全和信息化专业智库建设论略,智库理论与实践,2016 年第 1 期(创刊号)

68 融合图书馆初探,图书与情报,2016 年第 1 期

69 数据驱动的时代特征与图情教育的创新转型,图书情报知识,2016 年第 1 期

70 智慧城市——城市治理方式的新理念与新设计,文汇报,2016 年 4 月 1 日"文汇学人"第 4—5 版

71 "互联网+"行动计划在"数字立国"格局中的重大牵引作用,中国信息安全,2016 年第 4 期

72 当代中国公共图书馆建设应从点的突破迈向系统创新,图书馆研究与工作,2016 年第 2 期

73 论大数据时代信息安全的新特点与新要求,图书情报工作,2016 年第

6期

74 科技革命和产业变革下的融合发展趋势及对图情工作的启示，图书情报工作，2016年第11期

75 万物互联时代的中国大趋势——对“互联网+”的多维度观察，人民论坛·学术前沿，2015年第5期（下）

76 再论信息安全、网络安全、网络空间安全，中国图书馆学报，2016年第5期（第一作者）

77 让互联网更好造福人民，文汇报，2016年9月19日第5版

78 网络空间的信息化进程与全球转型发展的新态势，情报资料工作，2016年第5期

79 以文化的力量构建全球网络空间治理的规则体系，中国信息安全，2016年第11期

80 向着网络强国砥砺前行，文汇报，2016年11月16日第5版

2017年

81 新一轮中国城市图书馆创新发展论略，图书馆建设，2017年第1期

82 智库之“智”的多重内涵，文汇报，2017年3月1日12版

83 图书馆应当弘扬“智慧工匠精神”，图书馆论坛，2017年第3期

84 略论智慧图书馆的五大关系，图书馆杂志，2017年第4期

85 为中国城市图书馆的创新发展导夫先路，《深圳模式：深圳“图书馆之城”探索与创新》序，中国社会科学出版社，2017年5月

86 智库专报五大要素探析，情报资料工作，2017年第4期

87 努力践行网络安全为人民的发展宗旨，文汇报，2017年9月19日第5版

88 信息文明与图书馆发展趋势研究，中国图书馆学报，2017年第5期

89 人工智能与图书馆的服务重塑，图书与情报，2017年第6期

90 智慧社会是智慧图书馆建设的新境界，图书馆杂志，2017年第12期

2018年

91 大数据战略是新时代建设网络强国的着力点，网信军民融合，2018年第2期

92 论公共图书馆的全域服务，图书馆建设，2018 年第 4 期

93 乘势而上，打造全球卓越的数字城市，文汇报，2018 年 6 月 8 日第 5 版

94 公共图书馆决策咨询工作面临的三大挑战与发展定位，图书馆杂志，2018 年第 6 期

95 新时代中国特色图情智库新使命述略，上海师范大学学报，2018 年第 3 期

96 略论国家高端科技智库的功能定位，情报学报，2018 年第 6 期

研究报告(专报)

1 中国公共图书馆发展蓝皮书(2010)(负责撰写“公共图书馆评估指标体系研究与实践”“近年来中国公共图书馆服务创新述略”部分)，海天出版社，2010 年 12 月

2 创意城市·设计之都报告(上海—中国 2010—2011)(主编)，2013 年

3 中国图书馆事业发展报告 2012(负责撰写“宏观形势篇”)，国家图书馆出版社，2013 年 3 月

4 2013 年第一季度网络意见领袖的舆情分析(第一作者)，上海思想界内参，2013 年 5 月

5 传统服务业和信息化的融合发展问题研究(课题组长)，上海社会科学院热点研究项目，2013 年 8 月

6 上海图书馆二期工程功能布局项目研究报告，2014 年 3 月

7 上海应发展人体信息化智能养老，上海社会科学院新智库专报，2014 年 6 月

8 开放公共数据是大势所趋，上海社会科学院舆情分析专报，2014 年 10 月

9 创新设计之都——全球概览与上海战略(撰写上海发展篇第一章)，上海社会科学院出版社，2014 年 5 月

10 关于当前国内外网络安全形势研判，专报，2015 年 2 月

11 建议“具有全球影响力的科技创新中心”的根本标志——在上海诞生“世界范围的新领域”，专报，2015 年 2 月

12 关于加强国家信息安全管理综合施策的若干建议，专报，2015 年 9 月

13　上海应积极对接国家大数据战略，专报，2015 年 11 月

14　智慧城市立法需求研究/城市公共安全立法需求研究，上海市人大“十三五”及更长时期重点领域立法需求研究报告子报告，2016 年 6 月

15　封闭或开放——破解网络空间治理中的难题，国家高端智库专报，2016 年 6 月

16　网络空间全球命运共同体与国家安全研究（课题组长），上海社会科学院国家高端智库课题，2016 年 11 月

17　中国三四线城市旅游发展亟待理念创新，国家高端智库专报，2017 年 6 月

18　当前上海城市精细化治理的五大理念及相应举措，上海新智库专报系列（社会建设），2017 年 12 月

19　推动中国旅游业实现高质量发展的建议，国家高端智库专报，2018 年 3 月

图书在版编目(CIP)数据

专业智库研究/王世伟著.—上海:上海社会科学院出版社,2018
ISBN 978-7-5520-1007-7

Ⅰ.①专… Ⅱ.①王… Ⅲ.①咨询机构-研究-中国 Ⅳ.①C932.82

中国版本图书馆CIP数据核字(2018)第191547号

专业智库研究

著　　者:王世伟
责任编辑:陈如江
封面设计:黄婧昉
出版发行:上海社会科学院出版社
上海顺昌路622号　邮编200025
电话总机021-63315900　销售热线021-53063735
http://www.sassp.org.cn　E-mail:sassp@sass.org.cn
照　　排:南京理工出版信息技术有限公司
印　　刷:上海龙腾印务有限公司
开　　本:710×1010毫米　1/16开
印　　张:16
插　　页:2
字　　数:260千字
版　　次:2018年10月第1版　2018年10月第1次印刷

ISBN 978-7-5520-1007-7/C·173　定价:58.00元